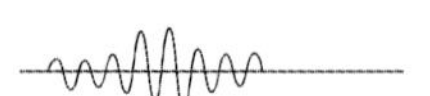

本书获得浙江传媒学院省一流学科（A类）“戏剧与影视学”经费资助出版

广告配音

THE ART OF VOICE ACTING FOR COMMERCIALS:THEORIES AND TECHNIQUES

艺术美

罗景昕｜著

中国广播影视出版社

序

Preface

很荣幸为罗景昕的新作《广告配音艺、术、美》一书写序。我看过书稿之后，认为景昕从广告的发展历史以及广告声音传播的由来入手，到创作一个完美的广告配音作品时所需的内功修为与创作的外在方式，全面而细致，无不体现出在学术研究上的水准及艺术审美观的价值。对我而言，这本书也是一份宝贵的资料。真的非常棒!

本人不是搞理论、做学问的，我只是一个声音者，一个多年在一线从事各种类型语言工作的人。如果让我来为这本书起个名字的话，我会叫它《商业语言的情、技、意》。首先，我不太同意将“广告配音”叫作“广告配音”。因为，“广告配音”四个字只是形容了声音者为广告配音的行为和这个行为的意向，而并非解读了这种语言的特殊意义与表达实相。我这里所说的“商业语言”是指：一切带有商业及形像利益诉求的语言本体都属商业语言的范畴。就如景昕在这本书中所提到的“叫卖”一样，是具有明显商业诉求、具有个性化的“标志”性，以及视听技术与艺术高度融合的特制性语言。其目的是将此声音在人们的听觉记忆中造成划痕的语言，最终可能达成消费的语言。所以说，它不应该，也不只是对广告配音这么简单的一个行为与实践描述的词汇可以概括的。当然，这是以我作为声音创作者为出发点的阐释，不一定全对。

其次，就是对“艺”“术”“美”的诠释，这可能正是一个学者与实践者的不同视角吧。艺术对于学者来说是一段历史的发展、一种审美取向的追逐、一种审美观念的确立；而对我来说，它只是一种情感、情绪、情怀的表达方式而已。一切艺术都是艺术家表情达意的手段。“术”在我看来就是“技”，是为了表达自己情感、情绪、情怀的一种技术，有多少在表达上的“功力”，就有多少在艺术高度上的表现手段和工具作用。而“美”正是在一切审美过程中的极致所在，也是创作者与学者之间的一个“不同”的共识。他们都认同它的存在，但解析的角度却有不同，一个是美出现的结果，一个是创造美的过程。在我看来，这个过程是来源于创作者的意识、意念、意境，是他的审美标准和高度所决定的。所以说，一个事物要从不同的角度去思考、去看待，既要看到果，也要追其因；既要看到事物的表面，又要思考其内在的联系，正所谓表里如一才是。

此文既是对景昕的认可，亦是对景昕的批评。不像是吹捧的序言，更像是合作的广告。最后一句评语：此书极有价值，后续敬请期待！

孙悦斌

2020 年 8 月 25 日

（孙悦斌，著名配音演员，中国传媒大学客座教授，“声音者大本营”创始人。在影视剧、纪录片、广告配音及朗诵演播等多领域均取得卓越成就。其广告配音最具影响力，代表作：中国中央电视台新闻频道声、《国窖 1573》等。甚至有媒体称其声音可代表“中国声音”，著有《声音者》一书）

前言

Preface

中国广播电视广告于 1979 年初走入了大众视野，若是将其发展时长与人的生命周期作比，已过“不惑”之年。与其一同诞生并且成长的有声语言表达艺术——广告配音也与之风雨同舟了四十载。“飞亚达为您报时”“东方齐洛瓦”“雀巢咖啡味道好极了”“羊羊羊”“国窖 1573”……这一声声广告中的声音曾在中国改革开放初期唤醒甚至炸裂了人们的耳朵，现如今依旧回荡在那一代人的脑海之中，成了集体记忆。经历过那个商品经济启蒙年代的每一个人、每一个家庭，似乎都有一段与广告的故事。甚至，“一次两片儿”“好东西要和好朋友分享”“今年过节不收礼”等广告的声音更是成了某一时期人们的流行语、茶余饭后谈论的话题、春晚上插科打诨的笑料。渐渐地，广告中的有声语言表达不再简单地承担着信息传递的功能，而成了一种社会文化的象征、审美对象。中国人更是从广告的言语表达中感受到了改革开放的春风与社会主义市场经济、文化的繁荣发展。继广播电视广告在荧屏上出现的 20 年后，“广告配音艺术”于 1999 年成为一门专业艺术课程走进了高等艺术院校的课堂。从不知道何为广告配音、怎样为广告配音的茫然、无知、不解，到歇斯底里的呐喊，再到专业而富有创意、美感的艺术化表达，广告配音艺术在实践中从一粒种子的破土而出，现已强劲生长成一株参天大树。

有时，无法分清是广告本身还是那点睛之笔的配音造就了一个又一个商业传奇，也不知是文字语言修辞的魅力还是有声语言表达的美感，总之，广告中的声音使人们产生了无限想象。“滴滴香浓、意犹未尽”的温柔婉转、韵味深长，使喝茶的中国人多了一种选择——咖啡；“真真正正、干干净净”的洪钟大吕、掷地有声，使人们相信用洗衣粉可以不用使劲搓；“可以品味的历史，国窖 1573”的荡气回肠、语势悠扬，使喝酒成为一种“品”酒的文化……诸如这样的例子与消费现象不胜枚举。不可否认是广告创意、广告语的撰写在产生功效，但“广告配音”作为有声语言最为直接的提醒与暗示，确实会给受众带来一种注意力的“召唤”，传递一种“情感”，施加一种“号令”使消费者在“听音”之后，还可以“听话”——付出购买行动。其实，不必纠结到底是哪一个因素起到了决定性的作用，因为无论是广告或者配音都是一门综合元素所构成的艺术。广告效果好坏，除了配音之外，自然离不开创意、广告语撰写、视听元素的拍摄制作、投放渠道、播出平台等；反之，再好的创意、文字、画面如果没有完美的配音表现，也会黯然失色。广告配音艺术正是从广告创意到播出平台选择等所有元素的合力显现，而这些元素也是配音时赖以创作的依据。

在广告配音艺术发展的不同时期，这种具有魔力的声音表现形式被诠释为“大力丸”式的叫卖、重复式的信息轰炸、艺术式的情感表达等不同的风格特征。2019 年召开的“中国广告 40 年纪念大会”上，中国传媒大学广告学院院长丁俊杰教授从学术的角度阐述了中国广告 40 年的阶段划分。而在作者对广告配音艺术现有的历史阶段研究来看，其发展与广告艺术的历史进程有所相似，毕竟广告的配音不可能脱离广告而存在。当广告创作开始注入人文关怀、创意情感、文化内涵时，广告配音也顺应这种历史特征而变得温婉、轻柔、深沉，摒弃了宽音大嗓的“叫卖”；但广告配音亦有与广告艺术发展相反之处：如广告最初的发展阶段虽然制作“稚嫩、粗糙”，但广告配音的声音形式与表达样态却是五花八门、异彩纷呈的。这说明，在对广告配音的认知混沌时，配音员们进行了大胆疯狂地尝试。然而，与那段“百花争艳”“百鸟争鸣”的历史相比，现在的广告配音却似乎缺少了创作的活力，表现为：语言表达趋于定势，配音人员组成单一，市场价格混乱，以及新媒体与传统媒体广告配音形式雷同等问题；更存在着急功近利、附庸模仿、低价卖声之嫌，导致广告配音千篇一律、千人一声、缺乏创意与美感的精品之作。

不仅如此，时代在发展，文化在进步，创作在更新，审美在提升，市场在变化，媒体在融合。广告配音作为一门实践性极强的实用艺术，在市场的竞争与媒体的变革中也发生了形式与内涵的外延。丁俊杰教授在接受新华社和中央广播电视总台国际台记者采访时说：“中国广告发展的前 40 年可以称为新时期广告，即从向西方学习、模仿进而加以中国元素进行融合的广告之路。而从现在这个时间节点开始，广告则可称为新时代广告，即进入消费新时代、传播新时代、市场新时代和广告价值的新时代。”①正是在这种新时代与行业的背景下，由于 AI 人工智能、音频共享平台、有声付费网站、数字营销及新媒体广告形式的出现，广告配音这一有声语言艺术同样发生了改变。

因此，面对新的变化，广告配音艺术应该再次纵深研究新形式变化的创作规律，特别是应该拥有属于自己的艺术哲学来指导实践。本书力图梳理、总结、探究与展望广告配音艺术，阐释关于广告配音的艺、术、美三个组成部分：

---

①黄爱武：新华社和中央广播电视总台国际台专访丁俊杰院长、黄升民馆长 [EB/OL]. http://www.sohu.com/a/233686323_100102940，2018-06-01.

艺，是对广告配音的艺术属性、特征以及历史发展与基础概念等的阐述，使读者对广告配音艺术有更具历史观与艺术观的认识。

术，是对广告配音创作所需技艺的认知。除了有声语言表达技巧外，“术”的部分还将结合业界真实环境与作者经验，向读者介绍如何将声音“作品”转化为“产品”，这也是广告配音被称为实用艺术的关键。如果声音无法被市场买单，这样的创作也无法被称为广告配音艺术。此内容也是国内目前教学中的一大缺憾，希望本书能够为读者带来一定的启示。

美，是权衡广告配音功利性与艺术性的标尺，引导广告配音从“实用”向“艺术”的转化，为有更高层面追求的配音创作实践提供美学的方向与指导，使广告配音更具创意性与艺术性。“美”的提出，是本书的出发点，也是落脚点，更是对这门有声语言表达艺术的眺望点。期待更多的学者与业界实践者能够研究并且完善广告配音的美学思想。关于广告配音美学的研究，由于个人能力有限，仅为管中窥豹，抛砖引玉。

此三部分，是为本书研究框架。

目录
Catalog

藝

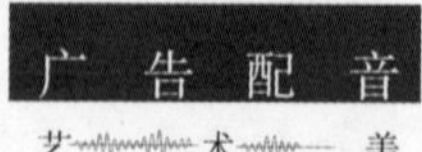

目录

Catalog

術

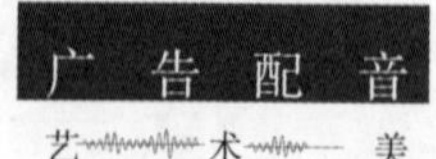

目录

Catalog

美

艺，种也。——《说文》

第一章 | 广告配音艺术概说

广告配音艺术，是广告艺术与有声语言艺术相互结合的产物，是一种广播电视等大众媒介中的声音的表现艺术，更是一种实用艺术。从原始的“口头叫卖”到现如今的“广告配音”，这种语言艺术经历了从萌芽、生长到成熟的发展阶段，伴随着科学技术、艺术创作理念的革新而不断蜕变。从最初单纯的商品宣传手段，慢慢萌生出了艺术属性，从而成了一种特殊的语言表达艺术，也具有了与其他有声语言艺术形式不同的专属艺术特征。

第一节 土壤与雏形

广告配音不可能脱离广告而存在，若将广告避开而仅谈其配音，犹如无源之水，无本之木。广告艺术是广告配音生发的肥沃土壤，而广告配音艺术正是广告的开枝散叶。了解什么是广告，便能理解广告配音为何会出现，更会知晓其功能作用及存在的重要价值与意义，从而使配音员在声音表达的实践创作中有的放矢。

一、广告配音艺术的土壤——广告

广告业作为我国经济发展的先导产业之一，可谓从零开始，现已成为世界第二大广告市场。无论在古今中外，广告在社会的发展进程中都扮演了重要的角色，与经济发展、社会生活一起构成彼此呼应的命运共同体。

（一）什么是广告

广告，是一种信息的传播。

据考证，在《辞源》等中国古代辞书中并未收录过“广告”一词，它是在 20 世纪初被翻译入中国。但中国古语有“广而告之”的表述，其意义就是把较为重要的信息广泛地散布给更多人知道，与现代“广告”的意义有相同之处。从简短的四字中，可以体会到广告的传播范围要“广”；而“之”的表述意味着此类传播不是仅有传者的“告”，同时还存在着传播的对象。它是一个完整地从“传”到“受”的过程，特别是“传达到”比“传播出”更为重要。因此，怎样能够使“之”接收并接受广告所包含的信息，其实就是广告及广告配音所要思考的问题。吸引其注意力无疑是方法之一，但是，广告的传播者没有就此而满足，他们开始期待着广告受众可以“听话”并采取购买行动。关于这一点，从“广告”的词源中可见一斑：

“广告”一词译于英文“advertising”，源于拉丁文“advertere”，意思为披露、注意、诱导。中古英语时代，该词演变为 advertise，其含义拓展为“使某人注意到某事”或“通知别人某件事，以引起他人的注意”。17 世纪中后期，随着英国大规模的贸易活动，“广告”一词便被广泛地使用且流行开来。与此同时，“广告”一词的内涵也得到了扩展，已不再单指一则静物的广告，而被赋予了现代意义，扩展为一系列的与广告相关的社会经济活动或者传播方式，转化成为“advertising”。也有学者考证说英文“advertising”一词源自法语，是通知、报告的意思。无论哪一种说法，广告均与“信息”“传播”密不可分，这一点毋庸置疑。并且，这种信息的传播还存在一个显著的特征就是“付费”与“收益”。

现代广告起源于美国。

1894 年，美国现代广告之父亚尔伯特·拉斯克（Albert D.Lasker）为“广告”所下的定义：广告是印刷形态的推销手段。

现在看来，“推销”依然存在，但“印刷形态”早已发生了改变，这也说明广告的定义不是一成不变的，会随着时代而发展。

1948 年，美国营销协会的定义委员会对“广告”的定义是：广告是由可确认的广告主，对其观念、商品或服务所作之任何方式付款的非人员式的陈述与推广。

美国广告协会对广告的定义是：广告是付费的大众传播，其最终目的为传递情报，改变人们对广告商品之态度，诱发其行动而使广告主得到利益。

《韦氏词典》（1988）对广告的定义是：广告是指通过直接或间接的方式强化销售商品、传播某种主义或信息、召集参加某种聚会和集会等意图下所有告知性活动的形式。

《简明大不列颠百科全书》（2015）对广告的定义是：广告是传播信息的一种方式，其目的在于推销商品、劳务服务、取得政治支持、推进一种事业或引起刊登广告者所希望的其他的反映。

在我国，新修订的《中华人民共和国广告法》对“广告”的相关描述是“商品经营者或者服务提供者通过一定媒介和形式直接或者间接地介绍自己所推销的商品或者服务的商业广告活动”。

讨论什么是广告以及“广告”一词的来源，目的是为寻找广告配音创作的初衷——配音员运用其独特的声音与表达，来帮助广告在商品信息的传播过程中达到“唤起注意”“引导消费”“说服行动”等独特的效果。

除了“广告”外，还需要了解现代广告传播中与配音创作息息相关的几个重要角色：

角色一：广告客户，即广告主。

《广告法》中对其定义是：“为推销商品或者服务，自行或者委托他人设计、制作、发布广告的自然人、法人或者其他组织。”这一角色即为“雇主”，他们会聘请广告代理公司来为自己的产品提供创意、制作拍摄广告。通俗地讲，客户就是广告的买主，当然也是付费购买声音的人。往往，客户（广告主）的需要，决定了广告配音的创作方向。

角色二：广告代理商，即广告（代理）公司。

《广告法》中所称的广告经营者是："接受委托提供广告设计、制作、代理服务的自然人、法人或者其他组织。"广告公司作为代理商承接广告业务，通常他们也负责寻找视频导演来拍摄与制作广告，物色录音棚来完成广告配音以及音乐的制作。这一角色起到了"中介人"的作用，通常客户不会直接与配音员取得联系，会通过广告公司和录音棚的推介来物色声音人选。

角色三：广告发布中介，即广告发布者。

《广告法》中对其定义是："为广告主或者广告主委托的广告经营者发布广告的自然人、法人或者其他组织。"广告的发布者自古以来就是某一拥有"特权"的群体，是受到皇家或者政府指定授权的，并不是随便某个人都可以公开发布广告。随着时代的变迁，传播方式的改变，除了传统的纸媒、广播、电视外，发布中介新增了诸如移动传媒、楼宇电视、微信、微博、喜马拉雅、快手、抖音等平台。但是，无论通过哪一种途径，广告发布都是需要受到政府相关部门的监督与管理的。客户选择不同的平台播放广告，也会影响配音员在话筒前的创作。例如，广播广告是以声音作为全部形象；电视广告中的声音还要与画面和谐；新媒体广告，则需要考虑语速、时长以及受众的接受场景等。

（二）广告的发展

古代时期的广告被称为"萌芽广告"，它有别于现代意义的广告；而"现代广告"就是在原始萌芽广告的基础上逐渐演变而来，只不过利用了新的技术手段与传播平台，或是被注入了新的创作与营销理念等。所以说，广告的目的、功能等从未有过本质的改变。

1. 社会广告的出现

广告是一种商品经济的表现形式，然而在商品交换未形成前，它是以一种"社会广告"而最先出现。人类在原始社会早期以狩猎、采集的方式生活。正是在与自然和野兽对抗时，人们需要彼此之间的交流与互相帮助。一种原始的信息传播——社会广告就在此时、此境形成，开始发挥它的社会作用。先秦左丘明在《王孙满对楚子》中有过这样一段记载："昔夏之方有德也，远方图物，贡金九牧，铸鼎象物，百物而为之备，使民知神奸。"意思是，传说夏朝实施德政，曾收集九州贡奉来的金属，铸造九鼎。鼎上还刻有毒物和鬼神精怪的图画，使百姓辨识和预防。九鼎被安置在宫殿门前，任百姓参观。这种"榜示天下"就是早期社会广告的一种形式。

如果说"九鼎"是一种传说，那么，保存在英国国家博物馆中世界上最早的文字广告却是真实的存在。它是一张3000年前古埃及奴隶主悬赏捉拿逃跑奴隶的"寻人启事"。内容大致是：

奴仆谢姆从织布店主人哈布处逃走，坦诚善良的市民们，请协助按布告所说将其带回。他身高五尺二寸，面红目褐，有告知其下落者，奉送金环一只，将其带回店者，愿奉送金环一副。

能按照您的意愿织出最好布料的织布师 哈布

这则古老的传单中存在几个重要的信息：它不仅发布了寻找奴隶的具体信息、体态特征、酬谢方式等，落款中还巧妙地宣传了自己高超的织布手艺与"听客户的"服务理念。这与现代广告中的广告语形式极为相似。广告语简洁明了、言简意赅、目的明确、奖金清楚，同时还有类似企业或产品的slogan（口号），堪称一石二鸟的广告佳作。这种"传单广告"也是早期社会广告的一种形式。

除了"榜示""传单"外，"罗塞塔石碑（Rosetta Stone）"也是一种广告的早期载体。1799年，在拿破仑远征埃及的军队中，一名叫布萨尔的炮兵在靠近尼罗河口的罗塞塔镇发现了一块高114.3厘米、宽72.4厘米的石碑。这块石碑上刻有三种文字，上部是14行古埃及象形文字（代表献给神明的文字），中部32行古埃及草书（代表平民使用的文字），下部是54行古希腊文（代表统治者的语言）。有研究者称，这是公元前196年古埃及国王托勒密登基的诏书，也有学者认为这块石碑记录的是当时议会的决议。尽管对碑文内容存在争议，但石碑作为一种传播载体，记载了当时某种广而告之的信息是不容置疑的。而我国最初的文字广告也多为政治、军事上的社会广告。例如夏、商、周三朝广为流传的“诰”就是一种训勉广告，“誓”则是告诫将士的言辞；此后，各朝历代的“策书”“诏书”“檄文”“露布”等都是社会广告的形式。

广告活动始终伴随着人类社会的发展，从未停歇。尽管随着商品经济的不断发展，经济广告占据了主导地位，但社会广告依然以公告、公示、文书、榜文等形式一直存在。甚至，当代的公益广告、新闻资讯都可以属于一种广义的社会广告形式。

诚然，无论是日常交谈，还是学术研究，抑或是配音行业内，提及“广告”，很少有人会想到“社会广告”，一般均指具有功利性质的“商业广告”。本书在讲述广告配音创作时也遵循此规律，若无特殊说明，皆针对商业广告配音而言。

2. 商业广告的形成

原始社会后期，人类生产力不断发展，制作生产的物品有了剩余，便出现了商品交换活动。为了便于交换，人们在展示物品时开始了富有个性的口头吆喝、叫卖，由此便产生了商业广告，也叫经济广告。

无论是东方，还是西方，最早的商业广告恰恰就是通过人类的有声语言表达进行传播的，即“口头广告”，又称“叫卖广告”。这是最原始，也是最简单的广告形式。

继口头广告之后，在庞贝古城，另一种古老的商业广告形式——“商标字号”出现了。古罗马时代，角斗、马戏团等表演均使用“字号”来标记来做广告。而“商标”都是采用象征的形式，如奶品厂以山羊图像作为自身的商标，而面包房便以骡子拉磨的图像作为标记等。

在我国古代，口头广告之后并未出现“商标”，而是出现了“悬帜”广告。以“酒旗”这种广告形式为例，《韩非子》中曾说道：“宋人有沽酒者，升概甚平，遇客甚谨，为酒甚美，悬帜甚高。”唐代张籍、杜牧也有过“长江午日酤春酒，高高酒旗悬江口”与“千里莺啼绿映红，水村山郭酒旗风”等诗句。这些都是对“酒旗”悬帜广告的历史记录。店家高悬“酒旗”来引起路人的注意，目的是为了招徕客人。正如同《元曲·后庭花》中所唱到的“酒店门前三尺布，过来过往寻主顾”，不但说明了酒旗“三尺”大小，也说明了其“寻主顾”的作用。除酒旗外，各行各业均有其各自标志性的广告形式。《后汉书·费长房传》中曾记载“市有老翁卖药，悬一壶于肆头”，就是描写费长房将“葫芦”手持于街头行医的场景。无论是“悬旗”，还是“悬壶”，或是其他，均给人以醒目的视觉效果。

我国北宋时期，济南“刘家针铺”的广告铜版，是世界公认的、最早的印刷广告实物。印刷术从中国传到西方国家后，使西方广告传播进入了新阶段。1473年，英国出版人威廉·坎克斯印刷了宣传宗教内容的广告并张贴在伦敦街头，被认为是西方最早的印刷广告。还是在英国，尼古拉斯·布朗和托马斯·珂切尔于1622年创办的第一份英文报纸《每周新闻》(*Weekly News*)在伦敦出版，其中有一则书借广告。1710年，阿迪逊和斯提尔在《观察家》杂志中刊登了有关推销茶叶、咖啡、巧克力、书刊、房产、药品以及转让、拍卖物品的广告。美国独立前，第一家报纸《波士顿新闻通讯》(*Boston News Letter*)于1704年创刊时刊登了一则向广告商推荐纸媒广告优势的招商广告。美国广告业之父本杰明·富兰克林于1729年创办的《宾夕法尼亚日报》更是把广告栏放在创刊号第一版社论之前，首次刊发的是一则推销肥皂的广告。不得不提，富兰克林也是一位优秀的广告人，其创作的最著名的广告作品是为宾夕法尼亚壁炉厂所做的广告。这种壁炉后来被称为“富兰克林壁炉”，可见当时广告给产品宣传带来的效力之大。广告语如下：

带有小通风孔的壁炉能使冷空气从每个孔源钻进室内，所以坐在这通风孔前是非常不舒服并且是危险的——而尤其是妇女，因为在家里静坐的时间比较长，经常因为上述原因致使头部受风寒、鼻流清涕，口眼歪斜，终至延及下颌、牙床，这便是北国好多人满口好牙过早损坏的一个原因。

上述这段广告语巧妙地强调了产品使用的效果和收益，有理、有据、有情；而不是简单、直白地强推产品，完全是站在替消费者着想的角度来

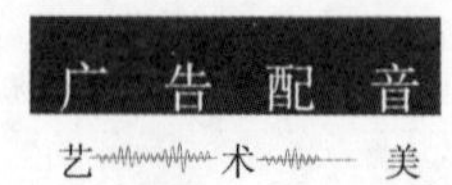

诉说商品信息。

至1830年，美国已有1200余种报纸，许多报纸第一版的大部分版面，甚至整版均为广告。在报纸广告盛行的同时，杂志广告也不断增加，并出现了广告代理商、广告公司。

在印刷广告之后，相继出现了广播广告、电视广告，商业广告开始进入大众传媒时代，而广告配音正是在这一时期孕育而生。

二、广告配音艺术的雏形——叫卖

第三次社会大分工后，人类进入了商品生产与交换的时代，并出现了一个专门从事商品交换的人群——商贩。在买卖与交换的过程中，除了走街串巷地跑市场，商贩们还有了相对固定的交易场所，如《易·系辞下》中记载的“日中为市”，《论语·子张篇》中所说的“百工居肆以成其事”，这就为广告提供了合理的传播场所。换言之，“集市”也成了广告传播的一个媒介，而这一媒介又是在一个固定的范围内，商贩为了彼此间的商业竞争，为了能将手中的产品卖出，可谓八仙过海，各显神通，招徕顾客的“口头广告”应运而生。而这种口头广告从声音的角度而言，本书将其分为“音”与“声”，也可以称为“叫声”与“代声”。“声音”在现代汉语中为一个词，音即声，声即音；而在古代汉语中，“音”指的是物体本身依靠发音器官所发出来的音，它既包括动物鸣叫时发出的音，也包括人类说话唱歌时发出的音。“声”指的是因外物作用于物体而发出的声响，一类是敲击或演奏乐器所传递到人耳朵里的旋律，如钟磬、鼓、笛子、琵琶、古筝等乐器发出的声响；另一类是因风或水等外力作用于物体所发出的声响，如树叶在风中的沙沙作响。

（一）“音”的运用

为什么最早出现的广告会是口头广告呢？这如同有声语言先于文字语言一样，人类最初的信息传播就如同婴儿呱呱坠地那一声啼哭一样，从口语开始。通过卖家的“嘴”来传递产品的信息，最能使买家直接地了解商品特性、功能。口头上的叫卖与吆喝不仅在集市中发挥作用，原始社会的商贩从一个部落到另一个部落去交换产品时，采用的也是这种方式。据《山海经·大东荒经》等文献记载，相传夏代殷人王亥是一位著名的商人，他曾赶着牛车从河南商丘出发，在各个部落之间做买卖。为了引起别人的注意，王亥便采用了口头广告传播方式。我们来看一下其叫卖的步骤及内容：

首先，第一声是吆喝，目的是要唤起大家的注意；

随后，开始叫卖，要让人们知道自己手中有什么东西可以与他人交换；

最后，说出想要换回什么东西。

信息在吆喝与叫卖中显得准确、简洁而清晰。“唤醒注意”“意图目的”这些同样是现代广告配音创作中的重要依据。

无论是东方，还是西方，人类的智慧是相通的。口头广告，除了包含“音（有声语言）”之外，“诗”“歌”也都被应用于其中。在我国后唐时期，开始出现了这样新形式的招徕叫卖。一些聪明的商贩将“广告语”加以改进，配以歌词乐曲，叫卖升级为“吟叫”“吟唱”“歌叫”，大大增强了传播效果。据敦煌研究院遗书研究所李正宇先生在其《叫卖市声之祖——敦煌遗书中的店铺叫卖口号》一文介绍，由于中国传统的轻商观念，古代典籍中记录商业招徕叫卖的资料极少。但在敦煌遗书中出土了一件古代学童习字杂抄（原件现存法国巴黎国民图书馆），上有两首口头叫卖小诗，其中一首的内容是：

厶乙铺上新铺货，
要者相问不须过。
交关市易任平章，
卖（买）物之人但且坐。①

开头的“厶乙”即为“某乙”，可以根据不同的店名铺号换成特指名词，相当于“某某”。这首小“诗”可供各类商店套用为招徕口号，意思是说：某某店铺有新到的货物，想要购买者不应错过此良机，价格可以商量，买主请到铺里坐下来谈。寥寥几字，店家吆喝生意、招揽客人的殷勤之态跃

①李正宇：《叫卖市声之祖—敦煌遗书中的店铺叫卖口号》，《寻根》，1997年第4期。

然纸上。

精明的商人们岂能愿意套用一种形式的广告，到了北宋时期，这种形式的叫卖更是发展为不同货物，叫卖声调各异。

南宋孟元老在其《东京梦华录》卷二《天晓诸人入市》载：“更有御街州桥至南内前，趁朝卖药及饮食者，吟叫百端。”

南宋高承在《事物纪原》卷九《吟叫》云：“京师凡卖一物，必有声韵，其吟哦俱不同。故市人采取声调，间以词章，以为戏乐也。”

这一时期的“吟唱”“歌叫”之声也广泛流传。

《东京梦华录》卷七记载：“是月季春，万花烂漫，牡丹芍药，棣棠木香，种种上市，卖花者以马头竹篮铺排，歌叫之声，清奇可听。”元人吴渭在《月泉吟社诗·戴东老》中云：“谁家子女群喧笑，竞学卖花吟叫声。”可见，卖花人的“歌叫之声”又比单纯的叫卖声更加“清奇可听”，甚至引来大家的“竞学”模仿。

南宋吴自牧《梦粱录》卷十三“夜市”一节，用极详细的笔墨，逐一列出当时杭城市中所卖诸物；在卷二十也记载：“今街市与宅院，往往效京师叫声，以市井诸色歌叫卖物之声，采合宫商以成其辞也。”告诉人们，南宋临安城仿效北宋东京街头的叫卖声，将广告以乐曲歌词的形式，沿街歌叫、吟唱、叫卖。宋词、元曲中，《货郎儿》《卖花声》《叫声》等词牌、曲牌，均是采纳了叫卖声并经过艺术加工而成的。

在古埃及，商人们也雇用“呐喊者”来叫卖，这些呐喊者们走街串巷、高声喊叫，告知百姓有关商船往来等各种广告信息。在古罗马，繁华的大街上同样充斥着商贩们的各种叫卖声，如同我国宋朝的“歌叫之声”一样，有的商人把广告编成动听的歌谣。在奴隶社会初期的古希腊，人们通过叫卖贩卖奴隶、牲畜，公开吆喝出有节奏的广告。在当时的雅典，曾流行类似四行诗形式的叫卖诗，例如一则化妆品的广告：

为了两眸晶莹，为了两颊绯红；为了人老珠不黄，也为了合理的价钱；每一个在行的女人都会——购买埃斯克利普托制造的化妆品。

古代商业高度发达的地中海贸易区——迦太基，曾以城中无数的叫卖声而闻名。迦太基人的叫卖声十分动听，他们运用悦耳的嗓音去吸引消费者注意，还把叫卖的内容编成歌曲、小调，并配以发出音响的工具。此外，在古希腊雅典城内，存在一类半官方背景的人物管理着城区街道，他们也经常在街头巷尾叫喊，口头告知居民关于货物上市的行情。公元900年左右，欧洲各国盛行由“传报员”沿街传报新闻，而这种传报员也兼营叫卖广告业务。商人们雇用传报员在市集上来招揽顾客，告诉民众商品的优越性和实惠的价格。

公元1141年，法国的贝星州出现了一个由12人组成的口头广告团体，并得到了法国国王路易七世的特许，享有较高的地位。这一群体被称为“叫卖人（Town crie）”，他们与商家签订合同，在大街小巷从事叫卖活动并收取报酬。后来，法国的叫卖人与古迦太基人一样，也把广告式的吆喝配上传统的曲调，使许多动听的曲调在几代人中间流传，博得劳动大众的喜爱。例如，有一首卖扁桃的小调是这样吟唱的：

生活艰难，道路坎坷！好心人啊，你在何方？发发善心，行行好吧！甜美扁桃，扁桃甜美！

还有一首叫卖篦梳的小调：

黄杨篦梳，抓头虱之宝；包你头发，干净完好。

公元1258年，路易七世还专门制定并颁布了《叫卖人法则》，对这些叫卖人——口头广告经营者的权利和业务范畴做了明确而细致的规定。其中主要涉及的是关于叫卖人应遵守的规则，内容如下①：

Whosoever is a crier in Paris may go to any tavern he likes and cry its wine, provided they sell wine from the wood, and that there is no other crier employed for that tavern; and the tavern-keeper cannot prohibit him.

---

① SAMPSON H.A history of advertising from the earliest times: illustrated by anecdotes, curious specimens and biographical notes[M].London:Chatto and Windus,1874:45-46.

（巴黎的叫卖人可以去任何他喜欢的酒馆为他的葡萄酒而叫卖，店主不得拒绝，但已雇有叫卖人的酒馆除外。）

If a crier finds people drinking in a tavern, he may ask what the pay for the wine they drink; and he may go out and cry the wine at the prices they pay, whether the tavern-keeper wishes it or not, provided always that there be no other crier employed for that tavern.

（如果一个叫卖人碰到有人在酒馆里喝酒，他可以上前询问顾客酒的销售价格是多少，而后他可以按照此价格出去叫卖，不论店主同意与否。但已雇有叫卖人的酒馆除外。）

If a tavern-keeper sells wine in Paris and employs no crier, and closes his door against the criers, the crier may proclaim that tavern-keeper' s wine at the same price as the king' s wine (the current price), that is to say, if it be a good wine year, at seven denarii, and if it be a bad wine year, at twelve denarii.

（倘若一个酒馆老板在巴黎卖酒而没有雇用叫卖人，并拒绝叫卖人进店，则叫卖人可依当前法定价目为酒馆叫价，即在葡萄丰收之年为7个便士，歉收之年为12个便士。）

Each crier to receive daily from the tavern for which he cries at least four denarii, and he is bound on his oath not to claim more.

（每个叫卖人每天都要从酒馆里领取至少4个便士，而且他必须发誓不再索要更多。）

The crier shall go about crying twice a day, except in Lent, on Sundays and Fridays, the eight days of Christmas, and the Vigils, when they shall only cry once. On the Friday of the Adoration of the Cross they shall cry not at all. Neither are they to cry on the day on which the king, the queen, or any of the children of the royal family happens to die.

（叫卖人每天要叫卖两次，但是在大斋节、礼拜日和礼拜五、圣诞节的前8天及守夜日这些节日中，只能叫卖一次。在圣周五，他们将不会叫卖；他们也不能在国王、王后或王室的任何一个孩子碰巧死去的那一天叫卖。）

叫卖人集多职于一身，可谓是世界上最早的合法广告代理商、广告创意人、文案撰写、广告配音员。作家冯骥才曾在小说《好嘴杨巴》中写道："买卖人家的功夫，大多在嘴上，三分货、七分说，死人说活了，破货变好货。"虽说文学修辞较为夸张，讲求信誉的人也绝不能将破货叫卖成好货，但足可见"叫卖"在商业帝国的建立中所起到的作用。人们也意识到叫卖人不能在广告中随意叫卖，这《叫卖人法则》可谓是最早关于广告配音表述内容的管理法规了。诚信叫卖是每个广告人应该遵循的亘古不变的法则。

（二）"声"的辅助

"音"的言辞、节奏、韵律虽然精彩，但毕竟是靠人扯着嗓子在吆喝与叫卖，声音传播的不够"广"；特别是在喧闹的市集中，想要吸引注意，还需要"响"。为了叫卖的广度与响度，古代商人开始寻找一种"代声"，利用敲击或拨弄一些乐器或物件所发出的"声"来吸引大家，久而久之，这种响声成了某一行业的声音标识，成了音响广告。但在最初，"声"其实是作为一种对于广告中有声语言表达部分——"音"的配合与辅助，目的是为了唤起人们的注意。为何而敲鼓、奏乐呢？人们在领会制造音响人的意图前，还要先向其请教："你这是在干吗？"因为，仅对于音响的理解是因人而异的，甚至可能会与音响制造者的真实想法南辕北辙。因此，最终还是要依靠"音"来解释。"声"作为一种辅助，与"音"相结合，吸引人们的注意力之后，能够更好地完成以有声语言为载体的广告信息传播。

我国早在西周时期就出现了这种音响广告。《诗经·周颂·有瞽》一章里有"箫管备举"的诗句。据汉人郑玄注说："箫，编小竹管，如今卖饧者所吹也。"唐人孔颖达疏解云："其时卖饧之人，吹箫以自表也。"足可见当时的小贩就已懂得以箫管之声招徕生意的妙处。这种响器就被称为"代声"或"货声"。除了"箫管"，古时的音响叫卖花样甚是繁多，各行各业的商贩及手艺人都有其独特的“代声”，或敲打，或吹奏，或摇晃，各有各的韵律、音调，发出特殊的音响来引人注意。据清道光年间笔记《韵鹤轩杂著》记载：“百工杂技，荷担上街。每持器作声，各为记号。修脚者所摇折叠凳，曰‘对君坐’；剃头担所持响鼓，曰‘唤头’；医家所摇铜铁圈，曰‘虎撑’；星家所敲小铜锣，曰‘报君知’；磨镜者所持铁片，曰‘惊闺’；锡匠所持铁器，曰‘闹街’；卖油者所鸣小锣，曰‘厨房晓’；卖食者所敲小木梆，曰‘击馋’；卖闺房杂货者所摇，曰‘唤娇娘’；卖耍货者所持，曰‘引孩儿’。”这些“代声”不仅有吸引注意的作用，通常也是干活时的生产工具，甚至有时还有其他的用处。例如，在古罗马，穿街走巷的游医用手中的响器四处招徕患者，有的甚至当众开刀以展示其技艺。医生所辅以的音响，除了唤起人们的注意之外，还可以利用响器所发出的声音来掩盖患者痛苦的呻吟。其实，这种“声”在我国至今还流传于全国各地，如成都宽窄巷子里采耳的技师们用手中的工具制造出来的响声，同样有此妙用。

音响广告虽因行业的不同而形式各异，但又有较强的约定俗成性。据清人范祖述《杭俗遗风》记载：“杭州之江渔船来自宁波等海口，路途天热，鱼皆藏于冰内，无论何时到地，江干设有冰鲜行，雇人肩挑大锣一面，其一头挂大灯笼一盏，号冰鲜行字号，遍行城厢内外上下段各路。如到船一只则敲锣两下、两只三下，通知各行贩前往贩卖。去者先于市中买筹，每根五百文，然后持筹往船上取鱼。其中贵贱以鱼之多寡合算，鲥鱼、鳓鱼、鲳鱼、乌贼等皆从此冰船而来。三四月起，夏至后绝迹矣。先前以白昼鸣锣犯禁，后乃禀明大宪，则当官敲矣。”只要人们一听到“大锣”鸣响便知有鱼售卖，而通过辨听“两下”“三下”可知有几艘渔船到港。

为了达到最佳的广告效果，通常商贩会选择“声”与“音”二者结合的方式。诗人屈原在《天问》中说：“师望在肆，昌何识？鼓刀扬声，后何喜？”师望指姜太公，昌指周文王；鼓刀扬声是指一边用刀如敲鼓一般把肉剁得叮当响，一边高声吆喝叫卖。可以说姜太公是中国历史上最早、最出色的广告配音表演艺术家，他不仅会“鼓刀扬声”以招徕生意、推销产品，而且还巧妙地运用“直钩垂钓”这种陌生化的自我营销方法引起了周围人的兴趣，使其“个性”在坊间流传，最终吸引周文王的注意，达到推销自己的目的，并成就了大业。古时，行为商，坐为贾。由于二者经商方式不同，传播商品信息的手段也不一样：“贾”多使用招牌和幌子广告，“商”则多运用口头和音响广告。在现实生活中，人们来到商业街或者市场，如果仅看到酒旗飘飘、幌子招招，但听不到点“动静”，似乎缺少了些商业繁荣的气息。因此现代商人，即便是坐贾，也采用行商的“音”“声”广告。

“音”与“声”的综合运用形成了各具行业特色的典型叫卖。随着时间的流逝，这些声音已不仅是“广告”那么简单，它是某一时代商业的记录、历史的沉淀，是人们对美好生活的向往和需要。随着社会的发展，人们的生活方式与过去相比发生了变化，现代化的大厦、小区代替了旧时的弄堂、胡同，吆喝叫卖声随着行商走贩的消失也逐渐消失。时代在变迁，旧的习俗慢慢从人们生活中淡去，五行八作的口头广告也成为过去。但是，作为旧时市井经济活动的标志之一，叫卖声中承载了历史与回忆，渗透着生活与风俗，有着独特的历史及文化意义。

为何说“音”“声”结合的古代叫卖是广告配音的雏形呢？以史观今，在大众媒介的音视频广告中，古时的“叫声”与“代声”形式直至今日依然存在——广告的声音标识、广告语的撰写方式、广告歌谣的吟唱、言语表达样态、音响的附和等都一脉相承，只不过叫卖变成了话筒前的配音、响声改为了背景音乐或音效，传播渠道从街头巷尾、市集搬到了各大媒体平台。但遗憾的是，现如今的广告配音却没有过去叫卖形式多样。

第二节 孕育与蜕变

摄影技术诞生后，纽约《每日论坛报》于 1853 年首次使用“照片”这一新颖形式为一家帽子店刊登了广告。从此，图片成了广告表现的重要手段。1891年，可口可乐公司最早利用“挂历”的形式为其产品制作广告。1910年，被誉为当今全球汽车业的五大国际车展之一的巴黎汽车展览会首次使用了“霓虹灯”广告……广告的发展史也是一部人类科学技术的发展史，似乎它从未错过任何一次技术革新所带来的机遇。也许，这就是生于商业环境中的一种本能，总是在“变”中寻找生存的空间与新的商机。但显而易见，无论是图片、挂历，还是霓虹灯，这些形式的广告均有一个共同特征——只有静止的视觉形象——似前文描述的只有招牌幌子而无叫卖的冷清场面。从古至今，聪明的人类从未满足过视听能力的拓展与享受，新的技术也正在酝酿之中。也许，广告配音的种子就是在等待一缕春风的到来，而后便可从广告的土壤中破土新生。

一、孕育——技术的浇灌

进入20世纪后，人类社会开始逐步走向现代化，科学技术发展日新月异。广播、电视、录影、录音、计算机、互联网等技术的发明创造，使广告进入了现代化的电子技术时代。广告传播可以依赖的技术手段发生了重要变化，其制作日益精美、多样化、富有创意，商品信息的传播效果也随之大大增强。这是现代广告走向成熟的标志。诚然，技术革新是广告配音这种有声语言艺术形式从广告中得以生发的催化剂。如果广告依然处于原始的状态或者单一的视觉表现形式，便也不可能出现广告配音艺术了。

（一）无线电技术——广告“播”音的开始

1888年，德国物理学家亨利·赫兹发现电磁波这一现象，为世界无线电科学开辟了广阔的发展前景。

1895年，俄国科学家波波夫与意大利科学家马可尼几乎同时完成了无线电通讯试验。该试验的成功使“电报”问世，它实现了人们在远距离空间进行信号传送的可能。

既然电波可以传输信号，那么，能不能利用它来传递声音呢?

1906年12月25日是西方的圣诞节。当晚20时左右，新英格兰海岸附近的几艘轮船上，电报员们正在用耳机接收电报代码。意想不到的是，在“滴滴答答”的电报声中突然传来一个男士的声音——那不是摩尔斯码，而是人的声音。此人先朗读了一段《圣经》，随后播放了一段小提琴曲，接下来是《亨德尔的舒缓曲》，最后以“祝大家圣诞快乐”作为结束语完成“播音”。这就是人类历史上第一次无线电播音；当然，此时还谈不上“广播”，因为仅有少数报务员在专门的设备上收听到了。

1916 年，美国无线电报务员戴维·萨诺夫想要设计生产一种能供家庭使用的“无线电收音盒”。但是，由于公司高层的偏见，他的想法没有被立即采纳。直到 1921 年，这一主张才得以实施，并大获成功，收音机的需求量迅速增长。于是，20 世纪 20 年代，世界上第一批无线电台建立起来，在家里收听广播成为可能。

在戴维·萨诺夫最初的想法中，有文艺作品、新闻消息、体育赛事……可能未曾想象过在无线电广播中还可以播放广告。1921 年 11 月 2 日，美国西屋公司在匹兹堡的 KDKA 广播电台播出总统竞选的新闻，从某种意义上讲，这就是无线电广播中播出的一条广告。其实，直至今日，美国广告配音员的主要业务之一就是大选广告。1922 年，在美国，第一家商业广播电台 WAAF 开始播音，并向广告商出售空中时间，成为最早开播广告业务的广播网。

1922 年，芝加哥 AM（调幅广播）电台 WMAQ 开播，这家电台最初由 Fair 百货商店和《芝加哥时报》共有，信号从 Fair 百货商店内发出，充当一种新奇的宣传广告，吸引消费者眼球。

某种意义上讲，商业广告配音可谓由此诞生，但彼时的“配音”是以直播的方式“播”音，由播音员通过话筒在电台时段中进行广告的宣读。在《中国播音理论研究发端著作点校、整理及翻译》一书中，介绍了南加州大学广播播音与主持专业基础课程指定教材《广播播音》，其第六章为“广告播音”。这是美国最早的关于“广告配音”的教学内容，其中便详细介绍了那个时候美国播音员是如何进行广告“播”音而非“配”音的描述。

（二）电视技术——“播”转“配”需要

既然电波可以传输声音，那么能不能用它来传送图像呢？受众并不满足于仅依靠声音、通过想象来认识事物，还希望看见更加活灵活现的、动态的画面。

1926 年，被誉为“电视之父”的英国人贝尔德成功完成了电视画面的放送与接收实验，并于 1 月 26 日在伦敦公开展示其成果，引起了巨大轰动。次年，贝尔德完成了从伦敦到格拉斯哥 600 余公里距离的电视画面的传送。

1929 年 3 月，英国广播公司（BBC）利用贝尔德的机械电视开始了电视节目的试播。不过此次播出的仍是无声的画面。1930 年，BBC 首次播出了声画俱全的电视节目——舞台剧《口含一朵花的男士》（又译《花言巧语的人》）。

1936 年 11 月，英国广播公司在伦敦北郊的亚历山大宫建立了世界上第一座电视台。1937 年 5 月 12 日，该公司建立了第一辆电视转播车，转播了英王乔治六世加冕的实况。这是世界上第一次户外电视实况转播。4 个月后，机械电视系统被更先进的电子电视系统所替代。

借助于电视，1979 年，中国的电视荧幕上出现了第一条广告，同年 3 月上海电视台播出英文原版配音的电视台广告。虽然中国的电视业发展相对较晚，但是却厚积薄发，呈现出生机勃勃和强大的生命力。

电视技术的出现，使广告配音开启了由直播“播”音向幕后“配”音之路。由于电视广告通常是以带画面的广告片形式播出，因此就需要提前将广告语配合着画面完成提前的录制。即使有了“配片”的需要，但有一项技术如果没有出现，依然满足不了这种需求，那就是“录音”技术。

（三）录音技术

在广播、电视广告发展的初期，常常是播音员现场直“播”的，而非后期“配”音的，录音技术的出现使配音真正成了可能。然而，录音技术最初的发明并非为了广告配音，而是为了录制世界上最美丽的语言——音乐。

1. 圆筒留声机时代

1857 年，法国发明家斯科特发明了声波记振仪，尽管这种仪器只能记录声波的“图像”，而不能再现出声音本身，但为后来的相关研究奠定了基础。

1877 年前后，爱迪生在其“圆筒留声机”上录下了他朗读的《玛丽有只小羊》的歌词，短短几秒的声音成为人类录音史上的第一声。不过，这项成果没有立即得到推广。直至 1887 年左右，爱迪生才将改进后的留声机应用于商业生产。

早期的圆筒留声机录音被应用于音乐录制领域，无法流传的主要原因在于尚未解决拷贝复制的技术难题。在 1890 年前后，这些精贵的“圆筒”只在宾馆、酒吧和药店等公共场所投币使用。一些大音乐家对录音技术表示出浓厚的兴趣。柴可夫斯基认为录音技术“是 19 世纪所有发明中最惊人、最美丽，也是最有趣的一例”。安东・鲁宾斯坦更是把爱迪生推崇为所有表演艺术家的“救世主”。虽然留声机的发明最初是为了解救音乐表演艺术，但同时也无心插柳般地为“声音表演艺术”的录制提供了技术前提。

2. 声学录音时代

1894 年左右，美国出现了一种播放蝶形唱片的留声机，唱片录音最大的优势在于容易复制，用母盘制作好模具后就可以不断地拷贝，具有较好的商业应用前景，也因此，圆筒式录音逐渐被淘汰。

1902 年，美国哥伦比亚公司与胜利者公司决定合作经营唱片式录音的专利技术，人们开始越来越认真地看待音乐录音。20 世纪初留下了不少珍贵的历史录音，特别是一批作曲家、演奏家或指挥家诠释自己作品的权威版本。

3. 电声录音时代

直接拾取并记录微弱的声波能量是早期声学录音的主要困难所在，但人们意识到最好的解决途径是要设法把声波转换成电信号。在 20 世纪 20 年代前后这一设想逐渐变为现实。这主要得益于在广播和无线电报等方面的技术进步，诞生了电气麦克风和功率放大器等必需的设备，1925 年后，唱片公司纷纷把这些技术运用到唱片录音，开始进入了电声录音时代。

电声录音的优势，首先在于可以把声音更加真实地录制，并且由于采用了电放大的麦克风系统，可以捕捨到相当广阔范围内的声响。早期电声录音的频率响应范围从原声学录音的 200—2000 赫兹拓展到了 100—8000 赫兹，用这种方式录制的声音虽算不上“高保真”，但至少将声音还原了。

在这一时期，录音技术还突破了录音时间的限制与立体声、多声道录音等藩篱。然而，科技进步与市场需求仍积极推动着录音技术不断地变革。

4. 数码录音时代

20 世纪 80 年代后，数字录音技术开始普及。将“模拟”转为“数字”可以更加精确地记录声音，并把原先模拟录音中存在的噪声降至最小。采用数字方式录制原始声音素材并进行后期制作，还可以有助于更加方便快捷地进行各种编辑；而 CD、MD、DVD 等数字载体不仅在音质上有了新的飞跃，并且存储容量越来越大。

在 20 世纪末 21 世纪初的计算机和互联网时代，mp3 等在线传播方式发展迅速；同时，由于个人计算机性能的不断提高、存储能力的不断增大，各种录音软件和相关硬件设备得到了普及。20 世纪 90 年代中期，数字音频工作站（DAW）在我国开始推广并使用，它是集录音采集、音频编辑、效果处理、自动缩混等功能于一身的专业软件。这对广告配音艺术创作产生了巨大的影响：过去只能“听”的声音变成能“见”的音频波形与数值。配音员可以调整声音，使其保持在最佳的数值范围内；有了可以精确到 1/3 子帧的波形显示，可以随意剪切、复制，也很方便地去除爆破、咂嘴等杂音；甚至能够进行人声音色的效果处理。数字化录音技术还完美地解决了声音保存的问题，广告客户可以更加自由地选择最合适的一条声音，当然这也增加了配音员的工作量，苛刻的客户往往会要求配音员录上几十甚至上百遍。

纵观录音技术发展史，人类为留住“音乐”的美妙而发明了“录音”。早在电声录音时代，录音技术就已经从音乐的录制开始向其他艺术拓展。

巧合的是，在中国内地出现的第一批专门为广告配音的“录音棚”便是从接手音乐录音棚而来。拥有一间属于自己的“录音棚”是诸多配音员的梦想。正是在数码录音时代，录音制作机构开始走向工作室化和个人化，这对配音工作产生了极大的影响——配音员在家中都搭建了属于自己的“棚”，一般的配音业务均可在家完成。

（四）话筒技术

每一次录音技术的进步，对配音创作水平的提高都有直接的影响和重大的意义。这种有声语言艺术的创作依赖录音设备、声学环境、录音师的技术水平与业务能力等，其中与配音员最“近”的便是拾音设备——话筒。

长期以来，在配音教学中发现，多数学生只注重嘴上功夫、气息控制、表达技巧等练习，而忽略了对话筒技术的学习。从教师的角度来讲，这也不该仅是录音师的授课内容，而恰恰应从有声语言创作者的角度给予学生最大限度的指导。特别是在配音的时候，还要懂得如何与话筒相处，借助话筒来完成声音的表现。关于这一点，我们在后文“术”中还会探讨此事。此刻，先来认识一下话筒其物。

话筒，学名为传声器，也称麦克风（由其英文单词 Microphone 音译而来），是将声音信号转换为电信号的能量转换器件。它是整个电声系统（包括扩音系统和录音系统）的入口，如果声音一开始受到污染或无法拾取，则无可救药。可见，话筒对整个音频录制系统的影响是至关重要的。

1857 年，在托马斯·爱迪生（Thomas Edison）发明唱片留声机的 17 年前，巴黎排字工人兼发明家斯科特（Édouard-Léon Scott de Martinville）发明了语音描记器，第一次将声音记录到了固定媒介——可以看得见的纸上。

19 世纪末，贝尔等科学家致力于寻找更好的拾声办法，用于改进当时的新发明——电话。其间，他们发明了液体话筒和碳粒话筒；但这些话筒效果并不理想，勉强能够使用。直到 1876 年，埃米尔·贝林纳发明了碳精电极话筒，它比液体话筒和碳粒话筒的设计更为实用；且打动了贝尔，使其当时用 5 万美元从贝林纳手里买下这项专利，将碳精电极话筒用在他的电话原型上，以提高拾音效果。

埃米尔·贝林纳设计的碳精电极话筒由两个电触头构成，触头由一层薄薄的碳层隔开。其中一个触头附在膜片上，膜片会在声波作用下发生振动。另一个与输出装置相连。然而，贝林纳并未在涉及这项专利的诉讼中获胜。根据 1892 年美国最高法院的判决，碳精电极话筒发明人的桂冠归属托马斯·爱迪生。

借助于确定的结构，碳精电极话筒可以像内置了放大器一样发挥作用，不仅能够将声音转化为电压信号，同时还能在话筒发出信号前增大电压。但是，这种原始的发射机需要高输入信号才能工作。当时，电子管还是新鲜物，而晶体管更是在很久以后才被发明出来。因此，这种话筒并未得到广泛使用，不过采用功率强大的碳精电极成为一种必然。

20 世纪 20 年代，菲利普斯·托马斯为西屋电气公司工作时发明了超声话筒。之所以取名"超声"，是因为此装置非常灵敏，能够探测到人类听力范围以外的振动。

之后，爱迪生利用与留声机同样的原理，发明了世界上第一个可录音的电话。声音振动装置内的一根金属针，使其在旋转的蜡筒上刻出凹槽，这样蜡筒可以播放最初录制的声音，但这种声音听起来有些恐怖。

在 1925 年，贝尔实验室中研究电气录音的亨利·哈里森（Henry Harrison）研究发展出第一支电容式话筒，其拥有足够的灵敏度与频宽接收，可将各种声音转换成电气信号。与此同时，麦科斯菲德（Maxfield）设计的真空管扩大机，可将电气信号放大到足以驱动刻片针的程度。二者相结合，亨利·哈里森使用真空管扩大机驱动自行设计的一套复杂的刻片刀，发明了实用可行的原始电气录音设备，并以"西方电气"的名义得到电气录音专利权。目前，在配音工作中所使用的话筒就多为电容话筒。

配音员，应该不仅是优秀的有声语言表达者、声音的表演者，同样也应该是一个"技术控"，一名音频工程师。

二、蜕变——艺术的加持

1978 年，十一届三中全会的召开吹响了改革开放的号角，我国由计划经济开始向商品经济过渡。广告作为改革开放的象征、商品经济的晴雨表，也在此时走进了社会、生活的各个层面，影响着人们的生活方式，改变着我们的生活习惯，反映着整个社会的意识形态、经济走势和审美风尚。而随时间推移，“对于广大消费者来说，广告不仅是商品信息的载体，更是一种日常接触最多的审美对象。从某种意义上讲，今天的广告已经摆脱了传统的‘吆喝叫卖型’而成为一门艺术——有广泛受众的艺术”①那么，广告到底是怎样的艺术呢？“实质上，广告是一门说服的艺术。”②而广告又要说服受众什么呢？

当然说服目标受众去相信广告所诉说的品牌故事、厂家的信誉、产品的服务、质量的保证、功能与价格的优势……从而使受众群中的潜在消费者付出购买行动。即使受众中仍会有部分人暂时无动于衷，至少也在其心底埋下一颗种子，“这一个”声音会在耳畔不断地回响，从而逐渐地萌发出消费意识。这样复杂的说服艺术，单纯地依靠画面来达成，还是依靠音响、音乐呢？这些似乎都不如一声声广告的言语表达来得更为直接、有效。当广告与配音相结合后，广告配音艺术应运而生。这种特殊的广播电视有声语言表达艺术，是“广播电视广告中有声语言的再创作，短小精悍，辞约义丰，有声有色，画龙点睛。其难度当在电光石火中凸显主旨，信息共享中强化美感”③。

诚然，从自身来看，广告配音就是一种艺术，是一种二度创作的有声语言艺术。它可以脱离广告而具有相对独立的审美价值，但是又绝不能脱离广告而成为审美对象。一方面，如一些经典的广告配音作品“国窖1573”“滴滴香浓，意犹未尽”等成了艺术语言表达的经典之作，被配音

---

①陈莉莉：《现代广告的美学问题分析》，广西师范大学出版社，2008，第 3 页。

②蔡小于：《广告心理学》，中国经济出版社，1995，第 71 页。

③曾志华：《广告配音教程》，北京大学出版社，2007，序言。

员争相模仿，甚至成为艺术院校的配音教学材料。与此同时，对观众来说，广告中的声音成了一个时期的生活的口号，变成了一种日常接触最多的审美对象，吃药要“两片儿”，喝水要“24层精华过滤的”，送礼要“就送脑白金”等宣示着一种生活主张；另一方面，广告配音绝不可以脱离广告而存在，它绝不是一门独立的语言表达艺术，它必须和广告站在一起，才是其之所以称为“实用艺术”的原因。

从出身来看，广告配音同样是一门艺术：

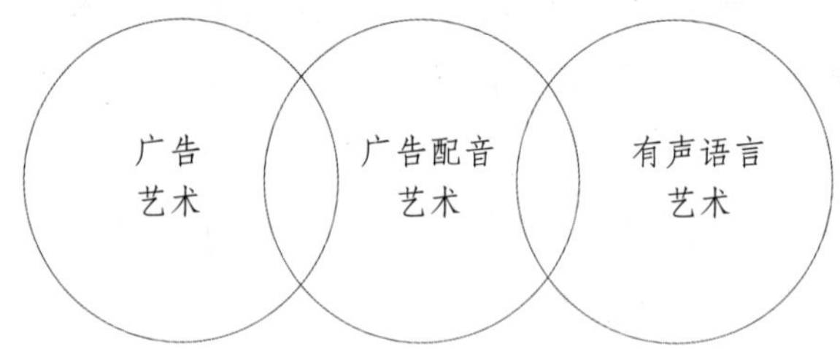

如上图所示，“广告艺术”与“有声语言艺术”这两种艺术将为广告配音提供足够的养分：

广告艺术理论为配音员提供解决的是广告的基本问题，使有声语言表达者了解什么是广告，广告的功能，广告是如何创意并制作的，以及广告的传播目的等。

有声语言表达艺术理论是广告配音艺术“音声化”的直接途径，使有声语言创作者依托在广告的创意、文本，以及所在媒介特征等因素去实现有声语言的二度创作；按照什么样的广告要求去表达，以及选取什么样的声音形式适应广告艺术的传播。

虽然，广告配音艺术有了两种艺术的加持，但是它与生俱来一种“功利性”；同时，广告配音艺术是一门从实践中总结出的艺术形式，缺乏艺术理论作为根基，因此，它需要美学理论对其加以指引，这样才能够让这株有声语言艺术的新苗健康成长。美学理论的层面要解决的是，配音员如何获得声音的美感，怎样表达可使广告看上去或听上去更美，从而能够达到更好的传播效果，使视听者不仅收获信息、付出消费行动，更能得到美的享受。特别是在广告新时代，广告配音艺术的表达应该进入审美语境。

第三节 定义与特征

一、广告配音艺术的定义

在广播电视广告中，声音出现的形式是丰富多样的。因此，关于广告配音艺术创作这项活动就存在着广义和狭义之分。

从广义上说，在广播电视广告作品的后期制作过程中，对任何声音要素进行处理加工的艺术创作活动都叫作配音，如广告音乐的选配，音效的制作，广告语旁白、对白的录制，混音合成等，都是配音的内容。

从狭义上说，广告配音艺术，是指在广播电视广告作品中，专为广告语及广告人物对白等有声语言的后期配制而进行的一系列艺术创作活动。

本书中，我们所探讨的广告配音艺术创作，是指狭义上的“配音”。同样，在提及广告配音的“声音”时，若无特殊说明，均指广告语或对白的有声语言部分，不包括音乐、音响等。

广告配音，是指配音员在音视频广告中利用自身声音将广告文案、创意、客户需求等在话筒前转化为一种有声语言艺术的再创作；它可以使广告更为有效地传播给目标受众，起到唤起受众注意、说服其购买产品等作用；同时，这种创作不仅要注意经济利益，更是一种艺术化的表达，在塑造真实可感的商品形象的同时，还要注重广告的内涵，并为受众建立起听觉的审美形象，达到艺术性与功利性的和谐统一。

二、广告配音艺术的创作特征

（一）再度创作

广告配音是一种再度创作的艺术，具有强烈的制约性。如果说广告创意人员的思维创造是一度创作，广告文案及广告语作者是二度创作，那么将文字语言音声化的广告配音就是三度创作；而在视频广告中，若编导的拍摄、编辑是三度创作，那么此时广告配音行为就变成了四度创作。这种“再度”创作，一定会受到前度的制约与限制，而创作的度数越多，这种制约与限制便会愈加强烈。这一点，特别体现在创作依据上，如广告创意、销售目的、脚本文案、心理策略、受众需要及客户要求等，对创作的制约是非常巨大的。特别是，客户的要求将会起到最终决定性的作用。

（二）有限时空

从创作空间上来看，作为广告作品后期制作的一环，配音员极少会参与前期的广告创意策划会，像视频导演那样经历前期的拍摄，像广告公司的客户专员一样了解客户的需求，像市场调研人员一样去了解消费者的购物习惯，像消费者一样去使用和品尝产品等，他们只能在黑漆漆的、密不透风的录音棚中，在话筒前的方寸之间，依靠自己丰富的想象与联想，用声音去诉说商品的信息。与此同时，不同录音棚的创作环境、录音条件、录音师的专业技能对广告配音员的创作都存在一定的影响。从创作的时间上看，广告配音的创作周期短，作品篇幅小，常常是在电光石火之间便完成了艺术的表达与创作。看似简单，实则更难。在有限的时空中创作，需要配音员极强的内心体验与语言表现力来突破，否则会使人听上去假、大、空而无动于衷。

（三）陌生表达

广告配音的创作是一种陌生化的表达。

究其原因很简单，广告的目的就是要吸引人们的注意力，广告配音当然要帮助广告达到这一效果。特别是在这样一个“伴随式”收看、收听的时代，唤起注意显得尤为重要。什么样的音色、什么样的表达才能引起消费者的注意呢？在如此短暂的作品时长限制下，选择“陌生化”的声音（包括音色、表达等一切因素）无疑是最佳的途径。

“陌生化”原本是一个著名的文学理论，由俄国形式主义评论家什克洛夫斯基提出。该词可追溯到亚里士多德时期，但亚里士多德并没有正式提出“陌生化”，而用的是“惊奇”“不平常”“奇异”等说法：“给平常的事物赋予一种不平常的气氛，这是很好的；人们喜欢被不平常的东西所打动。”“陌生化”是俄国形式主义的核心概念，也是形式主义者最关心的问题。这个理论强调的是在内容与形式上违反人们习见的常情、常理、常事，同时在艺术上超越常境，给人以感官的刺激或情感的震动。广告配音作为一种声音的表达形式，可以利用陌生化的处理达到使消费者注意且印象深刻的效果。

但是这种“陌生化”应是“熟悉的陌生”，配音员在表达时不可对表达进行毫无边际的陌生化，还是要紧紧围绕广告创意本身。毕竟广告作品面向的是普通消费群体，并非是具有高艺术鉴赏力的批评家。

（四）受命艺术

“听客户的”是每一位广告配音员“被”教授的第一堂课。

的确，在配音时，配音员要接受来自外界的指指点点、评头论足是困难的，而且会对一个创作者的自尊心造成莫大的伤害。配音导演的指导尚且还能接受，但客户往往是声音表达的“外行”，“外行”在创作时“指手画脚”有时会给配音员的情绪造成波动。有人认为，这种客户的受命也会损失配音员的自我发挥与创造；但我们从硬币的另一个侧面来看，只有客户最清楚广告讲的是什么故事，不妨听其所言，也许还为艺术表达提供了一个崭新的创作空间。其实，任何一种艺术的表达与创造都会受到各种形式的制约，闻一多先生曾将格律诗的创作比作“带着镣铐跳舞”，并表示越有高超技艺、创作能力越强的作家“越要带着镣铐才跳得痛快”。广告配音艺术创作尤其如此，客户要求具体，消费暗示丰富，镣铐多而重，其“魅力”也就在于此。

但是这种“受命”并非完全听从，如果能够从为客户着想的角度出发，绝大部分客户还是愿意采纳专业人士的建议。配音员不就是有声语言表达的专家吗？那么，就请配音员结合客户的要求创作出更令客户满意的声音。

（五）技术依靠

广告配音艺术的创作是一项有声语言艺术与录音科学技术紧密结合的

综合性工作，具有显著的技术依赖性。前文中，本书更是将科学技术比作该艺术生发的催化剂。可以说，广告配音是伴随着科学技术的发展而产生的，如果没有科学技术作为支撑，根本无法实现。无线电传输技术使广告的声音回响在空中，电视技术使声画兼具的广告图像走进了千家万户；话筒的技术将配音员弱小、细微的原始声音拾取、放大；录音技术将美妙的人类的声音记录、保存；一站式的音频工作站等编辑软件使声音从可听变为可视，录制、编辑、混缩变得如此方便快捷……广告配音的这一切，都离不开科学技术的支持。但是，科学技术的发展也在给配音员提出各种挑战，如人工智能语音技术就将首先淘汰那些无特点、简单、机械式表达的配音员，事实上，许多配音业务已经被这一技术所抢占。因此，技术可以依靠，但绝不能依赖，更不可唯技术论，配音员更应该探索和创造有声语言表达的多样性。

（六）推广激励

广告配音艺术在创作时的心理特征无碍乎存在两种：推广与激励。与其他的艺术语言表达不同的是，除了传递信息、表达情感之外，作为创作主体的广告配音员从内心层面还有一种担当。对于商业广告而言，是一种产品的推广、推介；当然，是选择更为直白的销售，还是隐藏的暗示将视广告的创意而定。对于公益广告而言，这种内在动力将会转化为一种优秀文化、时代思想、社会善行的激励。因此，广告配音的有声语言表达绝不是创作主体的个人意志或者情感的发挥与宣泄，其表达中要始终牢记其推广与激励的使命。

第四节 类型与功能

专业的广告配音都被应用在哪些领域呢?

广播、电视、互联网及移动终端 App 中的商品广告，电视节目、娱乐活动和体育赛事的宣传片，即将上映的电影预告片，台声，公益广告，企业网站上的公司简介，售货亭的叫卖，文稿演示时的解说，语音邮件系统，博物馆、旅游景点和游客中心的语音导览等，都可以纳入广告配音创作的范畴。正是被用于商业以及社会各个领域越来越广泛，广告配音也逐渐衍生出不同的类型及功能。

一、广告配音的类型

广告配音因划分依据不同而存在多种分类方式，这只是通往“罗马”的路径不同而已，并没有实质性的区别。通常来讲，目前的广告配音分类方法存在以下几种：

（一）按照传达内容来划分

1. 商业广告配音

（1）何为商业广告

商业广告，也被称为“经济广告”或者“营利性广告”，它是狭义上的“广告”，在没有特殊说明的情况下，通常“广告”一词均指商业广告。“旨在唤起潜在顾客（消费者）对商品的兴趣，从而采取购买行动。具有明显的营利性质。”[①]无论商品广告所传播的信息内容是什么，最终目的都是为广告主获得营利。按其不同内容，商业广告可以分为商品广告、企业广告、服务（劳务）广告、商品（或服务）与企业综合广告、观念广告、商品（或服务）与观念结合的广告等。

商业广告作为商品销售的一个环节，有它自己的目标市场和目标对象，这是由企业的商品或服务的目标市场所决定的。它是要支付费用的，但这部分费用将会增加商品的价值。商业广告依靠传播媒介来说明商品，说服消费者购买商品，它区别于人员销售，形成自己独特的说服艺术和规律。

（2）商业广告配音的“味”——说服与促销

既然商业广告与生俱来便带有“营利”的性质，因此其配音中也具备了一种商业的味道，体现出一种“销售性”。当然，现代广告中，随着观

①中国知网百科：商业广告 [EB/OL].https://xuewen.cnki.net/R2007080370001575.html.

念的转变，也将这种“销售性”逐渐隐藏，而具备了一种“艺术性”。因此，商业广告配音是一种功利性与艺术性相结合的产物。

通过对商业广告的定义，我们可以看出这种“广告味”，在声音中应有“四感”：促销感、说服感、权威感与消费感。

2. 公益广告配音

（1）何为公益广告

公益广告，又被称为“公共事业广告”或“公共服务广告”，是以广告形态出现的一种特殊的大众传播方式，它与商业广告一同构成广告的两大类型。它是指“为促进、维护社会公众的切身利益而制作、发布的广告，或是由社会参加、为社会服务的广告。它通过呼吁公众对某一社会性问题的注意，去规范公众的言行举止，以达到培养良好社会文化的目的”①。

（2）公益广告配音的“道”——引导与共鸣

与商业广告的诱导、说服、促销相比，公益广告传播的内容则是有益于社会公众的观念、思想与行为，它呼吁、劝告、引导人们维护公共利益，停止不良行为，鼓励、倡导社会健康风尚。也就是说，商业广告追求的是广告主的营利，公益广告则是谋求社会成员的公共利益。因此，与商业广告配音的“味”相比，公益广告配音似乎更加注重声音形式中所包裹的“道”，而且不会显得过于“急功近利”，往往会带着一种对于思想、生命和自然的关注与关切，配音的感觉常常伴有：

A. 声音中带有思想观念的引导性

公益广告是社会主义精神文明建设的舆论阵地，它宣传正确思想，社会主义核心价值观，以及各种有益于社会发展进步的理念，引导人们树立正确的人生观、价值观。宣传和弘扬自尊、自信、自强的民族精神，展示国家的繁荣富强、安定团结、经济腾飞。为受众指明社会发展的大方向。因此，在这一类公益广告中，配音的声音应该是大气、强劲、堂堂正正的

①中国知网百科：公益广告 [EB/OL].https://xuewen.cnki.net/R2012111080001758.html.

中国气派的声音。

B. 声音中带有行为规范的劝诫性

公益广告的一大作用是教育大众以规范其社会行为，但是这种“教育”不能太过生硬，而是一种友善的“劝诫”。一悲一喜，往往是善于使用的方式。即用严肃的悲剧与幽默的喜剧来对人们的行为加以劝导。一方面，运用悲剧展示时，配音的声音中带着冷峻而悲悯的警示性。另一方面，运用喜剧展示时，配音的声音中带着幽默调侃，转而惭愧懊悔的冲突性。

C. 声音中带有民族文化的凝聚性

公益广告是中华优秀传统文化宣传的重要阵地，以其强大的影响力、宣传力向受众传递良好的社会风气、健康的生活观念以及伦理道德，促进社会主义精神文明建设，继承和弘扬中华民族传统美德和构建社会主义和谐社会。例如在申办北京奥运会时、下岗再就业时、抗击新型冠状病毒肺炎时，公益广告正是在这些时刻凝聚人心。在这一类的配音中，声音中透露出一种崇高、力量之美。

D. 声音中带有情感共鸣的诉求性

公益广告的目的就是为了感染广大受众，使其接受广告所传播的理念。当受众与公益广告所传递的理念产生情感共鸣时，广告内容符合受众的心理规律，就能够与受众进行有效的心理沟通，进而打动和感染受众，实现宣传目的。因此，这一类的公益广告配音则会运用声音来营造氛围，吸引受众沉浸其中。从情感的角度出发，生动形象，贴近日常生活，从而引发受众很高的注意力，达到良好的宣传效果，使受众产生情感上的共鸣，受到教益。

（二）按照媒介平台来划分

艺术形态与媒介关系密切。广告可以是以口头、招牌、幌子或者纸质媒介为中介传播，但是，广告配音一定是建立在电波、电子媒介之上的艺术形式，媒介的特征必然作用于创作的方方面面。加拿大传播学者马歇尔·麦克卢汉认为“媒介技术是一种新的尺度”，并肯定了媒介技术特质对传播内容、传播方式与创作手段的影响。了解广播、电视、新媒体对于广告配音表达的影响，掌握该媒介与技术的特征，从而更好地为广告配音艺术的生产服务。

1. 广播广告配音

1920 年 11 月 2 日，美国宾夕法尼亚匹兹堡 KDKA 广播电台开始播音，标志着世界无线广播事业的正式诞生。广播电台的出现是近代广告史上的一件大事。它标志着广告在更广阔的空间，向更多的消费者传播商品信息，更是广告“播”音的开始。

中国的广播事业几乎和世界广播同步诞生。1922 年 12 月美国人奥斯邦在上海建立了中国境内第一座广播电台。该电台于 1923 年 1 月 23 日正式播音，节目内容包括新闻、音乐、演说，自然也少不了商业广告。当时，影响较大的是 1924 年 5 月在上海播音的美商开洛电话材料公司创办的广播电台。

私营民办广播电台运营主要靠广告。当时，洋商广播电台主要广播外商广告，后来华商私营电台逐渐发展，中国工商业者也纷纷开始利用广播做广告来宣传商品。据统计，1932 年，全国共有广播电台 89 座，仅上海就有 41 座。这些广播电台主要靠广告收入维持播出，广告是当时广播电台的生命线。所以，每家广播电台都要千方百计地创造自己的播音特色吸引听众，从而增加广告收入。比如开洛广播电台为了吸引听众，它允许中外听众点播节目。再如，1930 年，国华广播电台创办了一个“空中剧场”节目，播出具有浓郁地方特色的评弹，吸引了众多的听众。而这一受众群体大多在 30 岁以上，这一年龄段的人群中烟民最多，因此大量香烟广告被插播到节目中，为许多香烟品牌打开了销路。

从上文中可以看出，无线广播的出现，为广告提供了一个新的有效载体，广播广告走上了蓬勃发展的道路，广告“播”音应运而生。

广播单纯依靠声音作为表达内容的传播符号，要想运用好声音的表达，来更好地为广播广告的传播而服务，还需要明确其传播特点：覆盖面广、迅速及时、声情并茂、易于接受等。结合广播的优劣势比较，其广告配音具备以下的特征：

（1）先声夺人，浅显直白

广播广告配音最大的特征就是只有声音的表现形式，再无其他辅助接受的信息的手段。因此，依靠声音来吸引人们的注意力非常重要，所以选择音色、调整音量、独特表达都可以给听众留下深刻的印象。同时，由于声音的线性传播，转瞬即逝，要求语言信息不能过于烦琐，听众解码复杂会使人听不懂。所以，直白的表达是较好的方式。

（2）声情并茂，富于联想

声音虽然没有画面的色彩与动态的表现，但是，它却留给了人们更大的想象空间，听众可以运用自己的内心来联想出广告的听觉形象。广播广告配音可以充分发挥声音的特性和独有的造型功能，特别是“联想与想象”，通过刺激听众的听觉系统，塑造商品的声音形象，传递丰富的广告内在信息。不过，若想使受众产生无限的遐想，在配音表达上必须要声情并茂。

（3）曲乐相和，营造意境

音乐往往也会为广告配音带来灵感与节奏的提示，利用实况音响再现现场情景气氛，而音乐除本身的独立表现功能外也可以烘托其他内容，它们相互配合赋予广播强大的感染力，通过意境的营造来再现情景。

（4）贴近本地，适当重复

广播广告配音通常会注重“本地性”“接地气”，因此方言配音较多，对话配音较多。但广播也有不可忽视的弱点和传播劣势：转瞬即逝，过耳不留。所以，广播广告配音中产品的名称和电话号码是一定要适当重复的。

2. 电视广告配音

虽然，电视事业在我国起步较晚，但却爆发出强大的力量。广告“配”音也是随着电视的出现与其事业的发展而逐渐成长壮大的。

对于商业广告这种让人看到或听过之后不仅需要付出行动，而且还要掏出甚至掏空自己钱包的信息来说，无疑是哈罗德·伊尼斯在《帝国与传播》

一书中所提到的“厚重的信息”。而广播这种偏向于时间的媒介，诉说商品信息稍纵即逝，无疑较电视媒介的传播效果差了许多。电视媒介除了广播所具有的“时间”之外，还多出了“空间”的特性，更易于广告这种视听艺术的传播。广播广告只有声音没有影像，平面广告只有影像没有声音，而电视广告二者兼备，它以动态的画面与流动的声音为传达信息的手段，兼有平面广告和广播广告二者的优势。而且，在电视被受众极为关注的时代，电视广告结合其特有的属性，对加强广告的关注程度、记忆程度有着其他媒介所无法堪比的优势。

电视广告配音具有如下特征：

（1）视听兼备，声画并茂

电视广告最大的优势就在于它不仅拥有声音，同时还展现了动态的画面。人们对外部世界的感知，有 70% 是来自视觉。画面，特别是真实、活动的画面可以使消费者更为直观地了解产品。与此同时，画面还可以丰富广告的表现力，为其提供更丰富的信息。然而，即使画面拍摄地非常美观，在展示时空、生发联想、揭示主题内涵时也有其局限性。在这一点上，配音就可以将产品的历史、功能、主题内涵等不具备视觉形象的信息等一一诉说，对画面起到补充说明的作用。

（2）唤醒注意，引起兴趣

从过去的市井叫卖到电视广告配音，“唤醒注意”一直都是广告中声音表达最为重要的作用。从心理学的角度来讲，受众在关注的接受状态之下，信息更容易传达，而且在其心理会留下极为深刻的印象，产生更好的效果。在现如今注意力极度缺乏的时代，电视广告配音往往就是那唤醒人们耳朵的“一嗓子”，将人们的注意转移到广告上来。在引起受众注意力之后，配音表达还应该环环相扣地去引发受众的兴趣，使其继续保持这种兴奋。

（3）展现创意，解释内涵

随着电视广告的发展，广告创作也越来越重视画面的创意。但有时，由于伴随式的收看可能没有立刻领会画面中的广告内涵；有时，可能是受众没有共同的经历或心理范式而无法领会；有时，为了吸引更多的受众；或者就是创意太过于隐晦，需要“一语道破天机”，需要“画龙点睛”，这时广告配音就起到了解释广告创意内涵的作用。

3. 新媒体广告配音

2019 年 8 月 30 日，中国互联网络信息中心（CNNIC）发布第 44 次《中国互联网络发展状况统计报告》，并指出：“截至 2019 年 6 月，我国网民规模达 8.54 亿，较 2018 年增长 2598 万，互联网普及率达 61.2%，较 2018 年年底提升 1.6 个百分点；我国手机网民规模达 8.47 亿，较 2018 年年底增长 2984 万，网民使用手机上网的比例达 99.1%，较 2018 年年底提升 0.5 个百分点。与五年前相比，移动宽带平均下载速率提升约 6 倍，手机上网流量资费水平降幅超 90%。”[①]

互联网等技术的发展壮大，培育出了“新媒体”，它是相对于传统媒体而言，通常指时间上较晚出现的、功能或特征上与现有媒体存在差别的新兴媒体。一直以来，具备商业灵敏度的广告人从来没有错失搭乘技术革新的快车。这一次，又岂能错过拥有巨大客户群的互联网传播平台呢？在移动互联的世界里，广告可谓真的做到了无孔不入。手机、电脑终端，用户可以轻易地在各种 App 或者小程序中安置硬性广告与植入广告。互联网平台不仅极大地开拓了广告的传播途径，而且降低了广告的传播成本，分流了众多的广播、电视的客户。甚至，4A 广告曾一度努力保持传统播出平台的收视之外，也积极介入互联网的传播。广告通过互联网平台延伸了传播的渠道，进而形成新的营利模式。

其实，新媒体广告配音与广播和电视的广告配音并无太大区别，所运用的手段依然是“视”与“听”两种元素，改变更多的其实是营销的手段与形式，对于声音艺术的表达来说影响较弱。有一种形式的广告配音成为

①中国网信网：第 44 次《中国互联网络发展状况统计报告》[EB/OL]. http://www.cnnic.net.cn/hlwfzyj/hlwxzbg/hlwtjbg/201908/t20190830_70800.htm，2019-08-30.

新宠，就是节目中插播的植入广告。这种配音常常是演员或艺人自己跳出“第三堵墙”来介绍产品，就是为了在受众极度关注的情况下，吸引注意而已。虽然在互联网中呈现的广告依然是“音频 + 视频”的形式，然而，正是由于其传播的媒介与广播、电视存在着差异性，因此，互联网音视频广告的配音也有其特有的创作属性。配音员需要考虑新媒体的“碎片化”“场景化”“私密化”“交互性”的播出形态，声音表达需要随之改变。与此同时，互联网视频用户的年龄结构、消费习惯、审美趣味等与传统媒体有所不同，广告配音创作不能不考虑这部分因素，从而调整广告配音的生产。

（三）按照声画关系来划分

1. 旁白式广告配音

大量的广告配音都是由“旁白”所完成的。旁白式的配音不需要角色的声音扮演，更没有角色口形的制约，除了视频广告要把握与画面的和谐之外，旁白式广告配音的限制较少。可能最大的制约就是来自客户对于声音“感觉”的要求，或大气磅礴的，或亲切诉说的，或热情洋溢的，或厚实稳重的，或古灵精怪的……只要找到客户所需要的声音质感，以画面、音乐为参照，便可以顺利完成。

2. 角色式广告配音

角色式广告配音，是产品信息借广告片中的角色之口说出，无论在视频广告中，还是音频广告中均会出现此类型的配音。而视频广告中的角色配音可能还要涉及独白、对白、内心独白的不同配音方式。甚至还有对口形与声音造型的需要。

在音视频广告中，“角色”通常包括了名人、明星、素人及卡通人物。可能由于他们中的某些人的声音质感与商品的气质不符，或是缺乏有声语言表现能力，或是无法请到广告中的演员参加后期配音制作，广告常采用配音的方式。但是，“在影视广告中的角色配音，与电视剧、电影中的角色配音是有区别的。在影视广告中，演员的表演带有商业目的，人物语言简短精练、目的明确。这就要求配音员迅速准确地把握人物特点并赋予相应的音色和表达样式”[①]。影视剧中的角色配音较为生活化、人物化；而广告配音中的角色配音比较起来显得并不是那么生活、自然，甚至有一点虚假、造作。原因是：影视剧的角色配音是人物内心真实的情感的自然表现，而广告角色配音常常是以带有销售目的性地言语表达，通俗地讲，就是话中似乎有“圈套”。例如：

《斯利安》

角色1（年轻女声）：准备怀孕了！

角色2（中年女声）：吃叶酸了吗？

角色1（年轻女声）：应该说吃斯利安了吗？斯利安就是叶酸，预防出生缺陷的标准叶酸，0.4毫克，国际标准。

落版（女声）：有斯利安，怀孕好心安，斯利安。

然而，随着广告创意与制作水平的不断提升，也有将角色式的广告拍成“剧”的形式，这样导致其配音也偏向影视剧的台词。例如：

《益达》

角色1（老板，男声）：上菜咯，爆炒饵丝。

角色2（伙计，女声）：来了，爆炒饵丝。

角色1（老板，男声）：3号桌。

角色2（伙计，女声）：您的爆炒饵丝，慢用。先生要点什么？今天我们的特色菜是炸酱面。

角色3（食客，男声）：好久不见。

角色1（老板，男声）：6号桌，认识啊。他的朋友就是我的朋友，我帮你准备点特别的。

（食客吃完面）

角色1（老板，男声）：餐后嚼益达对牙齿好，她说的。晚上有地方住吗？那住这儿吧，我们还有房间……

---

①王明军、阎亮：《影视配音艺术》（第2版），中国传媒大学出版社，2007，第85页。

角色2（伙计，女声）：我们没有了！

角色1（老板，男声）：当然有啊，你隔壁的那间嘛，还不赶快去帮你朋友打扫一下。

角色2（伙计，女声）：哼（生气时气息的表达）！

旁白（男声）：益达关爱牙齿更关心你，吃完喝完嚼益达。

（四）按照表达样式来划分

以上的分类均是从广告的角度对配音进行划分，而本书将采用从有声语言表达样式的角度对广告配音进行分类，可使配音员明晰广告所需要的具体可感的语言形态。分为：宣读式、朗诵式、说话式、讲解式。每一种语言样式下还存在更为具体细致的分类。

1. 宣读式广告配音

宣读式广告配音，由“朗读”“播报”而来，即将广告语“照本宣科”般地宣布、播读、通知、告诉、提醒。总而言之，信息传递较为直白、直接。在广告配音的发展初期多采用此方式且延续至今，“简单”“露骨”“粗暴”“强劲”是其特点。而后，这一形式的广告配音表达随着广告制作水平的提高、创意内涵更为深厚而发生改变，声音表达变得“亲切”“内敛”“含蓄”。其样式表现为：节奏明快、妙语连珠、声音爽朗、顿挫轻巧、语势稳健、字正腔圆。

（1）激情宣告

这一类型的广告配音似传统的街头叫卖，原始而直接。特征如下：

直白是其特征之一，常常是就其内容而言的。信息简单、直截了当，不需要思考，仅仅是优质信息炮弹的狂轰滥炸。例如：

东芝雅丽娜录像机，采用专业高净化磁鼓，带你进入栩栩如生的世界。东芝雅丽娜，画面更清晰，音色更纯美，还备有卡拉 ok 功能。（《东芝雅丽娜录像机》广告）

重复是其特征之二，常常是就其方式而言的。广告本身的目的之一就是使人对产品加深印象，信息重复自然是一种选择。例如：

《云南白药气雾剂》

旁白（女声）：先喷红瓶，冷敷镇痛。

旁白（男声）：后喷白瓶，持续疗伤。

旁白（女声）：先喷红瓶，冷敷镇痛。

旁白（男声）：后喷白瓶，持续疗伤。

旁白（男女和声）：有伤有痛，就用云南白药气雾剂。

落版（男女和声）：动起来，更精彩。

命令是其特征之三，常常是就其语气而言的。广告语中常常会伴随“就选”“就买”“只选”“马上去买”等字眼。

激情是其特征之四，常常是就其状态而言的。此类型的广告配音往往需要一种力量。业内人士称其为“卖药”。随着药品广告的监管力度加大，广告配音行业内部，将其改称为“激情洋溢”型的广告配音。例如：

赛场上声势夺人，车流中外形夺目，超性能豪华轿跑车，雷克萨斯GS，释放你的表现欲。（《雷克萨斯GS》广告）

（2）预告促销型

预告与促销，虽然是商品处在不同的售卖阶段，但在配音时都应存在一种“敦促感”。就预告而言，是促使消费者赶紧来选购，否则你就“out（落伍）了；就促销而言，是催促消费者赶紧来抢购，否则你就“late”（迟到）了。两种宣读同样直白、直接，但同时需要带有一种紧迫感。因此，配音时需要更强有力的气息支撑与口腔力量，才能够“一口气”将其配完。之所以这样配音，是因为要制造一种“抢”“过时不候”“错过可惜”的紧张。

预告促销，可以是推广一个新品牌或者新上市的产品。这种配音方式常常会出现“新”“老”对比。配音时要注意语气，突出强调“新”在哪里，以及“新”的优势所在。例如：

《OPPO Reno2》

角色（女声）：Are you ready?

旁白（女声）：总是很抖？嘿，试试全新的Reno2，全新Ultra Steady

视频超级防抖模式，帮助你随时创作，带来卓越的稳定画面。所以，拿起Reno2，尽情创作吧！拍视频超防抖，更稳更清晰。OPPO Reno2。

预告促销，可以是一种新升级的服务。这种广告在配音时常常会有一个关键字“更”。语言表达要注意一种递进式的语势，会产生更好的表达效果。例如：

《中国电信 5G》

旁白（男声）：电信 5G，让城市更智慧、让生产更智能、让生活更美好。

落版（男声）：Hello，5G，赋能未来。中国电信。

预告促销，可以是一个新打折的价格。毋庸置疑，价格一定是这一类广告配音时所要重点突出的部分。例如：

《麦当劳》

旁白（女声）：巨星光芒，香芒芒，颜值担当，甜柚柚，实力偶像，大菠浪，全新麦当劳水果茶，三款口味，全部第二份半价。

预告促销，可以是一部电影、一个电视节目、一场文体赛事或演出。“本周五敬请期待”“即将上映（播出）”“明天”“下一个节目”“接下来”等是常出现的词汇。文体赛事的预告彰显一种紧张对抗。电视节目的预告会因为新闻、综艺等不同类型或当期内容而具有不同的语气、状态。而电影的预告因其拍摄风格、故事内容会运用独特声音。除了通常的视听广告媒体之外，它们还在电影院内播放。随着中国电影业的不断发展，这一类预告片的配音制作显得也越来越国际化，或者从某种意义上讲，就是越来越好莱坞化，音色的选择上变得更加沙哑而富有内爆的力量。

2. 朗诵式广告配音

这是一种类似于朗诵式的表达。把富有韵律美、修辞美的广告语比较夸张地诵读出来，形成朗诵的形态。强化声韵色彩，给人以感情激荡、余音绕梁、意味深长、品质优良的听觉印象。其样式表现为：合辙押韵、气势磅礴、跌宕起伏、抑扬奔放、纵横驰骋。

多见于广告结尾处表明产品品牌的一两行落版文字的口号（slogan），

或者表达富有品牌历史感、文艺感的广告作品。广告公司花了几个月的时间来创造和提炼准确的词语，以获得最大的影响力和记忆力。被选中读落版的人必须在声音和态度上完全符合公司的核心和灵魂。例如：

大行德广，伴您成长。中国农业银行。（《中国农业银行》广告）

这一类型的广告配音还多见于“台声”的配音。例如：

中国中央电视台；

FM91.8，杭州交通经济广播；

凤凰卫视中文台。

此类型的配音在脚本上有一个特征，就是广告语诗情画意，精练形象，朗朗上口，“好听”“好记”“好懂”，避免罗列冗长枯燥的句子等。

从文字语言对于广告的重要性而言，语言是广告的生命，而广告也是语言的艺术。诗意化的广告语言，可以向受众传递一种价值观，还能够产生自然、和谐、优美的听觉美感，满足受众的消费与审美需求，字里行间里传播和弘扬了源远流长和博大精深的中华民族传统文化和文字修辞的美感，并且能够迅速引导受众从无意识注意转向有意识注意，使受众在美感的氛围中被说服，特别是那些对生活品质有较高追求的消费者。

3. 说话式广告配音

说话式的广告配音，多运用在人物语言配音中。但是广告配音中的人物语言又区别于影视人物配音语言，同样也带着一种“广告味”。如果说，影视剧以及其他文艺作品人物语言表现目的是传递情感，那么在广告中，“说话”就是为了引出产品，一切都是为了产品而服务。其样式表现为：自然流畅、松弛飘逸、灵活跳脱、消费感强。其中包括：角色型、素人型、代言型。无论哪一种类型都少不了两种配音合作方式：独白与对白。

方式一：单人独白

单人独白，看似是自言自语，实则说给他人（受众）听，力图造成一种“说者无心，听者有意”的效果。广告配音的声音表达中要带有一种“漫不经心”中的“有心”，特别是要把广告中的重要信息加以强调，表述清楚。例如：

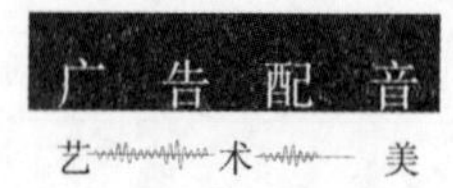

《花王学步裤》

独白（女声）：我是杨霞，一个有着两个孩子的网络博主，同时经营着服装生意，每天的生活就在照顾孩子和忙碌的工作中进行，压力各方面都有，不过我有释压的诀窍，比如纸尿裤，一开始就选的花王妙而舒，它对肌肤特别好，柔软又透气，宝宝也很喜欢，但宝宝渐渐长大，换尿布就变得不容易，这时我改用学步裤，怎么拉伸都可以，坐着和站着都能轻松换上，优越的伸展力，轻柔贴合小肚肚和腿部，舒适透气怎么动都感受不到压力。玩的时候宝宝很自在，我希望他一直这样无拘无束。

落版（女声）：选择花王妙而舒，告别负担，自由成长。

方式二：多人对白

如今在国内，已经很少有真正意义上的“多人组合”式配音了。不是没有这样的作品，而是很少有“多人”这样的工作方式了。由于技术的不断更新，分轨录音的出现，多人在一个棚里相互配合完成配音的机会并不多见了。无论是在广告配音中，还是在影视剧、动画片的配音中，这一形式的配音都因为技术的改变而消失了。在此，依然有必要被提出来的原因是，多人在现场配音就是比分轨录音多了相互“交流”与彼此“反应”。而不是后一位配音员按照前一个配音员认为的说话方式和语言表达配音。虽然，分轨配音节省了很多时间，但是，质量却远不如过去多人同在一个棚里录制时的精彩。

与独白不同的是，在对白过程中，受众（消费者）成了一个“偷听者”。看似是人物之间的困惑、问题，实则是在解决消费者的难题。产品的功能描述、优点比较、销售目的等均在台词的字里行间中。例如：

《万通筋骨片》

角色1（女声）：哎！匣子！

角色2（男声）：哎！

角色1（女声）：刘总这两天咋不叨咕腰腿关节疼了呢？

角色2（男声）：吃了点儿我给他配的偏方。

角色 1（女声）：吹！

角色 2（男声）：哎！吃了点儿我给他配的药膳。

角色 1（女声）：接着吹。

角色 2（男声）：喝了点儿我给他配的果酒。

角色 1（女声）：再吹。

角色 2（男声）：主要是我给他吃了“万通筋骨片”，腰腿疼痛请服“万通筋骨片”，一般人儿我不告诉他。

落版（男声）：通化万通药业，万通筋骨片。

“多人组合”的广告配音，交流非常重要，建议如下：

▲认真倾听对手的表达并做出及时的言语反应。

▲配音员与搭档的角色往往有所反差，如聪明—愚笨、担心—放松、男人—女人、年轻—年老、快乐—沮丧、高声—低声、高兴—悲伤、放松—焦虑等。请找准自己的角色定位。

▲多人配音，无论最初有多少个意见分歧的声音，多人或对手最终将汇聚到“产品”一个诉求点上。

▲不要试图去教搭档怎么配音。此时，“好为人师”的配音员不仅会破坏合作气氛，也许也会因为个人理解的狭隘带偏广告的真实内涵。除非有一方是配音大师。

▲对白开始，不能走神。即使没到自己的角色出场，声音的状态始终保持在场景中，以便台词衔接。

多人式配音员的工作就是集中注意力在“问题”和“解决”上，往往这两部分的台词恰恰是配音的内容。

（1）角色型

这一类型的人物专指广告片演员。因此，配音时的语言表达可以标准、多变、富有表现力。

当脚本中有“我”“我们”“你”“你们”存在时，配音员的工作是要将信息角色化，听起来要真诚，要像现实中的人说话一般的自然、松弛。

角色型的广告配音绝不能用力过猛，记住，配音员不是在帮助企业零售售卖的销售员。广告脚本中已经为配音员规定了角色的身份和语境。这种类型的配音要表现出“这个人”对产品的热爱、拥有产品的自豪感以及熟知产品的权威感，并利用这种情感来分享激励受众产生购买的想法和选择。另外，与宣读式的配音不同，这一类的广告语写得更个性、真实和自然。广告挖掘了生活中的人们喜欢向身边的人炫耀自己所拥有、所发现的一面。

这类配音脚本通常有固定的故事线：通常会在产品出来解决问题之前，声音显得困惑、无助、焦虑、乏味；而在产品出现之后，声音变得放松、开心、充满乐趣等。此类配音需要配音员更为娴熟的声音表演技巧。

请注意，虽然是角色，但记住“我”“你”并非是主角。例如“你”是一名专家，因为经历了和广告受众一样的问题，并且找到了解决办法——产品，需要与朋友们分享发现。另外，角色不是在销售产品，这样才可以树立一种权威感。

（2）素人型

现如今，受众对于广告已经具有了一种免疫性，因此“更加贴近”是广告创意中的一种，让“与你一样”的普通人告诉你一个小秘密。素人式广告角色出现的同时，相应的广告配音也应运而生。这一类人物的语音普通话可以不标准，甚至带有口音或个性色彩。例如：

《碧浪洗衣粉》

角色1（女声，带方言色彩的素人）：都说男孩顽皮也不一定，像我娃娃，蹦蹦跳跳，常弄得满身巧克力什么的，洗他的制服得打半两肥皂，竟还搓不掉，脱水更麻烦。后来我用碧浪。

旁白（男声，配音员）：碧浪结合洗衣粉、肥皂和衣领净的功能，只要泡30分钟，不用使劲搓，超强洁力。纤维把很多洗衣粉无法清除的污渍全面瓦解。

角色1（女声，带方言色彩的素人）：看！衣服白白生生，小娃娃还做了卫生模范，全靠碧浪。

落版（男声，配音员）：碧浪，洁力三合一。真真正正，干干净净。P&G优质产品。

（3）代言型

代言型常常是“角色型”和“素人型”两种类型配音风格的完美结合。在广告语中，常伴随着“我”“我们（的）”等词语，暗示在广告片中出现的说话者是代表公司的“发言人”。配音员该如何处理人物语言的表达呢？可以从“代言人”与所代言的企业或产品的关系入手，便能使声音有的放矢，充满情感的依据。常出现的三种“代言人”的身份是：

A. 企业代言

配音员需要考虑自己所要配音的角色在企业中的角色与位置。

a. 企业高管

如果是公司的高管或者所有人的身份，配音员就会从一个更权威的位置与消费者建立关系。语言的表达会用一种更正式的方式讲述：“请大家相信，我们一直在努力创造市场上更好的、更可靠的、更令人愉悦的产品或服务。人人都知道我们的公司、产品和员工是非常好的。”虽然，《广告法》规定不能在广告语中出现“最”，但是配音员可以在内心中将“最”字补上，即最可靠、最令人满意等，这样便于找到一种对自己的企业与产品的自信与权威。例如：

《聚美优品》

陈欧：你只闻到我的香水，却没看到我的汗水。

你有你的规则，我有我的选择。

你否定我的现在，我决定我的未来。

你嘲笑我一无所有不配去爱，

我可怜你总是等待。

你可以轻视我们的年轻，

我们会证明，这是谁的时代！

梦想是注定孤独的旅行，

路上少不了质疑和嘲笑，

但那又怎样？哪怕遍体鳞伤，也要活得漂亮。

我是陈欧，我为自己代言。

这则“我为自己代言”的广告语甚至成了90后一代人的成长宣言。而董明珠女士在为自己的企业格力电器的全系产品代言，也获得了成功。对比来看，虽然董明珠的表达偏“素人型”，充满生活气息且自然，陈欧的配音偏“角色型”，专业而富于表现力，但都与自身所代言的产品是和谐的：电器就是要生活，化妆品就需要表现。无论哪一种，都为自己的企业和产品赢得了消费者的注意与信任。

b. 企业员工

“员工”这一身份的表达还会因其在该企业中的位置不同而有所区别。配音员，有时会从一个产品研发部门的“工程师”“科学家”的位置向消费者提供内部研发信息。有时候会从一名“生产工人”的角度向周围人传播生产一线上真实的场景。但不论哪一种风格，“员工”的声音都是要展现出：以自己的工作为荣，以身为这家公司中的一员而感到骄傲。同时，很荣幸能够为消费者提供帮忙的信息，特别是作为“内部人”真实可靠的消息。

c. 产品自身

如果说老板的声音是一种“自信”，员工的声音是一种“引以为傲”，那么，为产品自身配音时，声音中就要吐露出一种“个性”与“无畏”，似乎与其他产品相比自己与众不同、无所不能。因此，配音员需要考虑产品自身的定位、目标消费群体和产品的自身个性以及同类产品的痛点。

产品自身代言，通常会赋予卡通形象。因此这一类的广告配音所需要的声音形式常常是古灵精怪的。

B. 名人代言

名人代言，自然是广告最擅长使用的宣传手段，可以借助名人效应，迅速提升产品的知名度。大多数明星会选择为自己配音，这时的声音表达是偏“角色型”的，因为他们都是接受过有声语言表达与表演训练的。然而，名人也并非都是善于语言表达或者舞台表演的人，如一些体育明星，这时的声音形式又是偏“素人型”的。

还有一种情况，当这个名人本身的音质与产品的气质不和谐的时候，仍然需要配音员为其配音。此时，就要在表达中把握好“专业”与“素人”之间的度，这要视代言人以什么样的方式、身份出现在广告片中而定。

4. 讲解式广告配音

讲解式广告配音，目的是透彻地讲明为什么选择这款产品的道理、分析产品的优势。一般都要耐心细致地加以解释，百问不烦，掰开揉碎，条理清晰。这就形成了讲解式的形态。为了能够让消费者听明白、理解清楚，这一类类型的配音需要“点点滴滴入心头”。其样式表现为：丝丝入扣、娓娓道来、细细咀嚼、深切品味。

（1）亲切诉说型

这一类广告配音的广告语同样是关于商品的优质详细信息，但由于产品性质、创意、销售策略不同，需要用“情感”来做外衣。其声音表现特征如下：

特征一：温柔亲切、为您着想。

例如：

《汰渍 360 度全能》

旁白（男声）：想你的孩子洁净得引人注目？用新汰渍 360 度全能。三色粒子配方，对付每个细节的顽渍。注重干净，才是 360 度洁净！

落版（男声）：洁净处处，备受瞩目，汰渍 360 度全能。

特征二：娓娓道来、不疾不徐。

例如：

《精工表》

旁白（男声）：大自然的澎湃力量周而复始，推动时间运行。精工人动电能，全球最小的动力发电系统，配合精密石英计时科技，不用电池，不用上力，随着你的每个动作自然运行不息。

落版（男声）：掌握未来时间动力，精工人动电能石英表。

（2）深刻感悟型

感悟，常常来自人生的经历、认知的改变，通过与内心的对话或者别人的提醒加以展示。那么为何会改变呢？当然是产品（商业广告）或者理念（公益广告）。

例如：

《公益广告》

旁白（男声）：人生，犹如一场旅行，

有时候，可以放慢脚步。

一本书，一次光合作用，

卸下心中的负累，诞生美好的力量。

每一次阅读，都是一次身心的光合作用，

带我们发现更好的风景。

和我一起，读本好书，

开启你的光合作用。

让我们在阅读中，发现世界。

这条广告配音的声音应该是深沉的、虚大于实的气声表达，需要抓住的是内心的一种感悟，不需要太过于外在的表现。

再如：

《公益广告》

旁白（女声）：你长大了，你学会了赞美，

你懂得了倾听，你变得更专注，

你知道了感恩，甚至，你连情感都更细腻。

是的，你长大了，

你听见了很多，却听不见最真实的声音；

你看到了世界，却看不到最亲近的人。

现在，那个教你说话、陪你长大的人，只想和你说说话。

这个年，坐下来，

用心陪陪家人，有你陪伴才是年。

这一则公益广告就是来自“旁观者清”的视角，虽然要抒情，但声音较为冷静、客观。己所不欲勿施于人，正是在对他人的观照中反思自己。

（3）故事讲述型

“讲故事”是一门学问。古今中外，人们都愿意听传说、听故事，如《希腊神话》《山海经》等。事实上，好的故事确实可以吸引人们的注意力，满足人们的好奇。故事型广告也比比皆是。例如：

《马爹利·金燕传奇》

旁白（男声）：在法国近郊马爹利干邑世家一望无际的酒库上空，散发着一股醉人芳香，流传着一个动人故事：每年有超过百万公升的上等干邑白兰地，在漫长的酝酿过程中不断升华到空气里，成为对天使的奉献。大约300年前，这种芳香将一只燕子深深吸引，依恋不舍。最后它终于化身金黄，超越平凡。每年初春数以千计的燕子都在这里悠然翱翔，而金燕子也依然不断出现在每一瓶马爹利干邑白兰地之上，标志着法国马爹利。

落版（男声）：干邑世家，经典无价。

这则广告就是把故事与传说作为广告的结构骨架，装入的内容其实是品牌的历史、工艺、理念，以及自身独有的品质等。这是一种高超的手法，把这些对企业的正面信息安排在了一个引人入胜的、美丽的故事框架中，营造了一种可信的氛围，使消费者在接受时，不觉得厌烦。而且，在品酒的同时，还可以分享酒的故事。广告的画面很美，选择了符合法国气质的油画质感，如果这样的广告只是依靠画面的展现肯定是不够的，只有依靠配音员的有声语言表达，才使故事更具吸引力。

二、广告配音的功能

（一）吸引注意

广告配音是以声音为载体的商品信息的传播，也就难免有人认为其最主要的功能是信息的传递。但是，广告的最终目的仅仅是“传了”就可以吗？还是要“传达”“传通”呢？当然，客户更希望是后者。只有广告引起了受众的注意，走进消费者的心里，使其被广告所深深地吸引之后，在这种“关注”的接受状态之下，广告商才能够更好地进行产品推广，引导消费；只有这种注意力集中的情况下，目标受众才能够更易转换为消费者，付出购买的行动。因此，从声音的角度来说，吸引注意力是广告配音的首要功能。如同旧时街头巷尾的叫卖，小贩在开始真正地介绍货品信息之前，总要先大声地吆喝一两声，然后再开始或说、或唱出所卖东西的功能、品质等信息；也有的商贩是以敲击响器所制造出的音响来唤起人们的注意。特别是在这个注意力极度缺失的信息接收时代，伴随式收看的方式下，用声音来引起受众注意显得更为重要，广告配音独特的声音形式成为吸引受众收看的首要因素。

（二）信息共享

口口相传，是人类社会共享信息最简单、最直接、最不容易产生误解的方式之一。广告利用了声音传递信息的便捷，借以不同媒介作为发布的平台，使商品的信息能够在更为广阔的空间传播。产品推广、新品发布都需要让消费者了解其特性、功能、效果以及与其他产品的比较优势，使其做到“家喻户晓”“众人皆知”。广告的信息共享天生带有推销性质的内核，因此广告配音在讲述商品优质信息时，需要掌握一定的技巧性，有时直白、有时含蓄，把握好分寸感。这将决定信息是否有效传达，使受众不反感，并且产生效力。因此，对于配音员来说，请牢记信息是“共享”，而非简单的信息“重复”“唠叨”，甚至是咄咄逼人的“灌输”。

（三）说服引导

广告配音艺术具有对目标受众说服行动、引导消费的功能。还有什么能够比用言语来劝说消费者购买更为直接的路径呢？广告配音为了帮助企业将所生产的产品引导成为消费者的首选，帮助其不再犹豫、当机立断去购买，会存在着以说服为目的的意图。此处，“说”应读为 shuì，而非 shuō。《辞海》《汉语大词典》和《现代汉语词典》都将“说 (shuō) 服”

释为“用理由充分的话使对方心服”“用话来表达意思”，将“说(shuì)”释为“用话劝说别人，使他听从自己的意见”。显然，广告配音的目的不仅是信息共享，也不仅是使受众心悦诚服，更重要的是通过言语使目标受众可以听从广告的指引和建议去行动、去消费。

说服与引导，在广告配音的表达中常常会存在如下形态：

第一种，强势灌输。这是一种喋喋不休、誓不罢休的耳边声音的轰炸。例如：

《东鹏特饮》

旁白（男声）：醒着拼，拼实力！东鹏特饮！年轻就要醒着拼！

醒着拼，拼状态！东鹏特饮！年轻就要醒着拼！

醒着拼，拼信念！东鹏特饮！年轻就要醒着拼！

落版（男声）：东鹏特饮！年轻就要醒着拼！

第二种，将心比心。这是一种悄悄地流淌入消费者心间的、亲切地关怀的声音。

第三种，寻求一致。“你也会变得和我一样”，往往这一类的广告配音是由明星代言，因为消费者需要“榜样的力量”。

第四种，威胁施压。广告中，常常会出现类似“你知道我们一天吃掉多少细菌吗？”的广告语，用来给消费者施加一种“威胁”。例如：

《格瑞卫康》

旁白（男声）：空气中的甲醛、苯系物等九大室内污染时刻危害健康，谁能够有效解决？你需要格瑞卫康，领先的室内污染净化核心技术。净醛九效。全面清除甲醛等九大室内污染，格瑞卫康，专业创造好空气。

“威胁”的确可以增强广告的说服力，但是，在具体运用时要注意以下几点：其一，内心要诚挚，态度须友善；其二，讲清道理，说明后果；其三，程度适当，否则会弄巧成拙。

当然，究竟选择何种“说服与引导”的方式，与“这一条”广告的心理策略有很大的关系。

（四）品牌强化

消费者其实是非常不忠诚的。品牌需要不断地强化意识，就如同母亲总是提醒子女要穿秋裤一样。为了强化消费者对于商品的功能、企业的理念等，广告配音起了很大的作用。

可以强化产品功能与效果，例如：

《雅诗兰黛》

旁白（女声）：雅诗兰黛 Double Wear 持妆粉底液，油皮亲妈、抗油抗汗、整天持妆、高度遮瑕、毛孔瑕疵、瞬间隐形、整天持妆无瑕。

落版（女声）：雅诗兰黛，持妆粉底液。

在强调、诉说产品功能时候的配音，要有一种轻松搞定的权威与自豪感。

可以强化企业文化与精神，例如：

《茅台迎宾酒》

旁白（男声）：匠人，匠心，迎天下。

落版（男声）：茅台迎宾酒，中国红。

可以强化产品使用场景，例如：

《老村长酒》

旁白（男声）：心动的时刻，休闲的时刻，欢聚的时刻。
每时每刻，简单快乐。
老村长酒。

广告配音也许不能说服受众立刻付出购买行动，但是这种品牌的强化功能却是具有延续性的。“信息的长处在于瞬间性，在瞬间中，信息就显得是新的。信息唯独离不开这瞬间性，它必须完全依附这种瞬间性，而且不能离开时间性，并在时间中展示出来；叙说则相反，它不耗费什么力量，它把力量积聚在一起，保存下来，而且在其展开的很长一段时间后仍有效力。”[①]这种效力会随着时间慢慢浸入受众的心里，叙说的商品及品牌信息

①本雅明：《机械复制时代的艺术作品》，王才勇 译，浙江摄影出版社，1993，前言。

逐渐发酵，在某一刻受众需要一种功能的产品时，这种广告配音的功能的延续性就发挥其作用，这一广告的“声音”就会在耳畔不停地回响，受众主动想起广告中的那句话，便会心甘情愿自觉购买。

当这种声音在媒介中存在一定时间后，会与某一品牌、某一类产品产生关联。此时，声音又具有了“符号”的意义，成了一种声音的标签、品牌。

（五）内涵暗示

在生活口语交流过程中，常常会有“弦外之音”“话中有话”的现象产生，这是一种说话人在不方便说，或者没有完全说明的情况下对听话人的一种通过语言对心理进行的暗示。这种心理暗示，是指人接受外界或他人的愿望、观念、情绪、判断、态度影响的心理特点。它是人们日常生活中，最常见的心理现象。它是人或环境以非常自然的方式向个体发出信息，个体无意中接受这种信息，从而做出相应的反应的一种心理现象。心理学家巴甫洛夫认为：暗示是人类最简单、最典型的条件反射。从心理机制上讲，它是一种被主观意愿肯定的假设，不一定有根据，但由于主观上已肯定了它的存在，心理上便竭力趋向于这项内容。我们在生活中无时不在接收着外界的暗示。广告配音对消费者便存在一种购物心理的语言暗示作用。在无意识中，声音所承载的广告信息会通过人们的耳朵流淌进心里，走进人们的潜意识。这些信息反复重播，在人的潜意识中积累下来。当人们购物时，人的意识就收到潜意识中这些广告信息的影响，左右你的购买倾向。

例如，M & M 巧克力豆的广告配音—“只溶在口，不溶在手”。这是著名广告大师伯恩巴克的经典之作。它既反映了 M & M 巧克力豆糖衣包装的独特，又暗示 M & M 巧克力豆味道甜美纯正，以至于我们不愿意使巧克力在手上停留片刻。配音中，“只溶”与“不溶”，“口”和“手”的重音、节奏、语气的对比，甚至会联想到有人想要来抢手中的巧克力豆，而你一口将其送入口中。再比如，德芙巧克力的广告配音—“牛奶香浓，丝般感受”之所以经典，在于“丝般感受”的心理体验，同时通过气声、虚实结合的语言表达将这种牛奶巧克力的细腻表达得淋漓尽致。充分利用联想感受，把语言的力量发挥到极致。

还有一种内涵暗示，是为了规避敏感话题，这时会更加凸显有声语言表达的作用。能否将创意淋漓尽致地表现，就要靠配音员的语言功力了。例如：

劲酒虽好，可不要贪杯哦。（《中国劲酒》广告）

汇源肾宝，他好，我也好。（《汇源肾宝》广告）

浪莎袜业，不只是吸引。（《浪莎袜业》广告）

但要提醒，一切的艺术创作应该是在反映“真善美”的前提之下，配音员也应该把握好一个尺度，有所配，有所不配。

（六）审美愉悦

张颂先生曾在《论语言传播的三重空间》一文中提出有声语言表达存在着“生存空间”“规范空间”“审美空间”。广告配音作为一种与广告相结合的有声语言表达艺术，在满足了“生存”与“规范”之后，或者说消费者不再被“生存”与“规范”空间内的表达所吸引时，广告配音应该上升到“审美”空间，给人们不仅带来商品信息，还要带来愉悦共鸣的享受。原始广告中的声音表达——叫卖，就已经具有了一种审美价值。每一种商品都有一种特定的、极富个性的叫卖方式，无论是腔调，还是吐字发音，都散发着审美气息，完全成了一种美感的享受。而现代广告中的配音表达更是如此，在看不见硝烟的现代商业环境中，商家之间出现了竞争，广告大战一触即发，厮杀激烈。此刻，广告公司便开始有意识地运用艺术手段来美化广告以吸引大众的视听。例如：

《大众银行》

旁白（男声）：人为什么活着？

为了思念，为了活下去，为了活更长，还是，为了离开？

5个台湾人，平均年龄81岁。

一个中听[①]，一个得了癌症，三个有心脏病，

---

①“中听”表示“耳聋”，有方言色彩。

每一个，都有退化性关节炎。

6个月的准备，

环岛13天，1139公里，

从北到南，从黑夜到白天，

只为了一个简单的理由：

梦！

人为什么要活着？

这则广告配音借助有声语言表达的美感，如诗歌、散文、小说；同时，摒弃了强行推销的功利性，从声音中散发着一种对于生命的观照。对于广告人来说，应当多去创作具有审美愉悦功能的作品。

广告配音的艺术化表达就是呈现广告艺术性的方式之一，声音开始追求形式美与内容美结合之路。这种为广告配音增添了审美价值的艺术创作趋向，其目的就是增强广告的表现力，使其更具可视性、可听性，以此吸引目标受众的注意力，激发消费者对于产品所附加的美感享受，借助这种赏心悦目的审美效力达到促进销售的目的。

第二章｜广告配音的声音基础

“工欲善其事，必先利其器。”声音，无疑是配音员赖以生存的“器”，正确地认识声音并且善于运用它，极为重要。

那么，声音是什么？配音员真的了解自己的声音吗？

“声音，是声波通过听觉所产生的印象，是客观存在的物理现象，是听觉艺术的物质构成材料。它具有‘可感性、时间性、随生随灭性等特征’，它是视听艺术赖以存在的创作材料和元素，是‘灵魂借以寓居的躯体’，是思想与感情的外部表现，是‘寓有艺术生命力和艺术感染力的物质媒介’。”[①]可见，声音不仅是一种物理现象，在广告配音艺术中，声音是创作者灵魂的载体，是广告创意的体现，是市场经济繁荣的号角，是百姓生活文化的折射，等等。配音员利用声音来赋予广告以鲜活的生命。

广告中的声音，从广义上讲，包括了有声语言、音乐和音响三个部分，而广告配音艺术的创作用声是狭义所指的配音员的声音，包括了画外音的旁白和画内出现的人物语言的角色配音等。本章将探讨配音员与生俱来的声音本体，以及与之相关的呼吸控制、共鸣美化以及声音中所蕴含的质感等。

---

①王明军、阎亮：《影视配音艺术》（第2版），中国传媒大学出版社，2007，第1页。

第一节 声音物理量

声音本身是一种形式，而配音员的音质与表现样式又是广告配音艺术的听觉形式。广告受众、潜在消费者正是利用自身的听觉系统通过对声音呈现在外的听觉形式的感受，方能建立起内心与广告内涵、销售目的等因素之间的心理关联。因此，声音的外部听觉形式的呈现是决定广告信息表达与传播的关键因素；在听觉效果与听觉心理层面，是传受之间构建认同的基础。

人类制造“声音”这种形式的器官通常包括：

动力系统——肺、气管、胸廓以及膈肌、腹肌；

声源系统——喉和声带；

成音系统——唇、齿、舌、腭；

共鸣系统——咽腔、口腔、鼻腔、胸腔等。

正是通过这些“零件”的协同配合，构成了这门有声语言艺术天然的形式美。与此同时，发音器官等自然物质材料基础的不同以及声音造型、语言表达技巧的应用也造就了各异的音色、音调、音量与音长，即声音的物理量。

在长期的配音教学中发现，许多配音员分不清声音的基本概念和物理量。那么，又何谈正确地认识并使用自己的声音呢？

一、广告配音中的“音色”

音色，是指声音的特色。每个人由于发音器官的生理构造不同而拥有其独特的音色。例如声带的长短、厚薄，发音腔体不同的形状和特性，从而产生一定类型的宽窄、高低、明暗、共鸣作用，形成专属于“这一个”人的声音个性。有人生来就是高音，有人则是低音；有人天生声音圆润悦耳，有人声音干哑浑浊。同时，音色也会随着年龄及身心健康的状态等生理条件的变化而有所改变。但是值得提醒的是，有的配音员为了追求一种宽厚的、嘶哑的“烟酒嗓”而去抽烟、喝酒，这其实是极为错误的做法，听上去的“磁性”，实则是一种病变。

（一）广告配音中的常见音色

按不同性别区分，包括：男声、女声；

按不同年龄区分，包括：童声、少年、青年、中年、老年；

按不同腔体区分，包括：宽音大嗓、窄音细嗓；

按不同感觉区分，包括：大气浑厚、阳光明亮、古灵精怪。

针对不同的商品，客户在音色上的需求会有所不同。例如，儿童食品，在音色的选择上就偏向于童声，或者高而亮的男声及女声，而且在感觉上是阳光活泼、亲切温暖的；烟酒、汽车类及工业产品的广告，在音色上则会偏向于成熟稳重的男声，浑厚而富有金属般的质感。

针对不同的广告创意，也会有音色选择的不同。怪异的音色总可以唤起广告的注意。不同品牌、不同商品会选择形式各异的音色来标榜产品的个性。比如，虽然同是汽车产品，保时捷、奥迪、长城、比亚迪就会根据产品定位选择不同的音色。通常而言，越昂贵的汽车，配音音色越是浑厚、嘶哑，带着一种沧桑的质感，主打品质与安全；越是低廉的汽车，其配音音色越是活泼明亮，主打款式与价格。即使是同一品牌旗下的产品，因为消费群体年龄段的不同，配音音色的选择也会有相应的变化，以“喜之郎”系列产品为例：

幼儿产品广告，采用的是童声音色，男女声共存，广告语以歌谣的形式唱出，如下：

《喜之郎果冻》（其一）

孩童们（童声）：果冻布丁喜之郎，咿呀咿呀哟。我们爱吃喜之郎，咿呀咿呀哟。喜之郎，好味道，又甜又爽真奇妙。你来唱，我来跳，喜之郎和我开心笑。我们就要喜之郎，咿呀咿呀哟。果冻布丁喜之郎，咿呀咿呀哟。

落版（年轻男声）：果冻布丁喜之郎。

青少年产品广告，采用少年的音色，男女声共存，广告语的内容为“谈理想”，如下：

《喜之郎果冻》（其二）

角色1（女孩）：长大，我要当世界冠军，妈妈给我鼓励和喜之郎。

角色2（男孩）：我要当太空人，爷爷奶奶可高兴了，给我爱吃的喜之郎果冻。

落版（中年男声）：喜之郎，多点关心多点爱。

成年人产品广告，采用的是较成熟的女声，甚至音色中带有一丝温柔、性感，如下：

《喜之郎果冻》（其三）

旁白（女声）：喜之郎优酪果冻，全新口感，酸奶般香滑。更多果肉，更好吃。我就喜欢这香滑的感觉。新口感好享受，美味香滑，口感新享受。

落版（女声）：喜之郎优酪果冻，香滑忍不住。

全年龄段产品，采用的是青春阳光的男声与女声，如下：

《喜之郎果冻》（其四）

旁白（女声）：每一个亲吻甜在我心上。

旁白（男声）：每一声鼓励陪伴我成长。

旁白（男声 女声）：把爱来传递，欢乐温暖永不忘。甜蜜的笑容、亲切的关怀，美好情义相伴永远，每一声欢笑与您共享。

落版（字幕）：喜之郎果冻。

从以上的分析可以看出，在广告配音中音色的选择时，主要参考广告的创意、定位等。

（二）广告配音中的流行音色

市场唯一不变的特征就是变化，音色的选择也是在不停地变化。在不同的社会发展的不同阶段，人们对音色也会有不同的审美。曾经在广播电视上出现的声音都是明亮、圆润、干净的声音；而现阶段的审美特征是一种沙哑而非喑哑的“烟酒嗓”。往往，初学者只看到了声音的外在形式，而忽略了声音中所蕴含的感受，盲目地去追求这种特殊的音色。特别提醒一下，不是因为其音质沙哑就高级，而是配音员在声音中赋予产品的感受与众不同。

追逐市场的流行固然是一条捷径，但却是一种急功近利的方式；附庸风雅是一种风雅，但却是矫揉造作的。追赶流行，其实永远都赶不上、创造不出流行。那么，现在开始思考你的音色如何呢？大多数人的声音条件都很好。有些人的声音富有质感，有些人的声音光滑圆润，有些人的声音高，有些人的声音低。不管你拥有什么样的音色，始终记住一点，它是属于你的独一无二的声音！因此，先找到自己本质声音中最优势的特征才是明智的选择。

二、广告配音中的“音调”

音调，人耳对声音高低的感觉称为音调。音调主要与声波振动的频率有关。由于每个人声带的长短、厚薄不同，其发出的声音也会有高低不同。这主要取决于声带的张力，也就是声带自身的松紧程度，声带越紧，声音越高；反之声带越放松，声音则越低。如同琴弦，同样的力度拨弄，越细的弦发出的音调越高，越粗的弦发出的音调越低。

（一）音调调节的注意事项

了解了音调产生的原理后，在配音中，如果想要提高音调，则需要拉细声带。但是在操作过程中，不仅要增加声带的紧张的程度，必须要注意与气息的配合、与共鸣的配合。如果，只是单纯依靠挤捏嗓子而提升的音高会显得干瘪，有时还会破音、撕裂，造成声带的疲惫与干痒，甚至会引发病变。除了为广告创意而服务之外，通常在低音调的表达时，则需要尽量放松声带。同时也要注意，低音调并不代表声音的音量不强，这是声音的两个物理量，彼此并不矛盾。所以，最低的音调也要用气托住，同时要使受众听清，否则会缺少口齿力量、声音的断裂以及清晰度等。

（二）与众不同的音调感受

高音调，有时在表达空间感的“高”，也可以表达一种阳光、喜悦之感。低音调，可以表达空间的“低”，也可以表达深沉、低落之感。然而在广告配音中，对于音调“高”与“低”的感受，有时与此相同，但有时则是恰恰相反。例如：

《Lü 饼干》

旁白（男声）：现在起不管何时何地，您都可以享受真正的法国风味，美味松脆，Lü（发音似普通话的 lǖ）——德趣饼干，法国奇脆，享受之最。

落版（男声）：Lü，中法合资，上海金纳。

伴随着欢快的音乐，这条关于饼干的广告，采用了一种较高的声音，来表现充满欢乐感。据此广告的配音员冯雪锐先生讲，之所以用这样高调的声音，是因为画面中一群人翩翩起舞，希望用声音来营造有一种号召大家都能够加入跳舞的行列中。而在为下面的这条《长颈 F.O.V.》广告配音时，冯雪锐则采用了较低音高的声音。例如：

《长颈 F.O.V.》

（画面：一位欧洲面孔的男子，站在悬浮在空中的热气球上，手中端着酒杯）

旁白（男声）：身在更高层，超然境自高。

落版（男声）：长颈 F.O.V. 高人一等。

这则广告，画面中的人物是身处在高处的，但是冯雪锐并没有采用高音调，而是非常低的表达。他的理解是：越是有身份的人，说话越是沉着冷静。由此可见，因为广告定位不同，在表达空间感的“高”时，有时却是与现实的声音表达正好相反，采用一种低音调的处理。

（三）音域与音调的区别

发声的时候，从低音到高音，范围的大小，叫音域。在有声语言表达艺术中，音域通常用“宽”与“窄”来形容，而音调则用“高”与“低”来形容。音域的宽窄和声音高低自然不是一回事，有人声音的调门很高，但音域不一定很宽。一个人从低音到高音若是范围大，他的音域就可以被形容为“宽”。这是因为他的声带拉长和缩短的伸缩性大、声带肌的张力强所造成的。

生活语言通常在一个八度音阶左右（个别的人高低之间也有达到两个八度的，但这是极少数。有的人起音较低，他所能发出的八度音都在低音部分；有的人起音较高，他所能发出的八度音却在中音部分。都是八度的音域范围，但从音高来说并不相同），甚至在五度音阶以内，艺术语言需要两个八度或三个八度的音域，朗读、播音、演讲和表演的语言都属于艺术语言，无论音高和音强，嗓子都不能用满，用到极限，否则又累又不自然，当然更不好听。对于音域来说，宽广才能游刃有余，因此配音员要练就自身的多音域适应能力。感到发声最舒适自然的音域叫自如音区，一般要求达到一个半八度。当作品内容要求用很高的或很低的声音来表达时，要是以生活语言习惯所用的四五个音的音域来进行，势必发生困难。

凡是艺术语言，在音域宽度上的要求是一样的，因为配音员所说的话不是面对面传播的对话，不仅字音要清楚，语调要自然，还必须能把作品的思想内容完整地传达到观众的耳朵里。

三、广告

音量，也称响度，是人耳对声音强弱的主观感觉，与音量和声波振动的幅度有关。声音的强弱，取决于发音器官肌肉紧张用力的程度，同时，也一定要配合着气息的强弱支持。如果只是靠喊，缺少了气息的支持，会造成声带充血。肌肉紧张用力，气流增强，声音也就强；反之，如果肌肉松弛，气流虚弱，声音也就微弱。掌握声音强弱的变化，关键在于气息力度的控制，气息力度的加强，就必须要靠小腹肌肉的收缩，顶住气息的力量。

曾经有一段时间，有一种配音形式被形容为“大力丸式”。从字面来看，便可知这是一种高音量的配音方式。最初是为了彰显企业力量，但是从传播的角度来看，彰显力量未必只有一种方式，甚至会适得其反。

特别说明一点，配音中，往往会将音量与音调混为一谈，但在语言艺术表达创作过程中，有时需要将其分得清楚。加强音量并不等于一定要提高音调，反之亦然，提高音调，并不需要加强音量。这要视具体的创意、具体的情境、具体的文本，还有配音员对稿件的理解而定。

所以，在广告配音的表达上也可以出现四种方法，高调强音、低调弱声、高调弱声、低调强音。

高调强音。这种形式的广告配音，音调较高凸显气势，但同时带有强而有力的音量，这需要强劲的气息作为支撑。例如：

《别克》

旁白（男声）：追寻力量，我们更创造力量；

欣赏艺术，我们更表现艺术；

热爱科技，我们更呈现科技；

全球科技，全新别克。

低调弱声，这种形式的广告配音，音调较低略显深沉而富有内涵，音量较弱，似一种“只对一个人讲”的耳语感觉，甚至有时带有一丝性感、神秘。例如：

《美即面膜》

旁白（女声）：面膜的深度，面膜的裁切，面膜的养活，面膜的时空，面膜的一瞬，美即面膜，全面升级。

高调弱声，这种形式的广告配音在旁白、落版中很少使用，但是在角色配音中有所应用。例如，《士力架》广告中的篮球运动员的角色，就在开始虚弱而导致失球的时候运用了高调弱声“怪我喽”，随后再运用低调强声“来劲了”做对比，将产品的创意通过有声语言表达的部分展现得淋漓尽致。

低调强音，这种形式的广告配音，音调虽低但却音量十足，饱含内敛的力量，似一种低调的奢华，这种声音形式多用于凸显一些具有高级品位的产品时。例如：

从容，入胜，路虎，全新一代揽胜。（《路虎》广告）

四、广告配音中的“音长”

音长，是指声音长短的变化，它取决于音波持续时间的长短，一个音波持续时间越长，说明语言表达的速度越慢，反之，语言表达的速度越快。

音长也是广告配音中最利于表现创意的一种方式。

（一）单音节的音长控制

例如：

宝路薄荷糖，一个圈——的薄荷糖（《宝路薄荷糖》广告）

为了制造出O形薄荷糖的拟态感，配音员将“圈”这一音节在音长上有意延长，不仅形象，而且使人印象深刻。

又如：

优——卡丹（《优卡丹》广告）

在这则广告中，为了配合画面上出现的符号“√”（暗示消费者选择正确之意），配音员将“优”这一音节也较其他音节在音长上停留了更久的时间。

再如：

斯利安就——是叶酸（《斯利安叶酸片》广告）

同样是拉长了音长，上面两条广告更多的是在配合画面来模拟一种形状，而这一条广告将“就”的音长延长，除了制造出一种与众不同的表达之外，更是在加强一种语气。

（二）多音节的音长控制

表达中，不是一个音节，而是多音节组成的一个词也会随着情感的变化而发生音长的改变。

例如：

中国移——动——通信（《中国移动》广告）

“移”“动”二字的音长处理，似乎给人一种听觉上的移动之感。

而在人物语言的广告配音中，年龄比较大的人，说话的节奏就会很慢，音节音长也较长；而年轻人的音节音长则较短。性格也是如此，比如说，急性子的人，他处理音节时的音长就不能太长，说话像打机关枪一样，每个音节的音长都很短。

这里需要强调一点，音长的变化，往往在配音表达当中，会影响语言表达的速度与节奏。如果想要在快节奏的广告配音中去表现音长，则是一种相对时长的展现。

辨清声音的四个物理量，将在广告配音的外部技巧使用中与声音造型时发挥巨大的作用。归根结底，声音表现形式离不开四个物理量的相互配合与制约，都是通过物理量协调的变化体现出来的，从而表达出配音员不同的思想情感、精神面貌、性格特征、生活情趣、产品定位与广告创意。在配音创作的过程中，为了加强艺术感染力，就要靠声音物理量和它们之间的相互联系，协调变化，使广告言语具有抑扬顿挫、高低轻重、强弱快慢、明暗虚实等各种色彩。

声音的物理量虽然彼此关联，紧密结合，但是在表达一个意思的时候，很少将四者同时并用。因为，技巧过繁，形式过多，反而会造成一种徒有虚表的浮夸式表达。有时，可能单从音高和音量的变化上来体现广告创意；有时，可能需要通过音长和音色来展示消费情感。这样，不同的情感、不同的意思，运用不同的物理量、不同的技巧去表达，从整体上形成语言的跌宕起伏。时而大气磅礴，时而温柔婉转，不仅言语形式丰富多样，也具有了强烈的艺术感染力。要解决配音员声音控制的技巧训练的问题，其实往往把问题变得最简单化，也就是回归到声音的生理作用和物理作用当中，结合内心情感以及客户的实际要求而进行调整。

第二节 共鸣的美化

认识了声音的四大物理量，具备了对声音较为客观的认知，每一个人的声音条件都是由天生的生理结构所导致的，若是对自己的声音不够满意，是不是说声音就无法被美化呢？即使我们没办法为声带做类似的整容、塑身手术，但是却可以通过科学的共鸣调节，且长期正确的练习，使声音听上去更美。共鸣，因此也被比喻成声音的美容师。

一、广告配音的共鸣方式

声音共鸣是面部骨骼、口腔、牙齿和硬腭振动的结果。这是一个细、轻、弱的声音和一个音调饱满、浑厚、掷地有声的声音的区别。有些人天生具有共鸣；其他人必须学会创造它。说话时，振动应该从前额、眉宇之间、鼻腔后部、脸颊下方的鼻窦区域、颚骨下方和喉咙一侧产生共鸣。那么，在配音时，正确的共鸣方式又是怎样的呢？

广告配音的共鸣无所谓何为正确，只存在是否与广告的创意与风格是否和谐。它是一种口腔共鸣，胸腔共鸣，鼻腔、头腔、咽腔、喉腔等多腔体灵活调整的共鸣方式。例如，工业类的产品广告可能需要更多的胸腔共鸣；食品类的产品广告可能需要更多的口腔共鸣等。再如，需要阳光活泼的感觉时需要减少胸腔共鸣而增加头腔、鼻腔的共鸣；需要古灵精怪的感觉时需要减少口腔共鸣而增加咽腔、喉腔的共鸣等。

共鸣调节是发声中的重要一环，它可以扩大和美化声音，改善声音质量，提高声音色彩的表现力。同时，共鸣对于体现广告创意也有帮助。

二、共鸣系统及配音运用

（一）口腔共鸣

口腔共鸣，发声的主要共鸣，也是可调节共鸣腔。

口腔是非常重要的共鸣腔，对配音发声起着至关重要的作用：一是它最容易调节；二是它参与吐字。

口腔在发声过程中应处于积极的状态，有利于产生较好的共鸣，使字音圆润动听。同时要求各咬字器官的力量集中，尤其是唇、舌力量的集中，舌位要准确、鲜明，过程要流畅、完整。

单纯的口腔共鸣较为“靠前”且“明亮”，因此在广告配音的共鸣综合运用时，口腔共鸣较多的配音多为一些需要年轻、阳光音色的食品及日用百货类的商品广告。

（二）胸腔共鸣

胸腔共鸣，是配音时的基础共鸣，也是不可调节共鸣腔。

它对低频声波共鸣作用明显。胸腔共鸣可以扩大音量，增加低泛音，使声音听起来洪亮、浑厚、结实。胸腔的空间及共鸣能量大，发出声音有深度和宽度，声音听起来浑厚宽广，善于运用胸腔共鸣，可使声音听起来洪亮、结实、有力，能够给广告受众以深沉、真实和可信感。

利用胸腔共鸣较多的广告配音多为恢宏大气的广告类型。

（三）鼻腔共鸣

鼻腔共鸣，是不可调节共鸣腔。

首先，注意处理好使用鼻腔共鸣来区分鼻音与非鼻音，区别音节意义的作用。其次，使用鼻腔共鸣要适度，否则会降低语音清晰度，音色混浊，有堵、腻的感觉。鼻腔共鸣，是通过软腭来实现的，当软腭放松鼻腔通路打开声音在鼻腔得到共鸣，就产生了标准的鼻辅音 m、n、ng 等。我们都知道，通常来说，鼻腔共鸣是不参与元音的发声的。但是在广告配音当中，有的配音员为了追求一种“陌生化”，将元音中加入了鼻音，即鼻腔和口腔同时打开，产生了少量的鼻化元音，可以为表达产生不一样的效果。鼻化可以增加音色的明亮，但过多的元音鼻化会形成齉鼻音而造成听觉障碍。另一种现象是，在发强音时，软腭关闭后，较强声音沿硬腭传到鼻腔内壁，可以感到鼻腔在振动，但这不是鼻音声音，而是头腔共鸣的发声方法。

将鼻腔共鸣运用的最为淋漓尽致的配音艺术家便是孙悦斌，他的鼻腔共鸣为其发声增添了美感和亮度，例如其经典代表作《国窖1573》(历史篇)。

鼻音的设计往往也可以展现出广告的创意，如下面这则《开瑞坦》广告的配音：

旁白（男声）：尘霾过敏，多种过敏，快服开瑞坦。

为了制造出一种鼻炎、过敏的效果，该广告配音就是用了一种鼻音表达。

（四）头腔共鸣

鼻腔以上的共鸣，是不可调节共鸣腔。

发声时，在高音区会产生头面部的振动感。头腔共鸣，需要一定气势、一定音高，配音一般用不到头腔共鸣，但有时需要加强作品感情色彩或者特殊的广告创意而发出的声音高昂明亮、铿锵有力，这时会感到声音不是从嘴里发出的，而是从眉心投出。

（五）喉腔共鸣

喉腔共鸣，是可调节共鸣腔。位于声带与假声带之间的喉室和位于假声带之上的喉前庭，容积虽小，但是喉原音发出后经过的第一个共鸣腔，它的状态直接影响声音的质量。发声强调喉头的放松及位置相对稳定。

喉腔共鸣在一些较为深沉与亲切的广告配音中会被运用。但如果喉腔共鸣运用得不够通畅时，就会产生压喉之感。还有一种情况，有些配音员为了追求胸腔共鸣，而将喉腔共鸣误认为了是胸腔共鸣，也会产生一种噎喉感。

（六）咽腔共鸣

咽腔共鸣，是可调节共鸣腔。分为三部分：软腭以上，前通鼻腔，称鼻咽部；中段前通口腔，称为口咽部；下段连接喉腔，称为喉咽部。配音发声强调后咽壁在发声过程中的积极、正直，保持一定的坚韧度，同时强调软腭抬起的积极状态。

第三节 正确地用声

配音员经常遇到或抱怨的问题包括：用什么样的声音配音才是正确的、好听的？怎样才能减少长时间用嗓、高强度用声对声带的伤害？如何能够使气息和共鸣上下通畅？如何依靠肌肉力量和气息支撑来调节声音的高低、强弱、虚实、明暗？怎样去除口腔中的杂音，如嘶嘶声、口水声、咔嗒声？如何避免爆破音、强气流所带来的喷麦以及其他的发音器官产生的问题？焦虑是无用的，这些问题必须在录音前或配音中将其最小化或者规避掉。

一、广告配音的用声方式

配音艺术的发声特点与播音主持艺术的有所区别。播音主持艺术是以实声为主的虚实结合，而配音艺术的创作由于与话筒的距离多变，因此这一概念要根据不同配音类型而定，有时虚声较多，也有时是实声为主，视具体作品而定。但无论如何调节，广告配音的正确用声方式都是：以气托声、声随情动、虚实结合、通畅自如。用声时，配音员自己的声带舒服了，别人听起来才会舒服。

二、错误用声及纠正

（一）压喉

这是很多初学者最大的、首要的误区，特别是男性配音员。有的人为了追求“浑厚”，误入了“压喉”的歧途，“浑”与“厚”倒是真的，但却是噎住的、不通畅的。如同如鲠在喉，自己不舒服、伤害声带，别人听着也不自然，费力而不讨好。这样吐字发声，会降低字音的清晰度，专业称“音包字”；此外，会阻碍气流，造成上下发音不通畅；还会造成声带的病变。

解决方法：首先，纠正思想认识上的错误，不要单纯地误认为“宽音大嗓”才是最好的声音。在广告配音的创作空间里，没有千篇一律的声音，更没有什么是好声音，每个人的声音条件都不相同，每个人的声音都有其特质，特别是广告，恰恰需要配音员有个性的音质，因此，改变思想是前提，否则将事倍功半，适得其反。其次，保持良好的播音体态。配音时不能过于低头看广告脚本，这样会使舌根和喉部不自觉地下压而造成压喉，同时下巴放松。最后，注意保持上下共鸣的通畅。

（二）挤捏

压喉是一种发音的极端，着力点太低太靠后。而另一个极端就是挤捏。初学者为了追求声音的明亮和唇齿的力度，会误入歧途地去挤捏自己的声带，这样做当然会使声音更亮、更尖、更有穿透力，但这是一种杀鸡取卵。如果想要调整发音的位置，使声音更清晰明亮，应该调整的是吐字的着力位置“声挂前腭”，共鸣“前脸响”，唇齿用力，而不是挤捏嗓子的方式。长期如此也会造成病变。

解决方法：首先改变不正确的呼吸方法，气息要有一定深度，不要耸

肩浅呼吸。发音时采用自然张口，下腭要放松，抬起软腭，放松牙关，使声带得到放松。依靠共鸣和气息来使声音高而亮，绝不是靠挤压声带或者喉部肌肉紧张来实现。

（三）发散

声音发散、不集中、满口用力，是话筒前表达时一种极大的浪费。发散的声音听上去不仅缺乏穿透力、目的性、权威感，而且也会导致配音员的声音使用缺乏持久性，容易疲惫。

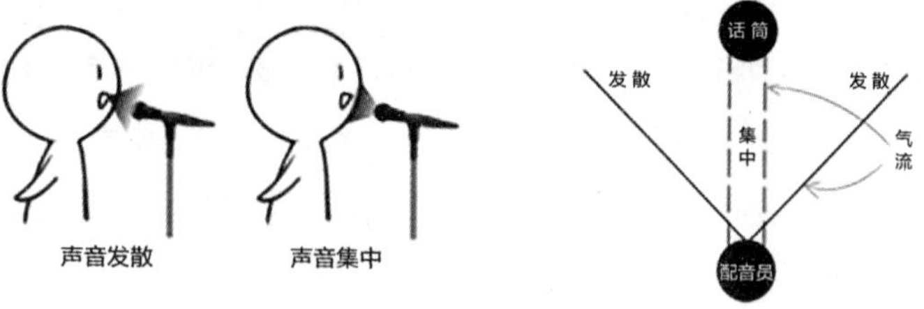

解决方法：明确声束的行走路径与字音在口腔中的着力位置。声音要往前送，所谓声挂前腭，不是说声音要靠前，而是要注意将字靠着一种感觉、意念打到口腔前部。同时，伴随着合口和撮口的练习，可以在面前设定一个靶心，感觉每一个字都像子弹一样弹发到上面。最重要的一点，还是要在心理上有这种声束的路径感、目标感。

（四）喊叫

配音员在遇到一些表现激情的大力丸式的广告语时，为了展现气势，加大了音量，在没有学会用气或者缺乏气息支撑的情况下，可能会出现肆意的喊叫。但是，从扬声器里听到的声音依然很干，气势单薄。其实，话筒的拾音是有一定频率的范围的，不代表在话筒前喊的声音越大，话筒就可以将其全部拾取。这样做不仅适得其反，缺乏艺术感，甚至可能会喷麦。同时，长期如此也会使喉肌疲劳过度，声带闭合不良，引起声门漏气和嗓音沙哑不纯等现象甚至病变。懂得话筒前创作的配音总是低声低语，但在话筒中呈现的声音却是有力量的。

解决方法：理念上需要调整，“气势”不是依靠喊来体现的，而是依靠“气”。即使声音的音量不大，但有的表达依然具有气势。其实，现在大力丸式的表达，虽然气势不减当年的情况下，音量与音高也有所下降了。另外，要懂得话筒的工作原理，将声音“全部”送入话筒，不要把大量的气力都浪费在话筒外。

（五）过实或过虚

在广告配音的创作中，没有一个像新闻播音那样相对标准的——以实声为主、虚声为辅的用声方式，完全是根据广告的风格或者创意而调节虚实。例如以孩子为目标受众的广告，通常选择的就是窄、尖、亮、高等偏实的声音，虚声在其中的分量极少或者没有；相反，以成年人为目标受众的广告，某些产品的广告就会选择宽、厚、暗、低等偏虚的声音。因此，这里所提到的“过实”与“过虚”的意思是说，该“虚”的时候过实，该“实”的时候过虚。

解决方法：利用“气”的多少来调节，同时伴以声带的闭合来调节。另外，从广告的创意来选择好合适的用声方式，把握好虚实的度。这就如同找准路的方向，要比低头赶路更重要。

最后，关于嗓子的保护，建议如下：

√ 充足的睡眠与休息可以恢复疲惫的声带。

√ 保持心情愉快。

√ 切忌暴饮暴食，尽量避免辛辣物刺激嗓子。

√ 加强体育锻炼，强健体魄，避免经常感冒或上呼吸道感染。

√ 话筒前，不要大喊大叫，学会控制自己的嗓子。

√ 学会运用气息做支撑。

√ 保持良好的生活习惯，尽量避免烟酒。

嗓子毕竟是配音的本钱，所以，善待它，它才会善待你，才会为你的职业带来更多的机会，事业才能走得更长远。

第四节 声音的弹性

正确的发声方法可使“声音”得到有效保护，但是“声音”不是被保护出来的，而是练习出来的。虽然在表述时均称为“声音”，但前者的“声音”指的是生理上的、器质性的声音；后者的“声音”意思是指灵活多变、富于情感等因素在内的声音表达。因此，配音员在练习声音的时候，不能只是练习声音的物理条件，还应该去主动练习声音适应情感变化的能力，也就是要练习“声音弹性”。何为声音弹性呢？

声音弹性，是指配音员在话筒前创作时，声音形式对于变化着的思想感情的适应与调节能力，也就是声音随感情变化而来的伸缩性、可变性。对于广告配音而言，不同类型的广告需要不同的声音表现形式。有时，需要强有力的、大气恢宏的；有时，需要亲切温柔、气徐声柔的等。这就需要配音员能够适应这种高低、强弱、虚实等声音形式的变化，因此声音弹性的练习是必不可少的。从而，扩展自身的音域，调节音量和气息，同时在表达中产生不同的音阶效应。

（一）拓展不同的音域与音高

以台声“中央人民广播电台”配音为例，如下：

高音域　　　　　　　　中央人民广播电台

中音域　　　中央人民广播电台　　　　　　　　中央人民广播电台

低音域　中央人民广播电台　　　　　　　　　　　中央人民广播电台

可以通过“低音域→中音域→高音域”声音逐渐升高、加强的方式开始练习，再由“高音域→中音域→低音域”收尾。如此反复，找到自己音域和音高的舒适区之后，向上下界限突破。当然，下限是不要无声，上限是不要嘶吼，除非是配音的创意使然。

（二）调节各异的音阶与语势

广告语中经常会有大段的优质信息输出，常常存在一类短小的词语排列。美国的广告配音员将其称为“洗衣单”，例如：

调五脏、补气血、通经络、强筋骨、祛风寒、止疼痛，治病，又强身。

可以将短语或词组放置在不同的音阶上，利用语势曲折的变化进行练习，在注意声音高低、强弱调节的同时，还要注意表达的连贯与流畅。这样。在实际的配音工作中，声音更富于变化。

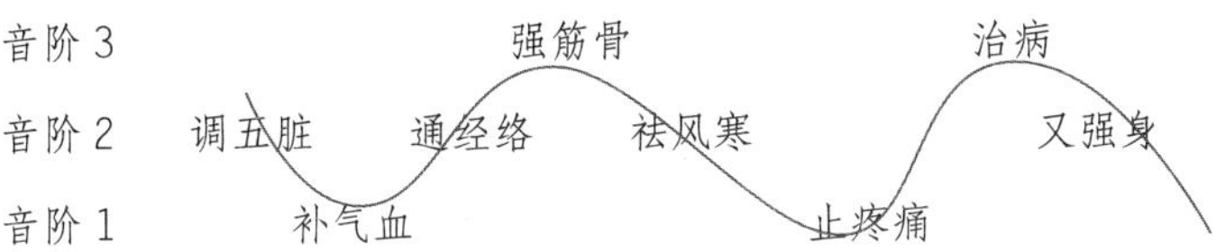

（三）感受声音的距离与音量

广告配音常常是在一种画面营造的“情境”之下诉说产品信息，如在客厅的沙发上、在室外的足球场上等。不同的发生场景，配音员声音的距离与音量是有所不同的。可以利用如下表格中的距离来体会在话筒前声音的距离远近、音量大小。

距离	小于半米	半米	1 米	2 米	更远
广告语	滴滴香浓 意犹未尽	沟通 无处不在	康师傅方便面 好吃看得见	渴了，喝红牛 困了，喝红牛	……
声音形式	窃窃私语	轻声细语	正常交流	大声鼓劲	……

（四）感受声音的虚实、刚柔与明暗

中国美学中常讲究“虚实结合”“刚柔并济”“明暗交错”，在声音艺术的创作中，同样是这些理念的显现。就声音的弹性而言，不只是高低、强弱，还有虚实、刚柔与明暗。

虚、柔、暗，例如：

旅游卫视，让我们一起走吧！

实、刚、明，例如：

快乐中国，湖南卫视

声音弹性并不是随意地、肆意地调节声音外部的形式，不是花哨地故弄玄虚，而是在具体的思想感情或者客户的要求支配下的一种声音形式的变化。而在“弹”的过程中，切记一点：对比有度，纵控有节。广告配音虽然需要一定的“陌生化”的表达去唤起受众的注意，区别不同语言表现形式从而造成与众不同的感觉，但这绝不意味着出怪声、发怪音。如果，这种高低错落、虚实强弱的变化是毫无依据的，或者对比、纵控之时犹如脱缰的野马毫无节制与分寸，这种声音不能称为是有“弹性”的，而只是“随性”的，成为不了艺术。

第三章｜广告配音的言语基础

拥有了一副“好声音”之后，是不是就可以从事配音创作了呢？答案自然是否定的，还要有娴熟的言语表达基础。这其中包括：语音面貌、呼吸控制、口腔控制及专业语感的语感养成。

第一节 语音面貌

通常情况下，广告配音艺术的创作是运用汉语普通话进行信息的传递，拥有纯正的普通话语音面貌，是对配音员最起码的要求。这是符合更为广泛的“大众”传播的特点，同样也符合广播电视等媒介语言使用的规范性要求。从这一层面上来讲，就要求广告配音所使用的语音必须是“标准的”“规范的”“统一的”。然而，广告配音又与播音主持、纪录片配音等有声语言创作的语音要求存在区别。由于广告的最大特征是要吸引受众的注意，因此某些富有创意的广告配音对语音的要求是更灵活多变、与众不同的，甚至会出现方言与方音的使用。但是，这并不意味着配音员就可以弱化或翻越普通话语音规范性的藩篱，信马由缰地在话筒前驰骋。恰恰相反，若要与众不同，就应先知何为同之后才能打破常规，所谓求同存异；若要灵活多变，就要先学会什么是规范之后方能变化多端。只有打下扎实而规范的语音基础，才可以在此基础之上自由地发挥、创造。

一、常规的普通话

普通话就是现代汉民族的共同语，是全国通用的语言。它以北京语音为标准音，以北方方言为基础方言，以典范的现代白话文著作为语法规范。它也是广播电视等媒介所使用的语言，是广告配音规范化的基础。

（一）“字神”声调

声调，又叫字神。在现代汉语语音学中，声调是指汉语音节中所固有的，可以区别意义的声音的高低和升降。从定义的描述中，可以看出声调的三个特点：其一，声调是可以区分意义的。普通话中“山西”（shān xī）和“陕西”（shǎn xī）一调只差，相差百里；其二，声调是与音高相关的。声调的高低升降就是“音高”的高低升降，它可以表现出音节的抑扬变化。普通话语音把音高分为“低、半低、中、半高、高”五度；其三，声调可表现出音节的高扬转降的变化，使其具备一种天然乐感。也许正因这三点，声调才被称作“字神”。广告配音中，声调是除了音色之外，另一大可以用来变形、作陌生化处理的声音元素。

1. 声调相关概念

调值——音阶高低升降、曲直长短的变化形式，也就是声调的实际读法。调值的语音特点有二：第一，调值主要由音高构成。第二，构成调值的相对音高在读音上是连续的、渐变的，中间没有停顿，没有跳跃。在一些朗诵式的广告配音，特别是口号配音时，配音员要注意这种声调的连续性。

调类——声调的类别，就是调值相同的音归纳在一起而建立的声调类别。普通话的全部字音分属四种调类：阴平（一声）、阳平（二声）、上声（三声）、去声（四声）。

调型——普通话的四种基本声调的调型可以简单归结为：一平、二升、三曲、四降。

关于普通话声调概念的调值、调类、调型，可以依据“五度标记法”

更为形象、直观地理解。

2. 五度标记法

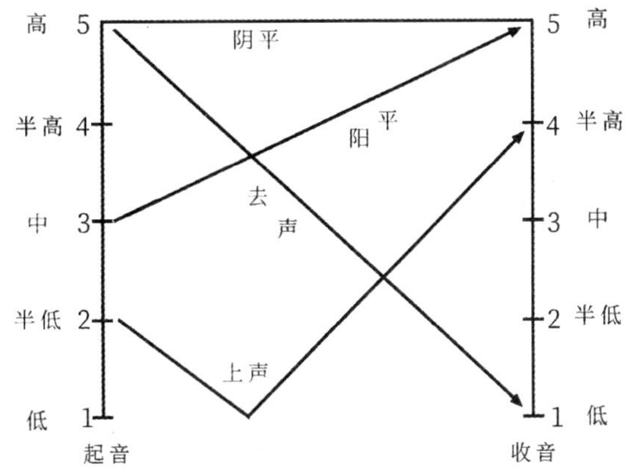

五度标记法（右图）是著名语言学家赵元任先生标记调值相对音高的一种方法。画一条竖线，分作四格五度，表示音调的相对音高，并在竖线的左侧画一条短线或一点，表示音高升降变化的形式。根据音高变化的形式，制成五度标调符号，有时也采用两位或三位数字表示。即，阴平 55 调，阳平 35 调，上声 214 调，去声 51 调。调值是“值”，很容易就和 1、2、3、4、5 联系上了。调类是“阴、阳、上、去”，调型便可以依据画线一目了然地看出“平”“升”“曲”“降”。

虽说赵元任先生的初衷是为了声调的“音高”，但本书认为，此“五度标记法”不仅可以标示出音节的“音高”，其实还存在着一条暗含的时间横轴——音长。在此特别提醒：在读单音节时要注意保持该音节的时长，如果时长太短，势必会压缩整个吐字、立字、归音的过程，使音节不够饱满。这一点，在为广告结尾落版时的口号配音时被运用得较多，例如“中国移动通信”，每个音节在保证音高、音量、语势、节奏的同时，也要保证音长。

虽然说声调与音长、音量均有关系，但是，它主要取决于音高。音高则决定于发音体在一定时间内颤动次数的多少，次数越多声音越高，反之声音越低。在发音过程中，声带是可以随时调整的，这样就造成种种不同的音高变化，形成了不同的声调。根据音高的原理可知，声带越紧，在一定时间内振动的次数越多，声音越高；声带越松，在一定时间内振动的次数越少，声音越低。

音乐的音阶也是由音高所决定的，所以声调可以利用音阶来寻找和练习。值得注意的是，声调的音高和音乐的音高是有区别的。音乐中的音高属于绝对音高，如C调的“1”，不管谁演唱，不管用什么乐器来演奏，音高都是一样的；绝对音高在语言里没有区分意义的作用，例如“天”，用低音5度读和用高音5度读，意义都不会发生变化，还是“天”的意思。正如介绍五度标记法时所讲，声调的音高是相对的，不要求音高频率的绝对值。由于人的嗓音高低各不相同，声调高低并不是人人都发得同样高低。女人和孩子由于声带比成年男子短一些、窄一些、薄一些，所以他们的声调音高要比成年男子高一些；同一个人情绪紧张激动时，声带会控制得紧一些，所以这时他的声调音高要比平时情绪平静时高一些。仍然以“中国移动通信”为例，如果只是机械地将这6个音节读出，那还称不上“表达”。可以在配音时将6个音节放入不同的音阶，而彼此相对独立地保持各自所在音阶的音高，也会是一种较好的处理。同时，声调的高低升降变化应该是顺滑的、流动的，而不是从一个音阶猛然跳跃到另一个音阶。因此，表达方式可以如下图所示。

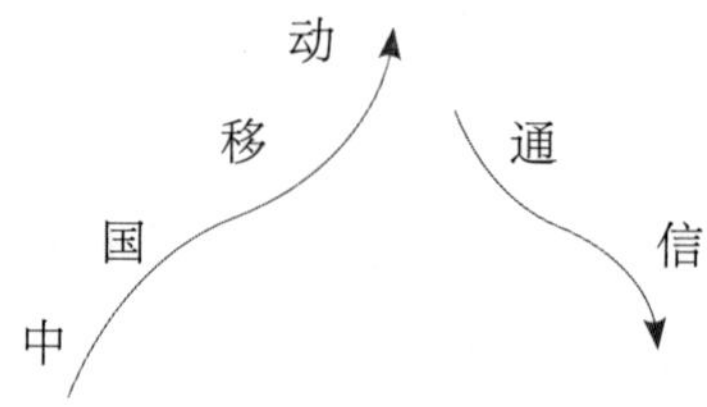

必须要提醒的是：声调的高低是相对而言，并不是要求每一人都发同样的“高”或“低”。男声不必去追求女声的高亮，女声也不必羡慕男声的低沉。根据自身声音特点，在其有限的音阶范围内做到音调高低升降、自如变化，使发音更具可听性的美感，也更有弹性。

配音时，声调是可以大做文章的，配音员在“高扬转降”之间寻找灵感。例如，冯雪锐先生曾经在一则“老城隍庙”的广告中，将“新店开张”一词中的“张”的调值变成了11，如果我们用普通话的语音标准来发声，“张”

应该是阴平字，高平调，调值是55，发音是最高的，也是平的。而这个“张”字在他的处理之下，不高不平反而向下降。这种处理方式影响对广告配音的声音表达形式影响甚远。掌握好“字神”声调，可奏出美妙的广告之歌。

（二）语流音变

在语流中，由于受到相邻音节的相邻音素的影响，一些音节中的声母、韵母或声调会发生语音的变化，叫作语流音变。主要包括：变调、轻声、儿化等的变化和词的轻重格式以及“一”“不”“啊”的变化。由于广告配音中，“一”“不”“啊”的变化并非难点，因此不在本书中表述。

1. 轻重格式

配音时，当从一个字（单音节）进入到一个词（多音节）的表达时，由于词义、感情的需要，便有了轻重的现象，这就是词的轻重格式。掌握好词语的轻重格式，对有声语言表达有着非常重要的意义：一是，若配音员把一个词中的每个字的声韵调原原本本、没有轻重地读出来，听觉上会显得非常不自然，如同机器人一般，平而无味、缺乏起伏波动之感。这种方式不是在表达，而是在“摆字”。二是，轻重格式是为了区分词义、表达感情的需要。配音员内心的情感与语言表达的目的均在轻重之间得以体现。特别是对于广告语这样的片段化的语句，词的轻重格式比句子的重音更加凸显。

轻重音格式的基本形式是：

在读双音节、三音节、四音节词语，甚至更长的一个专有名词，通常情况均是最后一个音节为“重”。即中重、中中重、中中中重、中中中重……其中双音节词语在普通话词语总数中的占比较大。

在双音节词中，将后一个音节“轻”读的词语可分为两类：一类为“重轻”格式，即轻声词语，例如：道理、麻烦、客气等。另一类为“重中”格式。但在广告配音当中，轻声词出现的频率较小。由于广告创意，或由于产品定位，偶尔会出现将“重轻”格式的词语读作“中重”，便会出现“港台”方音的格式，其最显著的一个特征就是读词的时候不会“轻”，均为“中重”

格式。例如《旺仔牛奶》的广告语“等我长大，一定要把你喝掉”中的“喝掉”，生活中通常使用重中，但是这则广告配音的轻重格式就是很明显的“中重”格式，就是为了凸显其品牌来自台湾。又如《湃客咖啡》广告语中“加浓的滋味也正好”中的“滋味”，通常的轻重格式是“重轻”，但在配音时也是采用的“中重”格式，追求的也是一种“港台”的腔调。

轻重音格式类型大致如下：

（1）双音节词的轻重格式：

中重——汽车 果冻 薯片 可乐 口红

重中——蛋糕 纸巾 香水 鼠标 浴巾

重轻——耳朵 妈妈 庄稼 饺子 馄饨

（2）三音节词的轻重格式：

中中重——西红柿 电视机 白兰地

中重轻——胡萝卜 老头子 卖关子

中轻重——巧克力 麦克风 备不住

（3）四音节词的轻重格式：

中重中重——云南白药 一汽大众 悦诗风吟

重中中重——阿里巴巴 玛莎拉蒂 喜马拉雅

中轻中重——大大方方 嘻嘻哈哈 高高兴兴

配音时，词的轻重格式也是可以加以利用，从而传导出广告的创意之处的。例如，《仁和可立克》的广告配音，在不同版本的广告中，其品牌通过有声语言的表达、暗示，呈现出了两种不同的轻重格式。

其一：仁和可立克。目的是为了区分品牌，强调的是这种药品是“仁和”旗下的产品。

其二：仁和可立克。目的是为了强调此款产品的效力之迅速，同时产生了“可立克”的听觉效果。

2. 词的变调

彼此相连的音节连读时，其中有的音节调值变得和原来的调值不同，这就是变调。

（1）阴平的变调

阴平音节的“阴阴”组合成词时，第一个阴平音节调值由55变为44，第二个音节调值55不变。例如：京东、发声、奔波。

（2）阳平的变调

阳平音节的“阳阳”组合成词时，第一个阳平音节调值由35变为34，第二个音节调值35不变。例如：红牛、南宁、抬头。

（3）上声的变调

非上声音节（阴平、阳平、去声、轻声）前面的上声音节读“前半上”调值由214变为211，例如：古今、好迪、孔庙。

在上声前的上声音节变成“直上”，调值为24，例如：古典、友好、指导。

三个上声，当词语的结构是“双单格”时，前两个上声音节变为24，例如：展览馆、虎骨酒、洗脸水（214 214 214→211 24 214）；当三个上声组合的词语结构是“单双格”时，且开头音节以逻辑强调意义时，第一个上声变为211，第二个上声变为24，例如：老首长、纸老虎（214 214 214→211 24 214）。

三个以上的连续上声的音节组合，按词和语句的意思划分好之后再读，例如“请你往北走”这句话，先确定含义“请你/往北走”，发音的调值为“24 211/211 24 214”。

（4）去声的变调

去声音节，“去去”组合成词时，第一个去声音节的调值由51变为53，第二个音节的调值保持不变。同时，结合轻重格式读成“中重”。

（5）重叠形容词的变调

形容词在广告配音中使用的频率较高，其变调规律如下：

单音节形容词重叠，“AA”格式。重叠的第二个音节可变阴平，也可不变，但如果是儿化韵一定要变。例如：远远的—远远儿的、好好的—好好儿的、慢慢的—慢慢儿的。

单音节形容词＋叠词，“ABB”格式。重叠部分可变阴平，亦可不变。例如：亮堂堂、软绵绵、红彤彤、火辣辣。

双音节形容词重叠，“AABB”格式。第一音节重叠部分轻读，后一音节及其重叠部分变成阴平，也可不变。例如：严严实实、马马虎虎、吞吞吐吐、欢欢喜喜。

3. 轻声

每个音节都有它的声调，可当连字成词、连词成句时，有些字失去了它原有的声调，变成轻而短的调子，这就是轻声。轻声能起到区别词义，区分词性，使语言轻松活泼，富于生活气息和节奏感的作用。它的特点是：发音时用力小，声音弱，一般是重读音节字音长，轻声音节字音短。例如：

《大卫拖把》

旁白（男声）：做拖把的品牌有很多，

但很少像大卫这样专门做拖把，

做得更专业，

大卫，拖把专家。

前文“轻重格式”中提及关于“轻音”的问题，对于生活在我国南方，特别是港台地区的人们来说，轻声的发音问题较为严重，甚至无轻声。那么，就要通过训练来学会轻音的发音方法。但是，对于生活在北方的人们来说，轻声的发音就正确吗？其实，北方的大部分轻声发音都被处理为同一音高，即 5 度后、4 度后、1 度后都读成了 1 度轻，不能说不正确，但这种发音是不规范的。这一点，值得特别注意：轻声调自己没有固定的音高，在不同音节中，音高的发音反应也不一样，一般要视前面一个音节的声调来决定。也就是说，轻声的实际读音是：5 度后是 5 度轻，如：风筝、桌子、商量；4 度后是 4 度轻，例如：老实、伙计、椅子；1 度后是 1 度轻，如：告诉、漂亮、帐篷。

4. 儿化

儿化，与轻声一样，对于南方人来说，难；但对于北方人来说，儿化就没有问题了吗？还是先看定义：儿化韵不是在音节之后加一个单独的 er 音节，而是在音节末尾最后一个音素上附加卷舌动作，使韵母起了变化。儿化韵的发音与原韵母比较，虽有变化大小的区别，但都应在卷舌动作的过程中完成，不能先卷舌后发音，更不能读成两个音节。

儿化是普通话的主要语音现象，普通话里许多词都可以儿化。经过儿化的词，词尾音节的韵母便与“er”结合，使原韵母的发音或多或少发生变化，变化后的韵母称“儿化韵”。

儿化，在广告配音的旁白部分几乎很少见，因为广告更希望是“广”，如果加儿化较多，会显得过于“北方”；如果产品是具有南方特征的就要慎用儿化，例如百事可乐最新的口味“桂花味”，配音时就读成“味”而不是“味儿”，因为一说到桂花便使人想到了杭州一带。另外，广告如果加入儿化过多会显得不够大气，太过于市井。但是由于某种创意、定位还是会存在儿化的现象。

二、变奏的异乡音

普通话语音规范是作为配音这项工作的基础，更是广播电视等媒介语言使用规范的要求。但在广告配音创作中，有时也会利用本土方言或异国口音来彰显广告的创意与市场区域定位；与此同时，发音的“变形”也是提醒受众关注、创造出与众不同的表达。

方言、口音的配音表达能够使受众在心理上将产品与原产地产生联系，这样不仅会增强产品与本地消费者的情感，也会使区域外的消费者更加信任产品源头——正宗。例如：

《京华茉莉花茶》

旁白（男声）：北方的味儿，熟悉的香。

京华茉莉花茶。

在这条广告中，配音员在表达时使用了“京腔”。原因何在呢？懂茶的消费者知道，由于曾经北京的水质硬，哪怕是杭州的龙井茶被送到了北京城一样不是在杭州的味道，所以在北京，人们都喝茉莉花茶。这种茶适合北京的水质，所以茉莉花茶似乎与北京有了某种联系。另外，广告语中“京华”二字便使人联想到北京。所以，此处选择了北京口音非常恰当。但这条广告的北京口音并不是很浓重，仅有一丝痕迹而已，毕竟这是一款区域内外都在销售的产品，与“三元牛奶”这种地产品牌、本地售卖所使用的地道的北京口音不一样。

奶茶广告常使用台湾腔，因为说到奶茶，都认为台湾的珍珠奶茶口味最正宗。甚至连阿尔卑斯奶糖的广告中，仅因为是“奶茶”味道的奶糖，都采用了“台湾腔”。

再例如，在《肯德基》的一则广告配音中使用了潮汕腔，目的就是为了使人与正宗的海鲜粥产生联想，如下：

《肯德基》

旁白（男声）：肯德基早餐干贝大虾粥，大颗饱满干贝，Q弹鲜嫩大虾，四小料点睛提味。

落版（男声）：浪险哩（太厉害啦）！潮汕粥。

标签（男声）：更多现熬好粥套餐6元起。

方言配音拉近与本地受众之间的心理距离，更具贴近性。特别是广播广告配音常常会使用具有方言色彩的表达。

方音配音，在广告的创作中不可小觑。我们都知道康师傅红烧牛肉面的生产厂家是来自我国台湾省的，其一直以来所用的广告语“就是这个味儿！康师傅红烧牛肉面”。为什么来自台湾的红烧牛肉面不像珍珠奶茶一样采用闽南腔，而是要用北方方音的儿化韵呢？正所谓，南米北面。面条，无论是生产还是消费的主体集中在北方。用“味儿”听起来更北方、更地道。而谈到“味”还是“味儿”，在广告配音的历史上，还有过一段经典的故事：

“我配‘雀巢咖啡，味道好极了’，当时我还问：这个广告是在哪里播？北方人说‘味儿’，南方人说‘味道’。他们说在中央电视台播，所以为了迁就双方都能接受，就选择了‘味道’。因为北方人听到‘味道’

也可以接受，但要是南方人听到‘味儿’就觉得很怪，便折中了一下。”[①]

有时，在广告配音中也会使用异国口音。关于这一点，比起过去本土配音员使用的洋腔洋调来说，配音更加专业了。因为，现在可以请真正的外籍配音员来配外语部分，甚至带有某国口音的汉语普通话配音。

例如：

《太极藿香正气口服液》

人物（泰国人，女声，泰语）：你好，泰国气温高、湿气重。

旁白（女声）：泰国游，易中暑，

防暑解暑，带上太极藿香正气液。

落版（男声）：太极藿香正气液，

太极集团。

这条广告的女声配音，采用了具有泰国口音的配音方式，带有特殊的语调和尖团音，目的就是为了让人相信这是来自泰国朋友的忠告。

异国口音的配音，还可能会有一种心理联想，使其与“国外进口”产生联系。例如：

《史丹利三安复合肥》

旁白（男声）：是当地研发世界上更好的复合肥，三安复合肥。

角色 1（男声）：史丹利。

角色 2（男声）：史丹利。

角色 3（女声）：史丹利。

旁白（男声）：世界农民都在用。

落版（男声）：更好技术，更好肥效。

同样，方言、方音与异国口音的使用不是随意的，也是需要与广告的创意与产品的定位交相辉映的。

①罗景昕：《冯雪锐配音艺术口述历史研究》，九州出版社，2019，第 265 页。

第二节 呼吸控制

广告语篇幅通常不是非常短小吗？为什么在配音时需要较大的气息支撑呢？难道正常的呼吸不可以辅佐表达吗？其实，正是由于时间短、任务重，广告配音对于有声语言表达的要求更高。因为在配音的实践中，有时需要在有限的时间内一口气读完整条零售广告的所有内容，还需要配音员口吐莲花、妙语连珠、灵活多变、字音清晰、出字有力、归音到位；有时篇幅虽短、时间足够，但要求配音员放慢语速、延展音节的时长，字正腔圆、高低起伏、意味深长、大气磅礴、厚重敦实地彰显出一个品牌的实力，且听觉上还要给人一种放松、从容之感；这些样态的配音都是需要气息支撑的持久和力量。当然，强有力的气息支撑并不是说一味地强劲，它需要刚柔并济，强弱得当，虚实结合，从容不迫。气息在广告配音中还可以营造氛围、表现行为、突出创意。因此，这就要求配音员要学会对呼吸进行控制，学会如何使用气息的力量、如何让气息源源不断地供给声带的振动，如何运用气息为表达而服务。

一、呼吸方式

在配音发声过程中，气是原动力。这是发声本身的物理性所决定的。“虽然它不是发音体（声带）本身，但它冲击声带振动发出喉原音，并在共鸣作用下得到扩大和美化。气息的强弱变化对字音的清晰度、声音的响亮度、音色的圆润度、嗓音的持久性、情绪的饱满度和共鸣状态产生直接的影响。气动则声发，气息运用的正确与否是决定声音好坏的关键。……人们的情感通过不同的声音形式来表现，不同声音形式产生的根本在于气息的变化。气息是情与声之间的桥梁，是‘情动于内’到‘声发于外’的过渡环节。声要随情动必先调其气，可见把握住气息的运用是我们语言艺术学习过程中的根本要求。”①

①林鸿：《普通话语音与发声》，浙江大学出版社，2018，第147页。

也许有人会产生疑问，只要人活着，时时刻刻都在呼吸，难道还不会运用它吗？其实，生活中的呼吸是一种本能，是一种弱控制，不足以支撑艺术语言的表达。而配音时的呼吸是一种非本能、有意识、有思想的强控制。这就需要配音员学习一种正确的呼吸方式：胸腹联合式呼吸法。

胸腹联合式呼吸法，是一种依靠胸腔、横膈膜和腹部肌肉控制气息的呼吸方法。这种方法呼吸活动范围大、伸缩性强。它可以操纵和支持声音的能力，为气息均衡、平稳地呼出提供了条件。

整个呼吸方式分为三个阶段：

吸气——吸到肺底，气沉丹田，两肋打开，腹壁站定，气息下沉，要做到吸气无声。

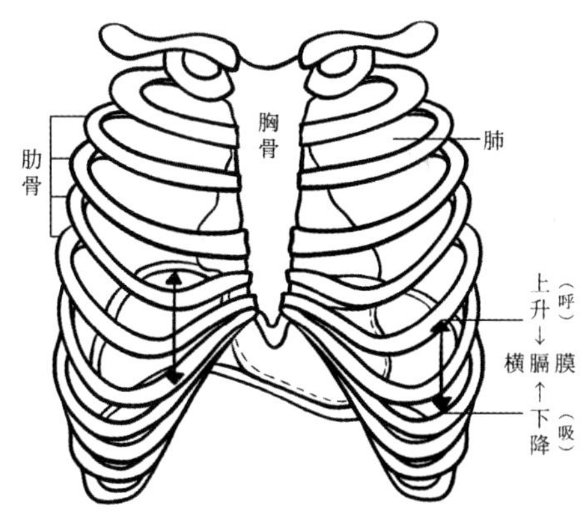

呼气——做到稳劲、持久，声气挂钩。

换气——句首进气，换了就用，句中少量补充，句尾余气托送。

吸气时要做到气息下沉，勿耸双肩；否则会形成胸式呼吸，造成气息过浅，听者也会觉得发声者说话吃力；另外，胸腹联合式呼吸法要将注意力放在腰腹上，吸气时还要避免单纯的腹部膨胀，否则又会形成腹式呼吸，造成气息过深，失去了广告配音积极的鼓动性。

在胸腹联合式呼吸法的实际运用中，吸气与呼气的配合有四种方式：慢吸慢呼、慢吸快呼、快吸快呼、快吸慢呼。慢吸的训练一般是初学时采用，为了保证呼吸的基本状态正确；在胸腹联合式呼吸有了一定感觉和基础之后，则可以进行快吸的训练。而在这四种吸与呼的配合方式中，以快吸慢呼的配合方式，更符合配音用声呼吸控制的实际状况。所以，在扩展胸腹联合式呼吸控制能力的训练中，应以快吸慢呼的训练为主。

配音时，需要始终保持胸腹联合式呼吸状态，最好逐渐形成一种习惯。请注意，是保持状态和养成自然的习惯，而不是使呼吸僵持住。我们将学习如何使用这种呼吸状态去换气，体会在一呼一吸之间，胸腹联合式呼吸法的运动状态以及换气的种类与方法。

二、换气方法

吐字发音需要清晰准确、干净利落；呼吸则需要持久支撑，富有力量。有时，后者决定着前者。广告配音短而有力，若想吐字发音清脆连贯，少不了气息持久的支撑。这种所谓的气息持久，是要这口气在某些情况下能够从句头支撑到句尾，甚至还能再坚持几秒钟，但不代表中间就不换气了。

初学者似乎都会先走入一定的误区，学习了呼吸控制后，反而不会换气了，甚至原本运动的呼吸也僵住了。总结一下，现象有：

学习呼吸控制的一大错误认知就是“吸得越多越好”。为了吸入更多的气，使自己的气息显得很足，初学者常常会选择在句首大吸一口气，但是，吸气过多，又为了保持住气息，以致使上胸部感到发僵，就会造成声音的高低强弱无法自如运用。甚至，在深吸一口气后，便僵持不动，等待配音入点的出现。如果气息不能出，也不能进，不但声音因而失去了弹性，造成接下来的配音持续困难。有这种状况的人，应该是把保持气息，误解成挤压气息，而错误地用力紧压自己的两肋和横膈膜，使它们失去了表达的弹性。用气的时候应该注意胸部不要紧张，做到既不使气很快呼出来，又不能把气压住，控制好气息的力量。

第二大错误认知就是“一口气读完”。首先，人的肺活量各有不同，有的人一口气可以读几个字，有的人一口气可以配上十几个字，“一口气”因人而异，因此，你所模仿的对象也许可以做到一口气配完一段广告语，但你未必也是一口气读完。其次，根本不需要“一”口气。即使如“沟通，无处不在”这短短的六个字，在实际配音中，也是需要换气的。除非是特殊的情况需要一口气完成，换气，除了是正常的生理需要，而且可以不仅让配音员自己感觉舒服，听者也会舒服。

生活中，我们似乎感觉不到换气的存在，因为那是一种自然、一种习惯、一种本能。但是在艺术语言表达的时候，是一种控制，而且这些换气的关键点要根据配音的逻辑，以及配音员的情感、心理，去调整自己的呼吸；还要根据不同的语境、不同的情绪去改变呼吸的状态。

（一）偷气

什么是“偷”？当然是默不作声的，不被人发现的才是“偷”。在话筒前的创作中，细小的声音都会被敏感的拾音设备捕捉，所以配音时不适合有明显的大口喘气，这时就要偷气。有时因为内心的情感迸发，有时需要配音员流畅轻松的大段快速表达，为了突出其连贯，一气呵成之势，也要用偷气。表达时，为了不声嘶力竭，为了气能源源不断地输出，因此应该始终保持胸腹联合式呼吸法的状态，随时随地在偷气。偷气，就是用鼻口同时轻松地吸入少量气息，要求迅速地使呼吸肌肉松弛，然后又紧张起来。偷气时，不要大开口，不要出声喘息，只是轻轻地用嘴角间隙和鼻孔把空气吸入。所谓偷气，无非是使人发觉不出配音员换气动作，因此，偷气要时刻保持一种状态，腹壁站定，随时进行补气，忙里偷气，急而不喘，特别是要抓住合适的偷气的位置。可以在以下位置偷气：

A. 句首换气。

B. 句中语法结构规范处换气。

C. 人物情绪、场景画面转换时换气。

一个小小的语气词，或是与观众一个眼神交流的瞬间，都可以在电光石火之间抓住偷气的机会。这样偷气时，气口安排的相对合适，呼吸动作要迅速而又自然。切记，不要耸肩吸气，这样才会使人感觉到配音员的表达虽快，但还是轻松、毫不费力的。

（二）抢气

什么是“抢”？自然是正大光明地呼吸为“抢”。但抢气往往是用于表达时使用，被赋予了和内容及创作者思想相联系的一种表达方式。它与偷气的方法正好相反，恰恰要求换气时，急促而带有喘息声，使人明显地察觉到配音员快速呼吸的动作。抢气，可以造成紧张不安的感觉，广告片中的人物处于心情激动、恍然大悟等情境之中时，语言节奏也呈现紧张状态。

还有的时候，广告片中的人物出现生理上的病痛的时候，可以运用这种抢气。

（三）倒吸

由抢气衍生一种特殊的方式，倒吸气，表示人物意外、惊讶震惊时，配音员可以运用这种倒吸气的方法，根据意外产生的事件的内容，以及不同的规定情境，采取不同强度的倒吸气，配音员在配音的过程中，遇到表示一种震惊、顿悟的时候，经常会先倒吸一口气，然后再开口配音。

（四）托气

托气，是指声音停止后，气不要立刻泄，而是要轻轻托住。在广告配音中可以体现出两种感觉：或是一种思考，或是引起受众注意。例如："小小酥——""降——价——啦——"等。托气更是制造言有尽而意无穷、余音绕梁的关键所在。托气常常在句尾或句中被使用。

（五）提气

配音时，在表达幸福喜悦的心情时，赞赏某一事物的美好，再或是品味着某种甜蜜的回忆，人往往处于一种缓慢而轻柔的自然体系的状态，这种提气，有别于喘不上气的感觉，是一种自豪，是一种傲慢，总之这种提气绝不是上不来气的感觉，而观众也会受到配音员话语的感染，同样处于提气的状态，犹如双方共同去分享着某种幸福和喜悦。另外，在不同情景下，节奏变化时也会使用相应的提气方法，心情不同，提气的急缓，气流的强弱也有所不同。

（六）叹气

在表现无尽感慨或是绝望的哀叹时，配音员常常会用边叹气边说话的方式。正所谓以气托声，先是深而慢地吸一口气，然后顺着有声响的呼气说话。例如：

每个月都有这几天，唉（叹气），真麻烦。（《护舒宝》广告）

（七）就气

什么是"就"气？它指的是就势的意思，"就"着这口气往前行进。就气，其实就是"缓连"而其实并没有换气。在排比句式的广告语表达中常常被使用。例如：

关节—僵硬—酸软—无力。汤臣倍健健力多，富含氨糖，促进软骨修复，加润滑，益骨骼，汤臣倍健健力多，补软骨，护关节。（《汤臣倍健》广告）

三、情、意、声、气的结合

配音时，“情”“意”“声”“气”四者缺一不可，必须互相联动，形成统一体。“情”是内涵，是依托；“意”是内容，是目的；“声”是形式，是载体；而“气”则是一切的基础，是动力，同时也是表现手段。在艺术语言表达中，也常这样形容：情取其高，声取其中，气取其深，意便也就自然流露其中了。

其中，“情”与“意”一定起着主导性作用，是广告配音创作的依托。“言为心声”“传情达意”“真情实意”是上乘的广告配音创作。言语表达中的“情”是情感真实反应的一部分，有喜怒哀乐，有酸甜苦辣，也有悲欢离合。“意”是配音员对广告信息是否读懂吃透并且转述给消费者的体现。如果配音员仅仅是照着广告语见字发声，无“情”无“意”，声再好听，气息再足，都是空洞无味的鼓吹。配音员就是需根据自身的声音特点，去运用“声”，进行情感与意思的表达。有配音员讲，他很难对广告产生情感。但身处在消费社会中，有谁敢说自己没有与广告产生联系呢？谁敢说广告不是在传达一种意思呢？例如，一块巧克力、一杯奶茶也许是一段美好的、刻骨铭心的爱情，一辆汽车、一部相机也许是目标实现后对自己的奖励，等等。如果想配出与众不同的、走进消费者内心的广告，就一定要“共情”“共意”。共谁的情，当然是消费者，那就先把自己也当作一个消费者，从内心深处去体验广告。

“声”是广告配音表现出的声音形式。“声”不仅能清晰而明确地传递出广告语包含的所有信息，也是要求配音员熟练地运用声音来诠释听觉形象，在广告配音中进行陌生化、艺术化的表达。不同商品的特征、不同创意的表现、不同文字的修辞、不同品牌的定位、不同色彩的情感，就是要依托“声”去表达与传播的。声音的高低、强弱、虚实等变化都与这些内在的情感密不可分。声音越丰富细致，就越能传情，越有表现力。反之，内心越丰富，对广告的理解体验越独特，声音的外部呈现也会更精彩。声音是为表情达意服务的，声音色彩是随着内容与情感的发展而运动变化着的。声音色彩有如画家的调色板，感情色彩的变化是无穷的，声音色彩的变化也是无穷的。“情”是不断运动变化的，而“情”只有通过声音和气息才可以表达。

声情并茂是在话筒前配音创作时所追求的方向，似乎并未提及“气”。但是“气”却是发声的根源与基础。气息是发声的动力，有声语言离不开气息的支持。“气”是一种蕴含在我们本身的一种固有存在，说有亦有，说无亦无。但是，无“气”必然无“声”，无“声”也必然无法做到有“情”。因此，“气”起着总领和统率的作用。而在广告配音中，这种“统率”的作用其实还不只是因为它可以去促使声带振动，更多的原因是在于声音中有气做支撑，有气包裹着，会在听觉中制造一种“磁性”与“真实”。这一点，是广告配音创作时与朗诵、新闻播报等语言表达极为不同之处。

其实，气息并不神秘，就在吸气和呼气中。呼吸原理，是最基础的知识，而语言表达，要求我们在表意传情过程中，气息处于最佳状态。这样的气息要有一定力度，呼吸控制自如，并且完美地配合发声需要，起到保护发声器官、美化声音的作用。

综上，情、意、声、气的正确关系应为：气随情动，声从气发；以情带声，声情并茂；虚实结合，刚柔并济；言为心声，真情实意。绝不能以声造情，本末倒置。

第三节 口腔控制

口腔是成音的关键器官，也是吐字的最后一关，其中包含着“音”与“字”两方面。二者应配合得天衣无缝、相得益彰。脱离了对吐字的要求，再美的声音也将变得毫无意义，毕竟配音不是旋律的哼鸣，需要利用“字”

来承载情感、意义等信息的内容。

在配音实践中，有句行话叫“抓两头，放中间”。“两头”中，一头是指“下头”，即要重视腰腹的力量，也就是“胸腹联合式呼吸”的状态来完成对气息的控制；另一头是指“上头”，即要重视口腔的力量，也就是利用吐字归音的方法来形成清晰动听的字音。抓好“两头”，便可最大限度地自然缓解“中间”喉部与声带的压力，使其经久耐用，富有弹性、轻松自然。同时，控制好口腔、掌握好吐字归音的要领，对规避口腔杂音等问题也会起到至关重要的作用。

一、吐字归音

发音的过程，就是口腔系统各咬字器官对肺部呼出的气流和声带振动所发出的声束进行加工的过程，通过发音器官的相互配合形成元音、辅音，平舌、翘舌，前鼻、后鼻等字音。从这一角度看，对口腔控制的要求实际上就是对吐字归音的要求，即准确清晰、力量集中、饱满圆润、弹收自如、轻巧流畅。

关于吐字归音过程中可能产生问题的原因也许各有不同，但是共性原因无碍乎有两种：其一，口部缺乏力量。其二，口腔缺乏控制。接下来，我们就来探究在配音时，口腔究竟该以怎样的状态来吐字归音？吐字归音又有哪些要领？字在口腔中如何着力？字音是怎样的行走路径？等等。

（一）打开口腔的要领

配音是有声语言表达，仅有气息去拨弄声带造成“有声”是不够的，还要“开口”才会产生“语言”与“表达”。吐字归音的第一步，也是最重要的一步就是打开口腔。当然，这听起来似乎多余，谁说话不开口呢？但就是有一些配音员做不到这一点。

打开口腔需要：提起颧肌、打开牙关、挺起软腭、放松下巴。正是在这种“提打挺松”的状态之下，打开口腔，可以为“字音”创建一个空间，能够让字音在其中饱满、圆润、舒展地存在；打开口腔，可以为“字音”扫除一切障碍，能够让字音在其中灵巧、自由、顺畅地通过；打开口腔，可以为“字音”寻找一种状态，能够让字音在其中亲切、积极、轻松地弹出。

需要提示的是，要领中的“提颧肌”也会给人一种积极、温暖、开心、亲切的感觉，这在广告配音中是有助于表达的，例如：

《天翼 Wi-Fi》

旁白（男声）：天翼宽带，十万个 Wi-Fi 热点覆盖，Wi-Fi 世界，精彩共享。

标签（男声）：免费体验活动火热进行中。

落版（男声）：中国电信。

正如这条广告语所示，“新”通常是需要播发广告的重要理由之一，新的品牌、新的产品、新的功能等，总之一切新的消息都需要在语言表达时用一种“新鲜感”体现，这便是提颧肌带给听者的另一种体验。

“打开口腔”不仅是为了在有声语言表达时的发音状态，在某种特殊的广告创意下，也是一种创意表达。例如：

《中华牙膏》

旁白（女声）：完美唇色，从“齿”开始。中华魔丽迅白牙膏，一刷迅白，释放唇色之美。

落版（女声）：中华魔力迅白。

在为这条广告配音时，配音员的口腔内部开度非常大，唇形也随之变化幅度较大。因为广告的创意不仅是为了牙齿美白，同时为了配合“唇色之美”。广告片女主角的唇咧开，露出了近 12 颗洁白美丽的牙齿。如果口腔开度不大，是完全无法将广告的诉求点表现得淋漓尽致的，更无法与画面中的人物唇形相匹配。

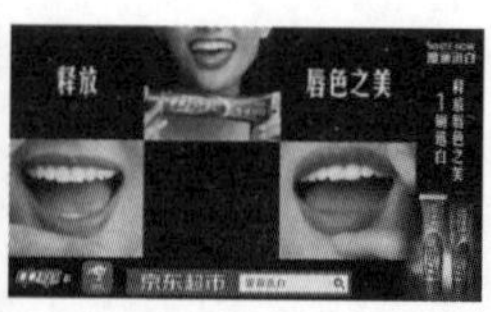

（二）吐字的着力位置与声音传送路线

明确声音发出的路线和字音的着力位置，会有助于配音员吐字“入话筒”，同时可以纠正发声“散”等问题。

配音时，吐字的着力位置与声音传送路线总体感觉是：如果气息的路径是从“丹田”处开始流动的一条“气束”使声带振动产生了“声束”，那么，这条声束经过口腔形成字音后，应该“打”到硬腭上。“打”是一种弹发有力的感受。很多专业书籍对此事的描述便到此为止。实际上，打到硬腭之后，发音的感觉并未戛然而止，而应该继续靠着气息的支撑，将字音送出口腔，传播得更远或者传送到指定的位置。

具体感觉：由肺呼出的气流通过声带发出声音，经咽腔到达口腔，在口腔内受到各种节制而形成了不同的字音，同时将字音送入话筒或传到受众处。而口腔内对声音起节制作用的各个部位，就是咬字器官。它包括：双唇、舌（舌又可以分为舌尖、舌叶、舌面和舌根）、上下齿、上下齿龈、上下颚，其中唇和舌在形成字音的过程中动作最积极。

（三）吐字归音的要领与枣核型

汉语普通话的一个音节（字）是由声母、韵母和声调三部分组成。也可以分为字头、字颈、字腹、字尾、字神。

韵母又由韵头、韵腹、韵尾构成。除了元音（韵腹）必不可少，其他的组成部分都有可能缺少。

1. 吐字归音的要领

明确一个音节的组成结构对吐字归音清晰准确极为重要，因为吐字归音实则就是一个音节发音过程的始末两端和中间一个立字的环节。即字头决定了字音的准确、轻巧，字尾决定了字音的完整、到位，而能否将字腹“立”起决定了发音是否圆润、饱满。

其要领是：

出字——字头——叼住弹出；

渡字——字颈——平滑过渡；

立字——字腹——拉开立起；

归音——字尾——归音到位。

吐字归音是口腔控制的核心，若能够按照要领练习与发音，便可做到字音规范、颗粒饱满、吐字如珠、弹发有力、余音绕梁、字正腔圆，产生“大珠小珠落玉盘”的艺术表达效果。

2. 枣核型

在练习时，出字、渡字、立字、归音的过程要清楚、准确、完整，如同一个“枣核”的形状。枣核型，是中国民间说唱艺术对一个音节完整的发音过程的描述和比喻，长期语言表达实践总结出行之有效的吐字方法，建立在汉语语音结构基础上的发音方法。经过训练，要把这样的意识和吐字习惯带到实际运用当中。“枣核型”是一种比喻，它是指字头、字颈、字腹、字尾俱全的音节吐字归音的状态。它以声母和韵头为一端，韵尾为一端，韵腹为核心。如下图所示。

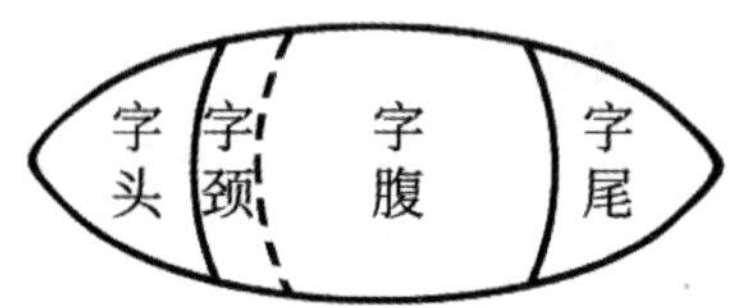

发音时，字腹（韵腹）占的时值最长，口腔开度最大，声音最饱满，最响亮，整个音节就像一个两头小，中间大的“枣核”。字颈常常被忽视，因为不是所有的字都有字颈，一般是韵头部分。整个音节头、颈、腹、尾各个部分发音特点要表现鲜明，但不能对字音进行孤立分解，依次机械地读出各个音素，而要声韵相拼，浑然一体。无论一个字是否“头、颈、腹、尾”俱全，口腔都应有一个如枣核型“由闭到开，由开到闭”的过程。

利用“枣核型”的特征来熟记吐字归音要领是直观、形象、有效的。而在配音的实际运用当中，吐字归音的枣核型并不是刻板而一成不变的，也不可能做到字字如“核”，其大小、圆扁、长短等要随表达内容的需要而变化。表达时，允许多种多样“核”的存在，正如自然界存在形态各异的枣核一样。但有一点请注意，无论什么样的枣，它还是枣核型，而非其他形状，也就是说“饱满”“立起”的状态还是要保持的。另一点需要控制的是，无论对广告语突出强调，还是轻巧快送，每个字必须是清晰圆润，不能出现吃字、漏字、含混不清等情况。

二、配音常见口腔问题及解决

经常会听到配音员抱怨口腔杂音的问题。总结一下，常见的包括：气流的嗞嗞声、哨声、咔嗒声、口水声、喷麦声等。尽管较小的杂音可以通过录音期间或录音后使用录音软件自带的“消除器”来处理、纠正，但毕竟在“消除”掉这些杂音的同时，也会影响或者清除一部分正常的声音，使声音失真。如果出现较多的杂音，势必会影响录音质量与进程，没有一个录音师会一句一句帮配音员精细修剪，甚至可以说这样的配音员也无法胜任此工作。因此，配音员应该通过加强口腔力量训练或者口腔控制技巧将其规避，从而使声音听上去更加“纯净”。接下来，我们将找到这些噪音之所以会产生的原因，将其一一攻破。

（一）嗞嗞声、哨声与尖团音

1. 嗞嗞声

嗞嗞声通常是夸张的“s”音所产生的噪音。它能让人想起草丛中穿梭的蛇、正在撒气的皮球或者漏气的暖气管。从口腔生理条件来看，这种高频的杂音产生是当配音员有牙齿问题（如缺牙或牙齿缝隙）时产生的。而就发音位置与方法来说，产生的原因是口腔发音组件的位置与配合，以及送气量等出现了问题。其实，在发 z、c、s 音时没什么区别，都像是发 s 音。有以下 4 种方法可以减少嗞嗞声：

第一，请牢记口腔发音状态“提颧肌”的要领，如果暂时找不到“提”的感觉，就试着微笑着发 s 音。当嘴唇分开并向后拉时，这将把 s 音也向后拉且减弱。

第二，请牢记口腔发音状态“松下巴”的要领，在发 s 音的时候，放松下巴，或者在发音过程中迅速解除下巴的紧张，都可以缓解咝咝声。

第三，使用声音弹性的技巧，将带有s音的字词放在不同的音高上，高低错落，曲折前行，这样可以分离咝咝音，使这种杂音在听觉上似乎没那么连贯而造成持续的干扰。

第四，当使用以上技巧都无法避免咝咝声时，将食指朝上并将其放在唇部的中心。这种方法并不会修正发音的错误，但它有助于防止咝咝的气流入麦。当然，方法三与方法四似乎是掩耳盗铃，治标不治本，但确实有效。

2. 哨声

“sh”的声音穿过空气，就像风穿过窗缝一样。舌头在口腔中间的位置，嘴唇稍微向前突出，如广告语中常出现的“使（用）”中的“使”，当稳定的气流涌出时，感觉嘴唇在最后的sh音上的位置。注意每次说话时嘴唇是如何伸出和缩回的。用明显的嘴唇动作纠正“咝咝音”的四种方法，同样适用于“哨音”的调整。大声、快速朗读下面的绕口令，感受“s”与“sh”通过口腔的感觉，勿忘控制好气流与发音的位置：

司小四和史小世，四月十四日十四时四十上集市，司小四买了四十四斤四两西红柿，史小世买了十四斤四两细蚕丝。司小四要拿四十四斤四两西红柿换史小世十四斤四两细蚕丝。史小世十四斤四两细蚕丝不换司小四四十四斤四两西红柿。司小四说我四十四斤四两西红柿可以增加营养防近视，史小世说我十四斤四两细蚕丝可以织绸织缎又抽丝。（《司小四和史小世》）

3. 尖团音

配音时，还有一种“咝咝声”产生的原因是来自于“尖团音”问题。

尖团音是尖音和团音的合称。尖音指声母z、c、s同i、u或i、u开头的韵母相拼：团音指声母j、q、x同i、u或i、u开头的韵母相拼。普通话中声母z、c、s和i、u或i、u起头的韵母没有拼合关系，而j、q、x则可以。发音时，声母j、q、x同i、u或i、u开头的韵母相拼，发成z、c、s同i、u或i、u开头的韵母相拼，就会产生尖团音问题。

发出这种“呲呲声”容易，那么将其消除掉需要一定的练习。尖团音的产生从语音学角度看与发音部位有关。舌面阻声母 j、q、x 是由舌面前部与硬腭形成阻碍成声的，而有些人在发这组音时，习惯性地用舌尖去和硬腭前成阻，产生了尖团音问题。以下是纠正尖团音问题的方法：

既然普通话中只涉及 j、q、x 为声母的发音，我们就首先应该分清 j、q、x 的发音方法。其发音部位是舌面前部和硬腭前部成阻，而非舌尖和硬腭前部成阻。其次，减弱气流的强度。尝试练习下面的绕口令：

东边来了个锡匠卖锡，西边来了个漆匠卖漆。锡匠拿锡换漆匠的漆，漆匠拿漆换锡匠的锡。锡匠换了六斤六两漆，漆匠换了九斤九两锡。锡匠漆匠笑嘻嘻，锡匠漆匠都有了漆和锡。（《锡匠和漆匠》）

尖团音问题除了发音部位偏前的原因外，既有历史原因，也带有地域特征、性别特征。生活中，女性存在尖团音的概率超过男性，特别是说话提气、靠前且“嗲声嗲气”的人存在尖团音的可能性更大。在某些方言以及戏曲的念唱中，仍然存在着尖团音。

其实，在广告配音中，一切的发音现象都是可以被允许的，只要是符合广告的创意与整体和谐原则，如下面二则广告：

《安慕希酸奶》（迪丽热巴篇）

电视广告 /15 秒

音乐：俏皮可爱，富有动感的英文歌

声音说明：明亮而可爱

场景：海边的街市，轻松欢快

旁白（女声）：浓郁美味，顺滑口感。

安慕希，浓郁畅饮，活力上市，超好喝。

《优酸乳果果昔》（周冬雨篇）

电视广告 /15 秒

音乐：奇幻活泼的鼓点音乐，有清晨的感觉

声音说明：富有活力，使人愉悦

场景：清晨，坐在沙发上本来心情糟糕的女孩，喝了果果昔，变得有活力

旁白（女声）：优酸乳果果昔。嗯，好浓郁。还有超多果肉果粒。

浓郁果果昔，满满水果力。

《安慕希酸奶》广告配音中的“希”是带有尖团音“呲呲”的气流声的，而《优酸乳果果昔》中的“昔”同样是以“x”为声母发音，就没有产生尖团音。抛开配音员口腔构造与发音习惯问题不谈，前者配音中存在的尖团音是可以接受的，因为由迪丽热巴所饰演的女孩形象是穿着公主裙在海边迎风起舞，这种带有尖团音的甜腻腻、嗲嗲的声音非常适合广告的整体感觉。后者配音中干净利落的发音同样适合周冬雨所饰演的女孩，穿着瑜伽服、扎着运动头带，富有活力，甚至有点中性化。可见，在广告配音中，没有什么样的发音是对与错的，只有适合与否。

（二）喷麦

喷麦，是空气撞击话筒振膜时的突然碰撞，其结果是录音中出现了响亮的爆音或声音的失真。b、p、d 和 t 等硬辅音通常是罪魁祸首。如果在发以这些声母开头的字音时，可以把手指放在嘴的前面，会感觉到一股强烈的气流喷出。话筒 Pop 过滤器和风挡有助于缓解一些问题。

需要加以区分的是，表达时的爆破音与喷麦不是一回事。爆破音不一定会喷麦，喷麦是一种声音的失爆。例如：《瓜子二手车》的广告语中有一句“各地价格不一样”，“不”的配音表达就是用了这种“喷口”的爆破音，其目的是为了表现出对于价格不一样的感叹，暗示在瓜子二手车 App 上的价格更实惠。但即使是这样特殊的爆破表达，也不能喷麦。

这时，配音员需要一些技巧，以下是一系列减少或消除喷麦的解决方案：

▲改变话筒的位置，并在话筒前说话时与振膜形成一定角度。

▲仍然保持提颧肌或者微笑，让嘴唇张开而不是噘起突出。

▲将发音的重点从辅音转移到伴随元音上。

▲作为最后的手段：当说爆破音时，把一个手指放在嘴的前面；完成爆破的一瞬，把手指从那个位置快速移开，会起到过滤强气流的作用，减

少失爆。

（三）口水音与口部力量

广告配音的篇幅通常较短，但对于一些较大篇幅的电视直销或者企业机构的商业宣传广告配音来说，就需要一定“力”“气”来对吐字归音加以控制了。可以尝试配下面的一段广告语：

史蒂夫净水器，打开龙头，就能放心饮用。净化过的水，无色无味，清澈透明。净化过的水，清澈甘甜，打开龙头就能喝。每天投资几分钱，就能让全家人都喝上健康甘甜的净化水。电视机前的观众朋友请注意，如果您正准备怀孕生宝宝，如果您家里上有老下有小，如果您关注饮水安全，关爱家人健康，请您赶快给我们打个电话，一台史蒂夫，全家老少都受益。好水喝出健康来！史蒂夫家庭厨房净水器，深层净化，有效去除饮用水中的泥沙、铁锈、漂白粉、污染物，滤芯可反复清洗重复使用，无须每年更换。每月前后对比，过滤效果看得见！食品级不锈钢机身，高端大气上档次，台式安装，不用敲墙打孔，不用煤气不用电，不排一滴废水。移动式操作简单方便，好水喝出健康来！（江苏电视台体育休闲频道《休闲物语》）

以上的内容只是该部广告片1/3的内容，实际的工作量要比这大得多。因为电视直销的广告配音常常需要“大力丸”式的用声状态。

如果，在配这一段广告语时觉得“嘴瓢了”并伴随着口水的产生，这就说明口部力量欠缺并失去了控制，将会导致吐字不够清晰、发声松散，同时，多余的唾液搅动就会产生口水音。

可以通过绕口令来练习口部力量。练习绕口令时不要贪图语速快，应该先从“清楚”开始，尽可能清晰地背诵绕口令。慢慢开始，确保你能正确、饱满地说出所有的字音。每个字必须清晰圆润，避免吃字、漏字、含混不清的情况。熟练后，可以加快速度，并伴有急缓、实虚、强弱等变化。随着越来越自如，唇舌将不得不使用“弹发”来弥补下巴运动的不足以适应高速的吐字。当短小的绕口令已经过关后，可以通过大篇幅的贯口，加强口腔力量的强化训练。

在进行以上贯口练习时，是要一鼓作气的。口部的力量训练绝不仅仅是唇、齿、舌、腭的强化，需要伴随着气息的支撑。口腔控制与呼吸控制二者结合练习将会收到更好的效果。

第四节 语感培养

常听到有客户这样去评价配音员的配音：音质、表达，哪里都好，可就不是广告那个味儿。

这种“味儿”实际上就是这一种艺术自身的腔调、气质。其实，任何一种声音的艺术都因发声方法、发音位置等的不同而有其独特的腔调，无论是京剧、昆曲、二人转，还是同为配音艺术的纪录片解说、译制片配音，都各有各的“味儿”。

广告配音也要有“广告味儿”。

其实，不必把这种“广告味儿”说得神乎其神，它其实就是一种“专业语感”，并不是可遇而不可求的，更不是只可意会不可言传的。多听、多练、多感受，无疑是培养广告配音专业语感的途径。

任何技艺的学习都可以先从模仿开始，但这种模仿绝不是单纯的模仿，而是一种创造性的模仿，一种自我扬弃的过程。只要用正确的艺术创作理论知识做指导，扎实的基本功做基础，通过长期不懈的努力实践，有意识、有比较地去体会广告配音创作中不同创意、不同消费体验、不同销售主张下的广告语言表达的样态，区分内心情感状态、表达节奏、吐字归音、语气语势、停连重音等技巧的运用。不断思考，认真揣摩，模仿创造，就一定可以感知并掌握这种专业语感的“味儿”。

一、广义备稿

实际工作中，广告配音艺术创作的时间非常有限，想在短暂的时间内理解广告创意，准确把握内涵，选择合适的声音，找到相应的消费感受，体现出专业语感，与平时的“广义备稿”密不可分。它指的是平时不间断的学习、积累与实践，包括思想觉悟、理论水平、文化知识、艺术修养、消费感悟等。这“诗外的功夫”准备对短小、精悍的广告配音艺术创作十分重要。

（一）生活消费经历

生活是艺术创作的源泉。个人在社会上生存，不是孤立的，他受社会时代、家庭环境、所在群体等影响，环境、经历、教育等都会给他的艺术创作和成长带来重要的支撑力量，这也为他的创作提供了丰富独特的素材，而且将会培养其属于他的独到的创作理念与见解，才会创造出“这一个”的效果。

我们不能只是依赖话筒前那一瞬间的调动，不能奢望思想感情的潮水可以凭空“招之即来”。可以想象，一个对生活都麻木不仁的人，又岂能在艺术的创作中全情投入、激情澎湃呢？因此，生活中的点滴都将成为创作的素材。

对广告配音来说，生活中的消费感受是非常重要的，应当细心地留意每一种类型产品使用前、使用中、使用后的不同感觉，将这些心理上的变化应用在“广告味儿”的塑造之中。相信，每一位创作主体都有其不同的消费体验，合理地运用这种感受，可以创作出别有一番滋味在心头的广告味道。

（二）文化艺术修养

艺术创作除了需要创作者具有高超的技艺与艺术才华，还应具备一定的思想、文化、艺术修养，以及自然科学和社会科学等多方面广博的知识。鲁迅先生曾说，画家所画的、雕塑家所雕塑的，“表面上是一张画，一个雕塑，其实是他的思想和人格的表现”。一个配音员接受何种思想、文化、艺术理念的影响，也会通过创作间接表现在作品中。例如，达·芬奇的绘画之所以取得巨大的成就，除了其优越的天赋外，还在于他的作品当中运用了数学、透视学、光学、解剖学等多方面的知识。再如，同样画马，徐悲鸿的《奔马图》让人记忆深刻，颇有“瘦骨铜声”之美感；同样画虾，齐白石的《虾》

最为鲜活，这是其89岁的作品，融入了齐老所有的人生体验，使他笔下的虾已达到出神入化的境界。这种文化艺术修养，在有声语言艺术创作中也处处得以体现，例如不同的配音员根据自己的人生经验和文化修养，会选择不同的重音、停连的位置，会使用不同的音高、音量的控制，这些形式各异的声音表现形式就是每一个配音员不同的文化艺术修养的外部显现。

二、一专多能

广告配音存在着众多的类型与风格，有零售广告、企业机构形象宣传广告，也有广播广告、电视广告、新媒体广告；同类型广告中还有大气磅礴、阳光活泼、亲切自然等不同风格的言语表达特点和样式。

实际上，这种不同又随着不同创意、定位、目的、受众等而呈现出不同的样态，很难或不可能用一种标准化的样式来涵盖。因此，配音员还需要“一专多能”。

“一专多能”有三层含义：

其一，在配音表达系统内部，能够非常专业地驾驭某一语言表达样式的广告配音，如宣读式的、激情型的、阳光活泼感觉的等；而其他类型，如朗诵式的、亲切型的、深沉浑厚感觉的也可胜任。

其二，在广告配音范畴之下，可以极为擅长商业广告的旁白，而其他类型，如台声、语音导览、机构宣传也能拿捏适度。

其三，广告配音艺术的系统中，除了在话筒前“配音”，还可以创意、策划、拍摄、调试设备及编辑制作，也就是说，配音员不仅是广告配音员，还可以是广告的策划人、广告文案作家、制作人、工程师、录音师等。

诚然，广告配音业务市场较大，每个人都不可能包揽所有的工作。若是能够尽可能地做到“一专多能”，那么，在试音的竞争中会更具优势。不过，“一专多能”是一种理想状态，不可误入歧途，即样样都会，但样样稀松。还是要将着眼点首先放在“一专”上，毕竟每一位配音员都有其自身的音质条件、性格秉性、生活经历、文化修养以及审美追求，其能力再强也很难适应或达到所有类型的要求。

取自身之所长，因势利导、因材施教极为重要，在练就好“一专”之后，通过以点带面，探索新领域，最终做到“多能”。

三、不懈实践

哲学讲，量变方能质变。每一次的话筒前实践的成功或者失败都是在为下一次的创作积累经验，调整状态与方向。因此，争取每一次试音的机会，无畏得失、勇往直前；把握每一次配音的实践，常磨常练、多学多悟。这种坚持不懈的实践就是培养专业语感以及走向成功最重要的准备。

往往有些人还未到达成功的终点站就中途下车了。他们会发出这样的感慨或抱怨：还要练习多久？我真的适合干这行吗？……善于研究人的外在行为与内心的 NLP（Neuro-Linguistic Programming，神经语言程序学或身心语言程序学）研究指出，一般人类在掌握一项新技能的过程中，大致分为四个学习阶段。

阶段一：无意识，未学习

人们处于混沌无知当中，或者像幼稚的孩童，不知不觉、无忧无虑，或者如井底之蛙、夜郎自大。对于需要学习的东西一无所知、毫无兴趣，处于未开始学习的时期。

阶段二：有意识，学习中

此阶段最为艰难，虽自知不足，需要学习并开始学习。但是，初学时所消耗的时间与心力使人们出现对抗、逃避、紧张、苦恼、忧郁、怀疑等心理因素，甚至失去了最初选择学习这项技能的兴趣。然而，从另一面讲，当一个人自觉不足时，也才正是真正进入学习的时候；挑战、受挫、困难……正是成长的契机。坚持下去，很快会上升到更好的阶段。值得一提的是，这种“知不足”更是终身学习的动力。

阶段三：有意识，已学会

对于要掌握的知识或技艺已然学会，且越来越熟练，越来越有感觉。心情逐渐开朗，兴致浓厚，会更加努力学习。这一阶段切忌自满，要虚怀若谷，懂得欣赏别人的长处，并开始用好奇心学习，可经常扪心自问：他人是怎么做到的？有哪些是自己可借鉴的？不断扩展学习领域，继续“更上一层楼”。

阶段四：无意识，有能力

此时，对学习的新知识、新技能掌握得已得心应手，甚至炉火纯青。运用起来，似乎已融入血液，成为本能反应，无须多加思考，如走路、呼吸一般顺畅。

NLP 有一个特别的信念：“世界上，只要有一个人能做到，其他人也一样可以做到。”如果，你此时正在学习广告配音，可对照下自己的学习阶段。

若处于第一阶段——为自己寻找一个学习广告配音的理由和目标；第二阶段——面对不稳定的心理因素，鼓励自己坚持住；第三阶段——虚心修炼语言表达，同时留意市场中流行的声音；直到第四阶段，不仅可以为自己竖起大拇指点赞，更会有源源不断的配音订单找到你。

然而，有太多的人坚持不到第四阶段，抱怨学习的困难，或者认定自己天生不是这块材料。但如果你愿意为配音艺术献出 10000 个小时又会是怎样的结果呢？

20 世纪 90 年代，著名心理学家 K. 安德斯・艾瑞森带领其团队曾以柏林高级音乐学院的学生为对象进行过一项研究。结论是，最好的演奏学员们在“练琴”这件事上，无一例外，均消耗了约 10000 个小时——完美地（非熟练地）掌握一项复杂技艺的最小耗时量，就是令人不可思议的 10000 个小时。同时，艾瑞森得出观点：世间没有“天才”——花比别人少的时间就能达到比别人高的成就，更没有“劳苦命”，一个人非常努力却无法练就高超的技艺。若是如此，一定是未得其法、未谙其道。

这本书正是为学习者提供“法”与“道”，其中的信息密集且内容丰富，实用且蕴含深刻。每一章、每一节都具有环环相扣的内在联系，不是一口气读完的，更不可能读完之后就可立即成为一名优秀的配音表演艺术家，需要时间去理解、吸收、顿悟，特别是练习与实践。

接下来，将要进入“技”与“艺”的部分，是否愿意与作者一同为广告配音艺术投入 10000 个小时呢？

如果你已经准备好了，就请翻开下一页，浸入其中，去享受广告配音创作为生活带来的快乐。

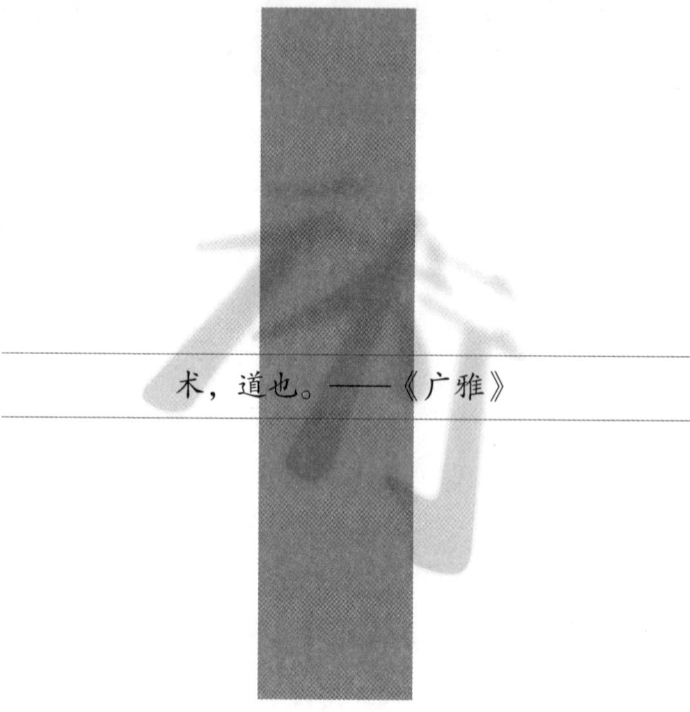

术，道也。——《广雅》

第四章 | 广告配音的创作技巧

本雅明认为，艺术具有“膜拜价值”与“展示价值”的区分。随着广播电视艺术的出现，艺术本身由内而外地从膜拜价值向展示价值开始转变。此时，艺术的展示价值占据主导地位，脱离了传统艺术的膜拜和礼仪功能，而用光怪陆离的形式去表现了一种“世俗的美”。广告配音艺术，无异于一种拥有“世俗之美”的、具有展示价值的艺术，它正是利用声音形式来充分展示着商品的优势信息、功能、品位以及品牌文化等。那么，什么样的声音形式或其组合才能够将广告的内蕴与外在展示得淋漓尽致呢？这就要依靠配音员的声音塑造、有声语言的表达技巧以及拾音系统的配合使用来完成。

第一节 语言表达技巧

广告配音的语言表达技巧包括了内部技巧与外部技巧。内部技巧实则是为了调动情感与领会文本意图的，是声音外部形式的内在依据；而外部技巧则是内心“情”与“意”的外在显现。所谓，“情动于衷而形于外”，只有在内心升腾起对广告及其销售的产品的情感、态度以及对内容意思的理解，才能用外部的有声语言形式将其诠释得更加准确而形象。内部与外部，即“恰切的思想感情与尽可能完美的语言表达技巧的统一”是每一位配音员所追求的表达境界。

一、内部技巧

所谓“中得心源”，配音员若想创作出优秀的配音作品，必须依靠内心。那么，面对脚本时，如何去调动内心的情感呢？内部技巧，就是为了帮助配音员在话筒前瞬间调动起内心情感与态度，领会广告意图，并且使其贯穿广告配音的始终。包括对象感、内在语和情景再现。

（一）对象感

对象感，就是配音员“必须设想和感觉到对象的存在和对象的反应，必须从感觉上意识到听众的心理、要求、愿望、情绪等，并由此而调动自己的思想感情，使之处于运动状态”。[①]广告配音时，配音员要在内心升腾出一个生活中的消费者形象，即要将信息传递的对象。这个形象越生动具体，带给配音员对声音表达的把握就越有效。

对象感是一种途径、手段，目的是使思想情感处于运动状态。而配音员缺乏对象感多主要是因为漆黑封闭的配音间里没有受众实体在场，得不到视听者的反馈。可是，工作的特殊性要求配音员需要在话筒前萌生相应的情感，而且还要学会与受众真实的交流。

那么，如果获得对象感呢？

对配音员而言，要通过自身的合理联想与想象具体地设想出对象的存在，必须从量和质两方而去着手考虑，而质的方面又是最根本的：

量的方面，是指性别、年龄、职业、人数……有关对象（目标受众）的一般情况。由于这些“目标受众”在“量”上的不同，配音员的声音形式也会有所不同。例如年龄，通常广告对于消费者的总体分类是18—24岁、24—36岁、25—49岁、49—65岁和65岁以上。比如，对学龄前儿童、对青少年、对女孩子说话时，语气、音量、语速、亲切感都会改变等。又如

①付程：《实用播音教程》（第2册），中国传媒大学出版社，2005，第117页。

人数，是对一个人说话，还是对几十、几百人呢？配音员是应该窃窃私语、正常说话还是大喊大叫？

质的方面，是指环境、气氛、心理、素养……有关对象的个性要求。以“环境”为例，家庭清洁产品在日间电视节目和肥皂剧中推销，以吸引女性观众为目标——这就是为何被称为“肥皂”剧。啤酒广告主要在体育节目中被推荐给男性观众。

当获得了对象感之后，配音员的声音会发生哪些变化呢？一旦有了对具体对象的设想，同时便产生了配音员与对象的关系问题。配音员与设想的具体对象的关系，一般说来是平等的、融洽的关系，但不能简单地认定是唯一的、不可改变的关系。面对朋友、亲人、同事、子女，等等，这种话语讲述的关系发生改变的同时，语言的样态也在悄悄改变。对象感获得得越具体，配音时有声语言表达才更有分寸感，更加得当。

“对象感”就是要求配音员配音时，能够每一句话都讲究“目的地”和“归宿”。所谓“及于受众”，就是要“由己达人”“及于耳际”“达于脑际”“化入心田”。来源于社会生活中的人际关系，基于对周围人的了解和熟悉，我们也会从芸芸众生之中，选取最适合脚本情境的个人或群体担当“对象”，首先活跃在我们的心目中，然后融化在配音的语言中，进入相似、相近的这一个人或这一群体的感应圈。即便当时并没有这些个人或群体在场，也会毫无例外地被“对象”所接纳和感染。对象在创作主体心目中越鲜活，就越能激发创作热情；话语的指向性越强，受众心理的接受愿望就越强。从接受美学的角度来讲，“隐含的读者”不可或缺，甚至是决定性的作用。“对象感”，是有声语言创作主体必要和重要的核心元素，需要全身心地体会、积累和训练。

选择一个“对象”作为广告的目标受众会自动影响声音的表达。在现实生活中，我们和陌生人说话的方式不同于和朋友说话的方式。同样，我们对孩子和对成人说话的方式不同，对生病的人和健康的人说话的方式也不同。在配音中，话筒周围的空间必须被个性化的声音所取代，以唤起推动故事向前发展所需的情感暗示。由于配音需要以最快的速度为客户录音并交付，所有个性化的选择必须易于实现。

生活中可以多加观察身边的人和事，特别是他们的消费困惑与经历。可能是想起一个让你感到幼稚和调皮的老友的感觉；也可能是回想起与祖母的一通电话而让你为没有能经常探望她而感到愧疚的感觉；又或是详细叙述一个与老板的谈话，这个谈话可以是让你很生气又或者感到很自豪。记住，所有的感觉都是合乎情理的，只要它们是真诚的。感觉是没有对错之分，只要它是真实情感的体现。

一旦掌握“对象感”这一概念，在工作中会取得显著的进步，声音将会呈现出一种生动有趣和自然权威的感觉。这一技巧，将在“了解受众”一节再次深入阐述。

（二）内在语

内在语，是指那些在广告语中“所不便表露、不能表露或没有完全表露出来和没有直接表露出来的语句关系和语句本质”。[①]这些内在语实际是广告创作者的意图和暗示，就是赋予声音的表现形式以“弦外之音”，也是生活中所说的“话中有话”。配音员可以在想要吸引受众注意、引发回味、产生思考，以及强调客户重要信息的地方，通过用内在语来衔接、过渡、铺垫、转换，就可以找到更恰当、自然和贴切的语言表达形式。

1. 内在语的作用

在配音创作时，揭示出内在语的作用主要有两个：

一是，结合广告（画面）语境和上下文来明确脚本中广告语的深层含义，便于更好地把握这种暗含在字里行间的“作者意图”。

二是，把握语言逻辑关系。由于广告配音通常要配合画面或者音响，所以广告语一般是一个个短句，这就要求配音员能够在内使用一些逻辑关系的词汇将这些短小、分行的句子串联起来，有助于表达时语感的连贯。

①付程：《实用播音教程》（第 2 册），中国传媒大学出版社，2005，第 74 页。

2. 内在语的分类

配音时，内在语的运用也非常灵活，根据性质和作用，可以分为：发语性、寓意性、关联性、提示性、回味性、反语性这 6 类。

（1）发语性内在语

主要作用是起到引导作用，在配音开始之前，加上适当的词语，能够使配音员更好地说出第一句话。例如：

（内在语：各位美丽的小主们大家好！）欢迎来到小七梦幻棉工厂，百分百绵柔，七层安心防护，不可思议的轻薄体验。（《七度空间》广告）

（2）寓意性内在语

指的是结合了配音脚本中的上下文之后分析出来的深层含义，在确定这种内在语的时候，一定要参照上下文的语言环境，结合广告语作者的写作方式等，应该整体分析人物性格、环境、身份等，并从整体把握。例如：

别看广告（内在语：我们厂家的产品可不是靠广告吹出来的，而是疗效显著），看疗效。（《感叹号》广告）

（3）关联性内在语

指的是那些在配音脚本中并没有用文字体现出来的语句关系。既可以用隐含的关联词，也可以用简洁的短语使语意和语言目的表达更准确，主要的作用就是表达语气的起承转合，也是广告语逻辑性的关键体现。例如：

（内在语：因为是）古法晾晒，（内在语：所以才会）美味天成，巍巍秦岭的自然馈赠，锦绣陕西，三秦臻品。（《柞水木耳》广告）

（4）提示性内在语

为了解决上下语句的衔接问题，在前后句之间较为突兀、语气衔接有障碍的地方可以增加一处提示性内在语的设定，让语气的表达更丰富，也让创作思维和个性有更好的体现。例如：

洗了一辈子头发，你洗过头皮吗？（内在语：头皮还要洗吗？）滋源洗头水，无硅油，无硫酸盐，无刺激，头皮好，头发才好，更健康的头皮护理。（《滋源洗头水》广告）

（5）回味性内在语

指的是配音员为了使听者产生回味、思考、想象的语气，能深化主题，加深印象。例如：

孔府家酒，让人想家（内在语：老家的父母，你们的身体还好吗？儿时的伙伴，你们变换了模样吗？）（《孔府家酒》广告）

（6）反语性内在语

指的是语句表层含义和深层含义之间的对比、对立，也分为对立性、双关型、非对立型反语内在语。常常在对竞争对手的一种“反讽”“嘲笑”类型的配音中出现。例如：

总是很抖？（能不抖吗？你现在用的手机已经过时了！）Hey，试试全新的 Reno2。（《OPPO Reno2》广告）

总而言之，内在语一定要依据脚本广告原片的语境来设计，而不是配音员想在其中加入什么样的隐含信息，一切服务于广告信息的真实传播。

（三）情景再现

情景再现，是配音员以广告脚本的语言内容或者视频广告的画面为依据，“展开再造想象，使其中的人物、事件、情节、场面、景物、情绪等在自己的脑海里不断浮现，形成连续的活动的画面，并不断引发相应的态度、感情的过程。”[①]这一概念，类似于表演学中的“内心视像”，就是进入角色前把故事情节，心理感受等在心里形成一个场景。例如在广告配音时，介绍一罐啤酒，配音员可以幻想自己是在家中孤独、慵懒地看电视，还是受了工作的委屈而自斟自饮，或者是在与朋友们看世界杯而欢呼……声音表达的结果都各不相同，如果能想象到场景中的各个细节和过程，便是情景再现。

情景再现，是一种想象联想活动，但是前提条件就是要以广告脚本提供的材料或者所给的画面、音乐、音响作为依据，要符合文案的需要，服

---

①张颂：《播音创作基础》，中国传媒大学出版社，2011，第 70 页。

务于视听的需要。整个过程大致分为以下四个步骤：

第一步，确定场景。指在正式配音之前，先冷静思考，将整个事件发生的场景、景别大小都捋顺清楚，避免出现冲突。

第二步，设身处地。指在充分理解脚本的基础上，站在当事人的处境想事情，也要善于体验听者对传播内容的需求。

第三步，触景生情。就是要配音员能够在幻想出画面之后，迅速生发情感，并将自己充分融入情境，引起联想，切忌“无动于衷”。

第四步，现身说法。当情感堆积到一定程度时，往往会产生表现欲，达到一种非说不可的状态。

以广告《踢不烂》为例，来具体感受一下情景再现，同时找出这种情景再现的方法对于有声语言表达的改变。

《踢不烂》

电视广告/2分15秒

音乐：Frida Winsth 演唱的 Like Icarus We Fly（像伊卡洛斯一样飞翔）声音空灵而缥缈。

角色1：有人对我说，现实是踢不烂的。走在这样的现实里，让我更加确定，要从这里，跨出去，跨出别人指定的路线，自然到达，别人到不了的地方。

角色2：我忘了是多久学会走路的，但我记得，从跨出第一步开始，我就只走在，自己相信的路上。如果人们走得慢，我就走快一些；如果潮流推着所有人向前，我会停下脚步。

角色3：如果可以，我不会走在路上；如果走在路上，我选择没人敢走的路；如果在路上遇到麻烦，我不会逃走，只会走向它。

角色4：直到你终于走向我，当你跨进来，两个我，成为我们，让我们一起走向现实，走向高不可攀的山巅，走向遥不可及的溪谷，走向海浪与风，走向自由，走向爱。

角色5：真，是踢不烂。

落版：Timberland

从广告语的字里行间之中不难找到一些场景的蛛丝马迹。我们可以先做一个头脑风暴，展开联想，把脑海中所能想象的与广告相关的词汇写在本子上：

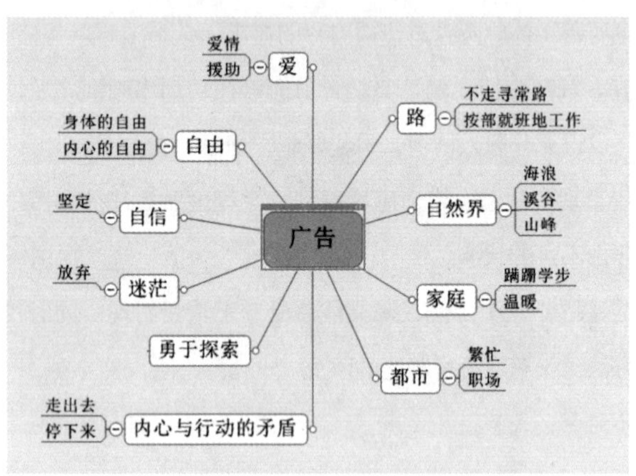

当然，上图中的想象与联想也只是作者的感受，一家之言。正所谓“一千个人心中有一千个哈姆雷特”，也许有些词汇我们想到了一起，也许有些是作者在这里没有想象到的，读者可以自行补充。那么，接下来就可以结合着这些词汇，情境再现了。可以按照“确定场景——设身处地——触景生情——现身说法”的方式。

角色 1：“有人对我说，现实是踢不烂的。走在这样的现实里，让我更加确定，要从这里，跨出去，跨出别人指定的路线，自然到达，别人到不了的地方。”

确定场景：

梦想与幻灭并存的繁华都市，朝九晚五一成不变的写字楼办公间，一个满腔抱负与热血却无处施展的职场新人正在忙碌……

设身处地：

从迷茫无助、时常受挫的职场新人，到坚定信念、大刀阔斧地开辟自己的新天地。

触景生情：

走在生活的浊流，拼命地挣扎，却只溅了满身烂泥。什么是你想要的？什么是你得到的？安居一隅还是背水一战？有人瘫倒在泥潭，自我安慰着芸芸众生皆是如此；有人终会艰难的起身，踢开这杂乱无章的烦闷生活。你看，踢不烂的不是现实，而是脚下的路。勇于突破自我。

现身说法：

音色,选择青年男声。语气,前两句中带有迷茫,面对生活不知如何选择，不知所措。第三句开始产生质疑，质疑自己的选择，该如何迈出那一步？第四句，语气转变，变得郑重，变得确定，变得自信。随后的第五句自然发出内心的感慨。

角色 2：“我忘了是多久学会走路的，但我记得，从跨出第一步开始，我就只走在，自己相信的路上。如果人们走得慢，我就走得快一些；如果潮流推着所有人向前，我会停下脚步。”

确定场景：

在温暖家庭中，受到良好教育的自信且有选择的女孩儿……

设身处地：

温室不一定能够永远为自己遮风挡雨，女孩一路成年，足够自信，足够坦然，但也欣然接受生活的阴晴圆缺。

触景生情：

生命像一条路；却又像一束花。路上的人互相超越，彼此追赶，却又在各自盛放。人潮停滞不前，我是一人的肆意奔跑；人潮向前追赶，我便停下赏那梅子味的晚霞。这些看似毫无波澜的走走停停，终会在某一天被看到，这就是我努力发光的意义。

现身说法：

音色上，选择少女音，清脆悦耳。语气上，是坚定地在面向梦想奔跑，并向人们展示着最与众不同的自己。

角色 3：“如果可以，我不会走在路上；如果走在路上，我选择没人敢走的路；如果在路上遇到麻烦，我不会逃避，只会走向它。”

确定场景：

精神世界的攀登路（抑或是自然界崎岖之路），预示生活的坎坷……

设身处地：

人生如海，漂泊沉浮，没有一片海不曾掀起风浪，这样的环境中，你会是摇桨的水手？还是等待救援的困客？

触景生情：

我走过锐石嶙峋的山谷，亦途径花开的小路；我曾目送他人远去，亦是他人等待的归途。我需要，我被需要。人生从不是只有一种答案，摇曳的桨可以挽住溺水者的手，困顿中的绳索也是不寻常的曙光。

现身说法：

音色，选择中年男声，声音浑厚。语气及表达上，这一段应该是以一个历经风霜归来，回首望去的心态来讲述自己的经历。

角色 4：“直到你终于走向我，当你夸进来，两个我，成为我们，让我们一起走向现实，走向高不可攀的山巅，走向遥不可及的溪谷，走向海浪与风，走向自由，走向爱。”

确定场景：

心灵的自我与身体的自我相遇，广阔的山川湖海……

设身处地：

有人说，身体和灵魂总是应该有一个在路上。当灵魂和身体同时启程，又会遇到怎么样的风景？

触景生情：

你找到我，然后我们上路。我们在世界沉睡时独立而清醒；我们在喧器中寻找心上惊鸿；我们在落日狂欢，在清晨踏浪；我们在攀上山顶时等待着迢迢星野，看着人间已晚，山河已秋。

现身说法：

音色，选择女声，或者男女和声。语气、情感及表达，应是一句比一句浓烈，一句比一句欣喜，这是灵魂与身体的契合，是激动的，是坦然的。

情景再现可以激发配音员形象感受、调动情感活动的能力，也能培养其词语感受的能力，但是要注意的两个问题就是要以广告为原型，要产生于具体感受中。在训练中一般从描写语句空间场景、人物神态、心理活动、概括叙述、完整篇章这几个方面进行练习，着重抓住一种感受为主，再举一反三。

二、外部技巧

黑格尔在《美学》等书中提出“外化”，就是指艺术作品使内在的心灵显现于外在感性事物的活动过程。他认为心灵、思想、概念这些东西都是内在的、抽象的，虽然是普遍的、绝对的、真实的，但都没有现实性，它们必须借外在对象表现出来。对于配音员来说，其实最终的广告配音作品就是将产品品位、使用感受、创意暗示等内蕴元素用声音来得以呈现。对配音员而言，对象感设想得再形象、情景再现设置得再具体、内在语补充得再完备、内心情感再波澜壮阔……如果不能运用有声语言的外部形式将这些内心戏体现出来的话，也就失去了所有的意义。更现实的问题是，这与配音的质量密不可分。这就要求配音员必须具备较强的有声语言表达技巧。不仅可以借助对象感、内在语和情景再现调动思想感情，还能够娴熟运用语速、停连、重音、语气、节奏、语势等外部形式变化；不仅能够“眼中有竹”“胸中有竹”，更要做到“笔中有竹”的境界。

（一）停连

“停连，是一个包括两个方面的问题。停，指停顿；连，指连接。有停顿，有连接才能更好地传神答意。”[①]停连的表达非常重要，这也是文字写作中

①付程：《实用播音教程》（第2册），中国传媒大学出版社，2005，第151页。

所重点提及的要分清“句读”之意，配音艺术语言表达的“句读”就在停连之间。

1. 停连的作用

“停”与“连”经常是同时存在的。停顿和连接都是配音中显示语意、抒发感情的方法，也是为了满足生理和心理的需要。不要小看了“满足生理”一说，毕竟配音员是要呼吸的，而听者的耳朵也是要“呼吸”的。可是，有的配音员在最初的创作阶段，只要一站在话筒前，就不会呼吸了，表现在停连上的问题是要么“一口气”快速配完（不停），要么憋着气干等着下一句话或画面的出现（不连）。生理上的需求导致配音员是不可能一口气配完脚本上所有的文字的。即使是广告配音最短的落版配音类型，也应该是有停有连的。例如：“沟通，无处不在。”甚至再短一些“中国石化”，可能也要在“石化”前有一个“缓连”（从气息控制的角度来说，是“就气”）。配音中，中间必须要换气，要调节声音，要休息声带以及唇舌，但是也不能一字一顿、一句一停，也必须有必要的连接。心理上，停连是积极主动的，为了自如服从思想情感运动的需要，只有发挥用停连表达思想情感的组织、区分、转折、呼应、回味、想象等作用，才能做到吸引人、感染人。

2. 停连的分类

停连的处理一共分为十类：区分性停连、并列性停连、强调性停连、判断性停连、转换性停连、呼应性停连、生理性停连、回味性停连、灵活性停连、创意性停连。

（1）区分性停连

区分性停连，就是要通过停连的安排区分语言序列各个成分，特别是可能存在两种以上语法关系、语意分歧的时候，能够加以区分。例如：

豆本豆/豆奶。（《豆本豆》广告）

如果不在豆本豆后面稍作处理，就成了“豆本/豆豆奶”。它的第二个作用就是用来区分画面场景的。

（2）并列性停连

并列性停连，被运用到功能、位置相似的词语之间，以显示并列关系。例如：

生活不止一种味，放肆热辣/痛快酸爽/甜蜜来袭，新中华御齿护龈牙膏（《中华牙膏》广告）

处理广告语中并列列举的产品优质信息或者遇到困惑的烦恼信息时，常会使用并列性停连，但有一点需要注意，为了使广告听上去更加生动，需要将这些并列的词语放入不同音阶。

（3）强调性停连

强调性停连，是为了引起受众的注意，常常为了强调一种生活理念、一个产品功能、一处与市场同类型产品不同的优势等。例如：

步步高点读机，哪里不会/点哪里。（《步步高》广告）

（4）转换性停连

转换性停连，可以被用在语气的转换、场景的转换、情感的转换，特别是产品使用前后感受的转换之处。例如：

上支付宝用花呗，这月买/下月还。（《花呗》广告）

（5）呼应性停连

有的广告会采用一种比喻或类比的方式引出产品，这时就需要使用呼应性停连将前呼后应的关系展现出来。例如：

每个闪亮的家庭背后都有一个体贴的好老公。闪亮的背后/新洁霸。（《花王洁霸洗衣粉》广告）

一定要将背后“好老公”代表的含义与“新洁霸”呼应上，有呼无应，或者有应无呼都会造成受众的困扰——闪亮的背后新洁霸？什么意思？甚至连语序都不通。

（6）生理性停连

产品往往会给消费者带来一些生理上的感受，如消除疼痛或者带来舒爽的清凉，伴随着会有一些声音上的表达，这时需要生理性停连来还原产品使用感受，例如：

一口/火辣美味，一口/冰爽雪碧。爽辣冰火双刺激。（《雪碧》广告）

（7）回味性停连

有些广告语会给人留下一些思考与回味的，这时需要使用回味性停连将这种内心情感延续，并且揭示创意。例如：

海是什么味道的呢？吃了/才知道！（《波力海苔》广告）

（8）灵活性停连

配音的表达不应是生硬呆板的，而是灵活多变的，在停连的问题上也不是一成不变的，在那些不涉及语意区分或者创意体现的地方，可以灵活处理停顿与连接。例如：

巨星光芒，香芒芒/颜值担当，甜柚柚/实力偶像，大菠浪。（《麦当劳》广告）

或者

巨星光芒/香芒芒//颜值担当/甜柚柚//实力偶像/大菠浪。（《麦当劳》广告）

（9）判断性停连

在选择一款产品时，或者帮助消费者做下一个购买决定的时候，需要一种判断与思考，而判断性停连就是将这一心理过程加以表现。例如：

不是所有的牛奶都叫/特仑苏。（《特仑苏》广告）

（10）创意性停连

广告的创意不仅是依靠画面来展现的，有声语言表达部分反而更可以一语道破天机。创意性停连就是为了产生“一语双关”或者揭晓答案的作用。例如：

索尼 h.ear 系列，音/我/更出色。（《索尼耳机》广告）

3. 停连的表达方法

停顿位置和时间的确定可以把文字脚本的标点符号作为参考。要注意的是，停顿只是作为表达全篇稿件或整个脚本的一个方法，所以要从全局考虑使用的频率。而停连的方法大致分为扬停，落停；直连，曲连。

（1）扬停

扬停的总体感觉是语势上扬，在高处戛然而止。扬停常常是用于句子的中间部分，此时它的目的通常不是为了“停”，更多的是为了后面的“连”，表示语句意思未完。若是脚本结束了，扬停收尾通常表达一种激励、疑问、暗含他意，或者陷于思考。虽然停，但是气息、情感不仅未断还要继续保持住，以便将后面的广告语连接上或者将弦外之音暗示给受众。例如：

想要肌肤焕然一新↗全新高能小棕瓶瓶↗即刻开启高能修复↘（《雅诗兰黛高能小棕瓶》广告）

（2）落停

落停的总体感觉是语势下落的，表示一种意思完了，气息和情感可以同时结束。例如：

5G，赋能未来↗中国电信↘（《中国电信5G》广告）

（3）直连

直连是一种直接的连接，多用于快节奏的表达，毫不犹豫。例如：

急支糖浆，止咳→化痰→宣肺→当然要它。（《太极急支糖浆》广告）

（4）曲连

曲连也称缓连，与直连相反，会将节奏放慢，也会使语气更加温柔、婉转。例如：

爱～是鼓励；爱～是关心；爱～是分享。喜之郎，多点关心～多点爱。（《喜之郎果冻》广告）

（二）重音

重音是配音员在配音过程中为明晰地表达出具体的语言目的和具体的思想感情而着重强调的广告中的关键词或词组，也就是广告语中能够体现客户（产品）名称、性能、广告诉求点等重要信息的字、词或词组。但值得注意的是不能孤立、静止、片面地研究某一处重音，要把它放回到脚本的语境中，画面、音乐及音响的场景中。

重音强调的方式和程度也是千差万别的，可以归结为词或词组在句子里的主次关系，分为主要重音、次要重音。但是，每一个句子不一定都存在重音，而是应该按照“意思”来区分，每一个“意思”都一定会有重音出现的，其重音的位置就是那一个意思的“题眼”，也就是体现意思的关键所在。

1. 重音的分类

重音类型包括：并列性重音、对比性重音、呼应性重音、肯定性重音、拟态性重音、暗示性重音。

（1）并列性重音

广告语中常会出现对产品功能、特性的描述性词语，而它们的出现也具备了一种并列性，通常是两个重音以上，而且同样重要。例如：

风湿痛、筋骨痛、关节痛，痛、痛、痛，就用万通筋骨贴。（《万通筋骨贴》广告）

（2）对比性重音

广告中，产品是会给广告故事的发展带来一种转变、转机的，常常是由窘境转入佳境。因此，为了表达前后对比，深化主题，对比性重音显得非常重要。通常是两个重音，一前一后，但要区分主次方能使人听出其中的寓意。例如：

教女儿弹琴，她行，我不行。让她穿着洁白透亮，她行，我也行。（《花王洁霸洗衣粉》广告）

（3）呼应性重音

广告常会抛出一个困扰生活、健康的问题来吸引受众的注意，对该问题的回答就是推荐产品的时候，这就需要呼应性重音来表现。这种前呼后应的重音极为常见，通常也是两个以上的重音，有呼有应。例如：

胃疼怎么办？快用斯达舒。（《斯达舒》广告）

（4）肯定性重音

广告语中如果产品名称出现“选”“就选”“是”“就是”“用”“就

用”等引导性的、肯定性的词语时，随之而来的便需要肯定性重音来突出后面的对象。例如：

结婚时妈说，厨电？选老板吧！陪伴我们家这么多年。（《老板厨房电器》广告）

（5）拟态性重音

为了吸引受众的注意，也为了使消费者可以产生对产品的想象，广告语中常会出现一些与产品相似的形状、味道、色泽等词语，配音员应该根据广告创意将这些特殊的词汇加以强调，不仅将其突出，还要做到惟妙惟肖地展现出产品的形态。例如：

好多圈好多圈，好多好多好多圈，好多圈！（《好多圈冰淇淋》广告）

（6）暗示性重音

广告语很短，但却常常是意味深长、耐人寻味、内涵丰富。配音员需要细细体会，并且能够将揭示广告内蕴的词语重音找到并准确地表达出来。例如：

沟通，无处不在。（《中国移动》广告）

2. 重音的位置

重音的位置不是绝对固定的。应该做到着重关注重音与广告创意、配音员情感之间的内在联系。重音的意义非常重要，在配音过程中如果能恰当地运用，就能更准确、鲜明、生动地传达出广告的内涵，传递出客户想要宣传或表达的意图。例如，同一款产品——德芙巧克力，汤唯版的落版配音是“纵享丝滑”，而杨颖版的落版配音是“纵享丝滑”。两位演员在为广告落版配音时之所以选择了两处不同的重音位置，可以通过对广告本身的创意、画面场景、人物设定等找到答案，如下表所示。

	德芙巧克力（汤唯篇）	德芙巧克力（杨颖篇）
场景	Party（酒吧）	Park（公园）
行为	主动结识异性	情侣羞涩约会

续表

	德芙巧克力（汤唯篇）	德芙巧克力（杨颖篇）
人物形象	性感、自信	青春、腼腆
服饰	小礼服	公主裙
对象	风流倜傥	青涩男孩
广告语及重音位置	纵享丝滑	纵享丝滑

汤唯篇在强调“纵”时，声音中带有了一种“人生得意须尽欢”的感觉；而杨颖篇在强调“滑”时，声音中带着一丝俏皮，略夹着一种不敢触碰，一碰怕碎的初恋的感觉。二者的重音位置虽然不同，但各有千秋，均与此情此景相和谐即可。

又如，《鸿毛药酒》的广告配音“鸿毛药酒祝您，每天两口、健康长寿”的重音选择放在了“每天”上。如果按照一般规律来说，通常从口语表达的角度来说，会将“每天两口”处理为“中中中重”的格式，这样做有助于“每天两口、健康长寿”的完整与“ou”押韵。之所以将重音的位置放在了“每”上，这就是一种客户诉求的体现，希望消费者能够天天消费。

3. 重音的强调方式

重音并非单指重读的音，因此，其强调方式也不只“重读”一种方式，存在很多种。

（1）停连体现重音

我，/是补肺丸。长期咳痰喘，你需要/补//肺。（《养无极补肺丸》广告）

（2）重读体现重音

疼！喝鸿茅药酒。痛！喝鸿茅药酒。虚！喝鸿茅药酒。（《鸿茅药酒》广告）

（3）高低体现重音

要止泻，先护脐……丁桂儿脐贴。（《丁桂儿脐贴》广告）

（4）音长体现重音

盼盼硅藻，早—用—早—好—（《盼盼硅藻泥》广告）

（5）吐字体现重音

利用吐字发音来体现重音的形式是可以多变的，可以利用爆破音凸显重音。

瓜子二手车，各地价格不一样（《瓜子二手车》广告）

还可以利用唇舌的弹发来凸显重音，例如：

今麦郎，弹出来的好面。（《今麦郎》广告）

也可以利用气流的摩擦音凸显重音，例如：

纵享丝滑（《德芙巧克力》广告）

4. 数字是否重读

如果广告语中出现了“数字”该如何去处理呢？对于缺少经验的配音员来说，常常会将钱数、百分比重读，似乎对数字有着一种莫名的好感。除了特殊的品牌追求之外，人们在购买商品时，确实会首先去看价格标签，这些代表“钱”的“数字”显得非常重要，但是在配音时，往往恰恰相反。除了本地经销商或者停业大甩卖时要把价格读得又高、又慢、又重之外，大多数的广告客户更喜欢使自己的产品价格听起来又小、又低、又少且微不足道。这样轻读的目的是给听者一种“并没有那么贵”的感觉，通过快速、轻读且毫不夸张、实事求是地说出总价数字时，这种感觉就会在表达中得以实现。受众在潜意识里会认为这样的消费是合理的、能够负担得起的，而且会给自己带来自我宽慰的轻松感。通常，在广告语中会有“只有”“仅有”“才”“刚刚”“还不到”等词语出现在数字金额之前，这在一定程度上也可以给配音员某种暗示。

有一种情况，需要将金额数字作为重音来加以强调，就是：当价格成为自己产品的优势时，竞争对手的价格应该被重读，甚至读得慢一些，收起嘴角的微笑，并且带有一种“竟然会这么贵”的语气，这在听觉上使得它们的价格似乎高得不合理。当说到自身产品的价格时，耸耸肩，微微一笑，放松地一带而过。与此同时，别忘了用“我们的产品”和“市场上同类型的产品”通过轻重的对比，来达到体现价格优势的效果。例如：

我们的产品只有99元。市场上，同样款式的其他产品都是199元。

还有一种特殊的表达，例如998元，通常我们会读成"九百九十八元"，但是在广告中如果出现"百元"似乎就会想到最高面值的大钞。因此，通常将其读为"九九八"作为一种弱化的处理。

与金额数字配音相反，百分比是需要重读的。这种百分比通常和折扣或收益相关。"9.9折"虽然是非常少的折扣，但是在配音时需要重读，而且要很夸张，使人听上去似乎是商家已经下了很大血本。另外，例如"3%"的收益率实际上并没有太多，但当带着权威的自豪感慢慢重读出来的时候，可以听起来像是一笔巨大的收益。不过值得注意的是，涉及金融理财类的广告时，配音员也要掌握一个广告真实性原则的度，毕竟都是老百姓的血汗钱。

除了百分比之外，还有与需要重读的数字相对应的等价词。在广告脚本中出现的"额外的""附加的""买一送一""免费赠送""加量不加价"等都是一些其他的数字的修饰语，当它们出现在广告语中时，也应当被强调。

（三）语气

语气，是"思想感情运动状态支配下语句的声音形式"。[①]从这一定义可以看出，语气的构成必须包括两个方面：具体的思想感情与语句的声音形式。具体的思想感情是语气的灵魂，在语气中处支配地位；语句的声音形式是语气的躯体，具体的思想感情只有通过语句的声音形式才得以表现。

另外，语气也是广告目标受众对象感的外化。如果将外在的技巧"语气"与内在技巧"对象感"联系在一起，会使内心的情感更真实，外在声音形式更准确。"见什么人说什么话"，广告配音时，语气的显现正是这句话的真实写照。

1. 语气的色彩与分量

为了更好地把握语气，应从两方面着手：语气的感情色彩和语气的

---

①付程：《实用播音教程》（第2册），中国传媒大学出版社，2005，第202页。

分量。

生活中，语气的感情色彩通常包括是非爱憎。

是非——支持、反对、批判、赞同、严肃、亲切、活泼、庄重、坚定、犹豫。

爱憎——喜欢、厌恶、开心、悲伤、热爱、冷淡、无畏、恐惧、坦荡、焦虑。

但是在广告配音的表达中，语气的色彩其实只有两种，一种是**“使用过”**的语气，另一种是**“未使用过”**的语气。具体来说：

一类，使用过产品的人，语气中总是透露着一种自豪与热爱之感。配音员的声音就要展示出权威、自信、真诚、个性、满足。

一类，未用过产品的人，语气中总是流露着焦虑、恐惧、躲避与不知所措。配音员的声音就要展示出无知、自嘲、善良、顿悟、无助。

无论描述广告故事的最初语气是“使用过”还是“未使用过”，最终都会殊途同归，当故事的主角——产品出现的时候，配音的语气都会转为“是”与“爱”的语气上来，即支持、赞同、肯定、喜欢、热爱、无惧，等等。

语气的分量是指感情展现的程度，也可以称为分寸、火候。其实，关于“分寸感”会体现在艺术创作的方方面面，特别是内外部技巧的使用上，均会涉及此事。语气的分量可以分为重度、中度、轻度三个等级。以“爱”的感情色彩为例：

轻度——好感

中度——喜欢

重度——挚爱

当然，程度的划分不是一成不变的，如果配音员可以体会出更多层次出来的话，那么“更多”可能将会是个性化、陌生化声音形式的创造。比如“爱”的感情色彩又可以分为：

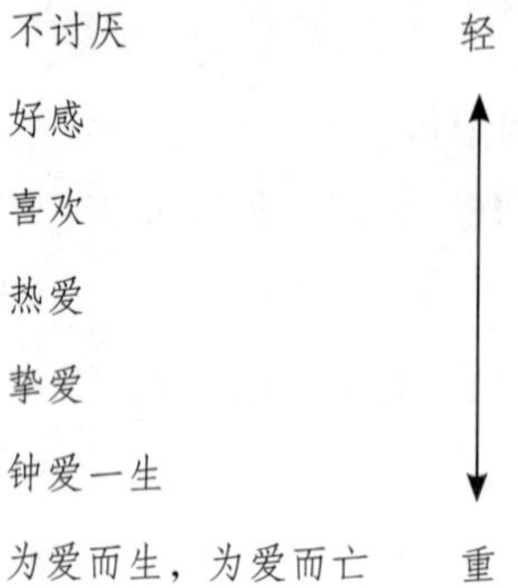

对语气的把握还应该更加具体，例如“爱”的最高程度到底是什么样呢？用一句具体可感的诗来形容“衣带渐宽终不悔，为伊消得人憔悴”。每位配音员都有自己个性的体会，这时“广义备稿”就会起作用。

考虑语气感情色彩本身分量上的差异，不仅要考虑“这一句”的语气分量，还要综合兼顾这一句在全篇语气中的分量。

2. 语气的位置显现

语气，是语言与气息的浑然一体，以语句为基础，字字珠玑、语语中的，句句贴切、语流畅达。每一句应该都是“这一句”，承上启下，自然衔接。思想感情的具体性与声音形式的具体性应紧密结合，融为一体。那么，语气应该在广告语的什么位置加以强调呢？

（1）“比较”中彰显语气

产品比较是广告发动战争的方式。商家每年花费巨额广告费，只为了宣称自家的产品比别家的好。空口无凭，除非一方有确凿的证据证明自己的确具有显著优势，否则对竞争没有太大影响。但在广告配音中，如果配音员用“赞扬”或“讽刺”的语气来比较产品时，这种讲述的态度就可能会决定产品的差距，利用了语气使“空口”变得“有凭”。这个“凭证”就是“使用过”的消费感。

例如：广告语“你 out 了”就是明显的一种今昔比较。声音表达要带有一种“藐视”“讽刺”的语气。但也请注意，广告，特别是商业广告从来都是唱赞歌的，都是宣传美好事物的，因此即使是“非”与“憎”的感情色彩，也同样应该是善意的表达。这一句的“讽刺”仍然可以采用微笑的方式说出，目的只是带来一款新的产品。只要你购买，你就没有落伍、没有被时代淘汰，甚至你还可以变成最时尚的人。多么大的一种诱惑！这种“讽刺”语气的最终目的就是为了促使消费者采取购买的行动。

在这种比较的语气之下，当读到自己的客户产品时，配音员需要微笑，表现出称赞的语气，并表现出自豪感。相比之下，任何关于竞争对手的产品信息都应该用“轻视”的语气的来诉说，即使是前文的“讽刺”也要拥有积极、温暖的态度。除此之外，语速与节奏还可以存在一个时间差。当配音员说到自家优质信息时要慢下来，当说对手中立信息的时候要加快速度，当说到对手劣质信息的时候又要将语速和节奏放慢。配音员的主观心理层面上的依据是，慢者很重要，需要强调；快者不重要，甚至不值一提。而在听者一方，由于语气的强调、加上语速与节奏的影响，其听到并保留的是主推产品的优质信息与市场同类竞争产品的劣质信息，而不是二者都具备的中立的信息。

（2）形容词处彰显语气

一篇广告语的每一个字都经过了仔细的挑选、斟酌、润色和审查，特别是形容广告产品优势的形容词。配音员完全可以和这些别有用心的形容词对话、互动。它们给广告语带来了额外的生命力。例如：

《植选豆乳》

角色 1（女声）：有植选，会有满满的活力，烘焙出的醇醇豆香，浓浓的植物营养，植选代表好豆乳。

落版（女声）：烘焙更浓香，豆乳代表作。

广告语中的“满满的”“醇醇（的）”“浓浓的”“好”“浓香”等形容词都可以尽情地发挥声音的表现力，给消费者带来一种活力、醇香、浓郁、天然的联想与满足感。

不过，要小心，不要过分拉长或过分强调形容词，以免它们掩盖了稿件关键点。这种度的衡量把握是微妙的，并且在不失去整体稿件意图的视角下，应该处理得自然。

（3）过渡转换处彰显语气

在广告配音中，有两处明显的、关键的语气转换点。一处是产品出现时（或者困难解决之时），一处是落版口号出现时。除此之外，广告语中间的部分也会出现语气的变化，配音员要学会设计。以广告《亮甲》的配音文本为例：

《亮甲》

旁白（男声）：得了灰指甲，一个传染俩。

问我怎么办？赶快用亮甲。

落版：乐泰药业。

广告语类似一首打油诗，可以合辙押韵地、中规中矩地将其读出。但是就这样错过声音表现的绝佳机会吗？不妨根据文字的内容，为每一句，同时也是每一次画面的过渡设计一个相应的语气，再配合语言表达的其他技巧，如下：

得了灰指甲（惊疑）——不要感觉广告所发生的故事与已无关，一定要感觉是息息相关的。带着一种“惊”的语气（这是怎么回事啊？！什么时候出现的？！），如果，还想使感情丰富，表达与众不同，可以同时附带一种“疑”（怎么会得这种怪病？！）。

一个传染俩（恐惧）——语气是递进式的恐惧，同时伴随一点渲染的语气。

问我怎么办（疑问）——此处其实可以存在两种处理重音的方式，也是获得“帮助”（产品）的途径：一种是“问我怎么办”，注重寻求一种解决问题的办法；另一种是“问我怎么办”，注重向有经验的、权威的人请教解决问题的办法。广告片的配音方式是后者，原因是由代言人郭冬临配音，他的身份不是病人、病友，而是第三者的角度告诉消费者一个方法。

赶快用亮甲（肯定）——语气中带有一种肯定，同时可以伴随一种问题解决后的放松的语气。声音表情可以带有一种微笑感。

乐泰药业（落版）——语气中带有一种强调，同时落版处的语气与广告语正文部分的也要有所区分。

最后请注意一点，由于广告常常是“片段式”的出现，因此语气的把握上还要注意相对的连贯性。

（四）节奏

节奏，是配音创作过程中所运用的一种重要表达技巧，主要表现在声音中的抑扬顿挫、轻重缓急的回环往复。对节奏的把握首先需要引发思想感情，使之处于运动状态，一定要做到有感而发。其中，很重要的一点是既要把握有声语言的灵活变化，又要侧重于回环往复形成节奏。例如：经典广告配音作品《国窖 1573》（历史篇）中“你能听到的历史 ××× 年，你能看到的历史 ××× 年，你能品味的历史 ××× 年”明显地可以感觉到，该广告中这几句广告语的声音表达是有节奏的，除了抑扬顿挫和重音凸显之外，还有着回环往复。在这种节奏下，每一句又有所区别。如果这样的排比形式的广告语，不使用节奏的技巧，很容易就陷入一种同一语势、同一节奏的处理方式，会使广告听起来单调、乏味。

1. 节奏的类型

（1）轻快型

语速较快，对吐字的要求较高，需轻巧而灵活弹发，所面对的广告受众多为年轻人。例如：

喜欢就吃定你，酸甜蓝莓酱，爱上香浓巧克力，巧乐兹，喜欢你，没道理，体验新品上市！（《巧乐滋》广告）

（2）庄重型

通常用来表现大气沉稳的广告风格，往往定位为高端品牌，或者塑造企业形象时采用的一种节奏，但是庄重不代表会失去声音的温度。例如：

更多陈年酒，更高绵柔度。天之蓝，海之蓝，品质再升级。（《洋河酒》广告）

（3）低沉型

更具个性的与深沉的一种节奏表达形式。气沉肺底，更加注重感情的细腻，在微小的变化中蕴藏着巨大的力量。通常会伴随着“内爆”的话筒使用方式。也是现在常出现的沙哑的音色所采用的节奏。例如：

最大的挑战来自你，勇闯天涯 superX，生而无畏。（《勇闯天涯》广告）

（4）高亢型

激情迸发，节奏明快，声调高扬的一种节奏方式，常会伴随欢乐的广告画面。例如：

康师傅冰红茶，冰力十足，燃痛快，LET’S PLAY!（《康师傅冰红茶》广告）

（5）舒缓型

亲切委婉式广告配音常使用的一种节奏，不疾不徐，不高不低，不快不慢，娓娓道来。例如：

想要淡化黑眼圈，兰蔻小黑瓶发光眼霜深入肌底修护，平滑细纹，焕亮眼周，无惧黑眼圈。小黑瓶发光眼霜。（《兰蔻小黑瓶》广告）

（6）紧凑型

广告时长往往会限制有声语言表达的节奏，如果客户在媒体购买的时间有限，那么配音员就需要采用一种紧凑的节奏。例如：

该节目由网易考拉海购联合冠名播出。买进口上考拉。（某节目冠名广告）

2. 体现节奏的方法

值得注意的是，节奏是有相对感觉的，所以，体现节奏的方法有：

欲抑先扬、欲扬先抑；欲停先连、欲连先停；

欲轻先重，欲重先轻；欲快先慢、欲慢先快。

这四对矛盾不应该单一使用，应根据不同的节奏类型，加强抑扬顿挫、轻重缓疾的对比，并且掌握好分寸感。

（五）语势

语势，是指语句在思想情感运动状态支配下的态势与趋向，类似“语调”。

不过“语调”关注本句情态，“语势”更关注发展趋向。大体分为上山、下山、波峰、波谷、曲折等五类。当语句较多，特别是排比句式时，应注意各句的句首不要同一起点，句腹不要同一态势，句尾不要同落点。语势并无模式，即“语无定势”，也千万不要认为某种思想感情就必须用某种语势，否则就会形成“固定腔调”“单一态势”的惰性，毕竟广告的有声语言表达是需要新、奇、特的表现形式的。

1. 上山类

有声语言的发展趋势总体感觉逐渐上升，音高不断盘旋而上，越往高处越需要更多的气息支撑。例如：

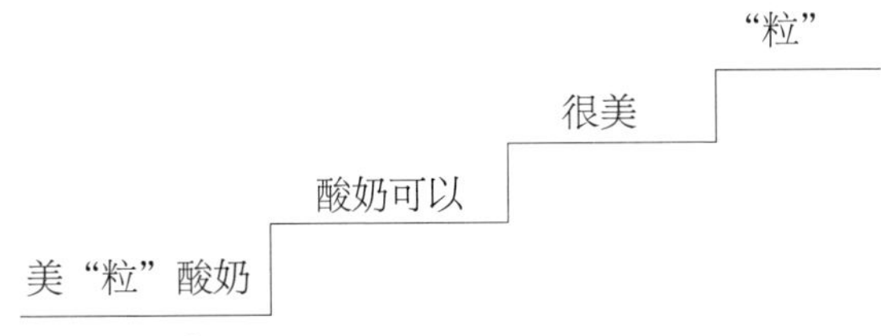

2. 下山类

有声语言的发展趋势总体感觉逐渐下降，音高有节奏地不断下降，声到低处也要使人听清，这同样需要强有力的气息做保障。例如：

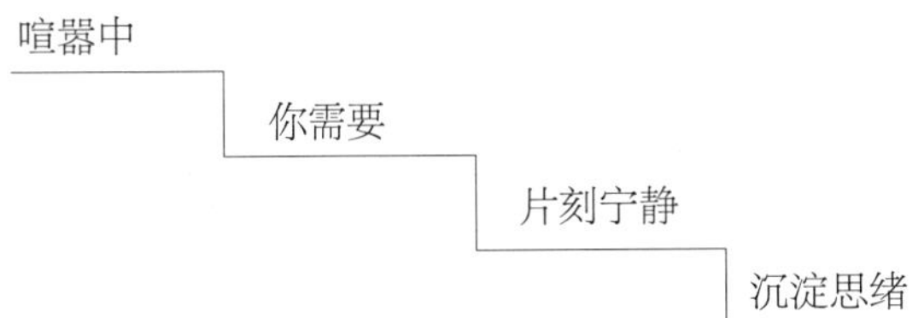

3. 波峰类

有声语言的发展趋势总体感觉是先扬起，后落下，犹如波浪的波峰一般。在波峰处，也常常是重音的所在。例如：

4. 波谷类

有声语言的发展趋势总体感觉是先俯冲，后扬起，犹如波浪的波谷一般。生活中，我们见识过飞行表演或者燕子低飞，回忆一下二者在做俯冲又扬起时，你是一种什么样的感觉？先是刺激？害怕？兴奋？而后觉得有趣、新奇？其实，这也是波谷类的声音表达给人的一种听感——好玩。例如：

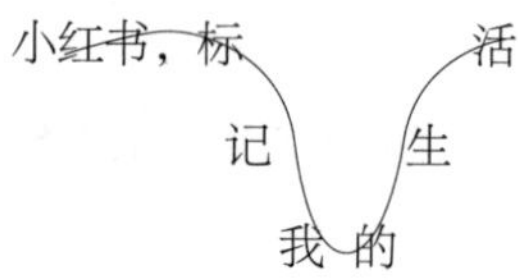

5. 曲折类

有声语言的发展趋势总体感觉是曲折前行，上下不定，如同连绵起伏的山脉一般。这种语势下的声音常常给人一种轻松、活泼、节奏感强的听感。例如：

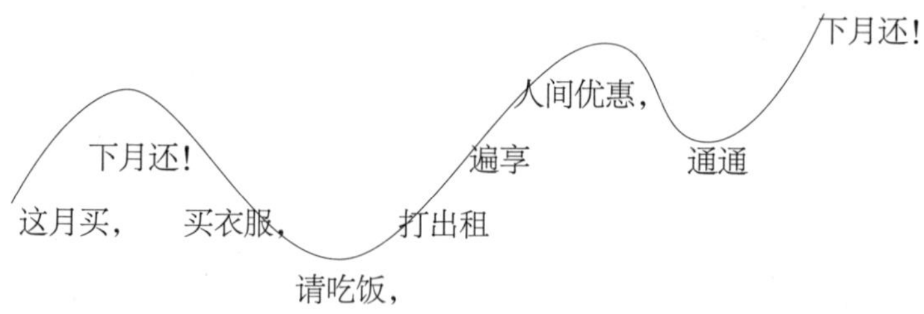

语势，是整个语流中的一个片断，可作静态的描写，却不能静态的表达，它必须回到语流中细细体会。五类广告配音艺术表达的语势具有波浪和曲折的形态，要灵活掌握，自然流畅。同时，由于广告的篇幅短小，因此语势要始终处于波涛汹涌的起伏状态中，在对比推进中前行。即使是深沉内敛的广告风格，也是暗流涌动、静水流深的。但需要提醒的是，语势不可故弄玄虚、阴阳怪气，总的原则是，不仅要符合有声语言表达美的规律，还要根据广告的创意、画面的展现、广告语的内涵等来确定最适合的语势。

第二节 话筒运用技巧

广告配音艺术的特征之一便是对技术的依赖。在创作时，话筒是配音员所依靠的拾音设备，对其有效的利用，可以达到事半功倍的效果。在不同的录音环境、广告情景和情感态度的作用下，声音所能表现出的音量的大小、气息的强弱、音调的高低、距离的远近、音色的明暗、声带闭合的虚实变化，都需要通过话筒来拾取。因此，了解话筒技术以及掌握如何使用话筒来为声音造型、语言表达服务，是配音员必须掌握的技巧之一。

一、话筒分类

话筒种类繁多，在这里，我们还是按照录音室对话筒最通用的分类法，把话筒分为动圈话筒和电容话筒。

（一）动圈话筒

由磁场中运动的导体产生电信号的话筒，由振膜带动线圈振动，从而使在磁场中的线圈生成感应电流。其特点是：结构牢固，性能稳定，经久耐用，价格较低；频率特性良好，50-15000Hz 频率范围内幅频特性曲线平坦；指向性好；无须直流工作电压，使用简便，噪声小。通常“卡拉OK”或非专业拾音的场合大多数用的都是动圈式话筒。

（二）电容话筒

这类话筒的振膜就是电容器的一个电极。当振膜振动，振膜和固定的后极板间的距离跟着变化，就产生了可变电容量，这个可变电容量和话筒本身所带的前置放大器一起产生了信号电压。其特点是：频率特性好，在音频范围内幅频特性曲线平坦，这一点优于动圈话筒；动态范围大；灵敏度高，噪声小，音色柔和、音质优美；输出信号电平比较大，失真小，瞬态响应性能好，这是动圈话筒所达不到的优点。但是，电容话筒工作特性不够稳定，低频段灵敏度随着使用时间的增加而下降，寿命较短，需要直流电源供电会造成使用不便。一般的专业录音棚使用的都是电容式话筒。

电容话筒中有前置放大器，当然就需要一个电源。由于体积关系，这个电源一般放在话筒之外。除了供给电容器振膜的极化电压外，也为前置放大器的电子管或晶体管提供必要的电压，我们称之为幻象电源。正是由于有了这个前置放大器，所以电容话筒相对要灵敏一些。使用时，不可缺少的一些附属设备有：防震架（常随话筒赠送）、防风罩、防喷罩、优质的话筒架。如果要进行超近距离的录音工作，防喷罩是不可少的。

二、话筒与声音的关系

（一）话筒的使用距离与方向

若想更好地将声音拾取，就要找到使用话筒的最佳方位——主要指不同的情绪变化和空间环境下嘴与话筒的最佳距离和最佳角度。一般情况下，当一位配音员面对一支单指向话筒时，话筒与声源（嘴）的最佳方位是：距离 20-30cm（即三拳左右），且正向面对。当然，在塑造某种特定声音形式的时候，配音员也会利用嘴与话筒的距离和方位灵活调整，帮助实现声音的明暗虚实变化，以适应广告整体风格的需要。但是切记一点，调整的前提是确保声音能够有效拾取。如果两人或多人共用一支话筒时，则更需要解和对准话筒的有效拾音区，否则拾音质量将受到很大的影响。同时，多人配合还要树立“抢话筒”和“让话筒”的意识，若两人共用一支双向话筒拾音时，可根据两人的声音特点和强弱，适当地分别调整两个人与话筒的距离，以求达到两人的声音和谐与音量平衡。

（二）话筒的指向性

话筒指向性，是话筒对来自空间各方向声音灵敏度模式的一种描述，是话筒的一个重要属性。配音时，选择话筒首先考虑的就应该是其指向性，其次才是话筒的其他属性。话筒可以分为全指向话筒和单一指向话筒。单一指向话筒通常有：心型指向、超心型指向与双指向话筒。

1. 全指向话筒

全指向话筒，是全方向性拾音。其范围是以话筒为中心的球形范围，拾音的质量只与声源距离有关，而与声源方向无关，因此在球形范围内接收来自不同角度的声音的灵敏度基本一致。通常用来收录整个环境的声音，缺点是容易接收四周的噪声。

2. 心型指向话筒

心型指向话筒拾音范围是单方向的，拾取话筒前方一个宽角度范围内的声音效果最佳，而来自话筒其他方向的声音则会衰减，话筒后面的声音则无法拾取。

3. 超心型指向话筒

超心型指向话筒，相比于心型指向话筒拾取前方较宽范围的声音而言，超心型指向抵消了更多来自麦克风侧面方向的声音，对侧向声音有较好的抑制性，也会降低很多回授音（主要为“啸叫”）的风险。正前方的拾音距离有所增加。

4. 双指向话筒

双指向话筒，又称 8 字指向话筒，它的拾音范围是来自话筒的正前方和正后方（0° 和 180°）的声音，对这两个位置灵敏度最高，拾音最强，抵消了大部分来自 90° 或 270° 侧面的声音，这两个位置灵敏度几乎为零，拾音最弱。这个制式是早期大多数的铝带式话筒的指向特性。双指向式话筒是很多立体声以及环绕立体声录音制式的组成元素。由于双指向式话筒侧面的灵敏度极低，在室内多轨录音中使用也能够有效减少来自附近其他声音的干扰。

（三）话筒辅助表达

话筒到底是什么?

孙悦斌先生曾在其《声音者》一书中提出一种观点：话筒是听众的耳朵。

那么，回忆一下在生活中，你是用什么样的距离、方位、角度、语气、表情来对着听者的耳朵讲话的呢？将这些自然的行为与状态运用到话筒的使用上，会得到更加真实、形象的声音。

1. 利用距离与方位角度

人类的耳朵是可以听声辨位的。即使闭上眼睛，依靠听觉也可以感知到发声体是在他（她）的前后左右、上下远近、屋里门外，甚至可以将发声体的距离、方位、角度辨别得非常具体。这是动物的一种本能，依靠听觉来预知周遭危险的来临。如果把话筒视作受众的耳朵，那么听声辨位中的“位”就应该是配音员所在的发声位置。利用这种与话筒配合的物理方法，配音员可以在声音形式中呈现出想要的特定的听觉感受。

例如：

十一大促，买家电上京东！

看到这样的广告语可以判定是一种“促销”，可以采用三种用声方式：大声喊叫、正常说话、窃窃私语。这就决定了，配音员与话筒之间的距离要有所区分，否则“耳朵”要么会刺耳、失爆（大声喊叫时离话筒过近）、要么无法听清楚（窃窃私语时离话筒过远）。按照生活中的交流习惯，配音员可以调整好与“耳朵”的距离。

大声喊叫——站在离话筒 15-20cm，甚至更远的地方，做出一个手臂朝向天花板的姿势，有力而快速地喊出。这种表现形式为了体现出一种急促感、紧迫感，用力量来强调机不可失。

正常说话——站在离话筒 7-12cm 的地方，用正常的音量说话。声音形式透露出一种善意的提醒，但依然是具有强调性质表达。

窃窃私语——“亲吻话筒”这是一个好莱坞配音演员的行业术语，尽可能地靠近话筒而不产生爆破音。这种声音形式是为了表达一种“悄悄话”的感觉，似乎是“我只告诉你”，造成一种故作玄虚的神秘之感，促使消费者行动。

不仅是“距离感”，配音时，声音通过话筒的拾取之后，会在听觉上产生“空间感”“方位感”“角度感”。这些都可以依靠配音员的嘴与话筒之间的方位、角度来调整。例如：画面上的声源是在下方位向上方位说话，那么配音员的嘴可以略低于话筒，同时微微仰头向上配音。这时，通过话筒的拾取之后，从耳机或者屏幕上听到的声音就和画面相一致了。那么，向下、向左或向右呢，同理可得。有一点值得注意，就是不论配音员在话筒前以什么角度发声，都要保证在拾音区内。

2. 利用外爆与内爆

外爆，是一种声音形式“外放”的释放表现。表达时，要求配音员的嘴离话筒保持一定距离，或者是7-12厘米的正常说话，或者是15-20厘米的大声喊叫。曾经的“大力丸式”的配音就是采用这种“外爆”的声音形式，其特征是外露、强劲、声足与释放，在气息的控制上只留少许余气托送或者毫无保留（广告语常是片段式的，甚至可以后期剪切，因此，这类外爆表现可以将气全部用于表达）。前文中，我们说要“抓两头、放中间”，但是这一类型的力量集中点不仅在腰腹和口腔上，有时还会用到喉部的力量，因此，在表达时多注意嗓子的保护。“外爆”的表达方式多集中使用在零售、推销、甩卖等激情型的广告。例如：“只要998，马上带回家”“您还在等什么，立刻拨打屏幕下方的联系电话，抢购吧”。

内爆，是一种声音形式“内敛”的抑制表现。表达时，要求离话筒的距离较近，甚至可以采用“亲吻话筒”的方式。除了与话筒之间的距离上较“外爆”更近之外，最大的区别在于“内爆”是一种克制、回收、压抑与内敛。这种声音的表现形式来自于好莱坞配音的形式，是欧美人宽厚的嗓音天然形式的一种共鸣。特别是电影的预告片会常常使用，一些深沉的广告片也会使用。其特点是降下一个八度，会使声音的表现更加细腻，而不像“外爆”把人逼向一个高度。现如今，这种声音表现形式在国内的广告配音中越来越开始流行，似乎越高档的商品也愿意使用这种表现方式。多集中在深沉、发自内心感受的广告片中。值得强调的一点是，内爆一样是“爆”，内爆不是一个“内心戏”，也是需要力量来表现的，但这种力量更注重腰腹，更注重上下的对抗。也就是说，下面在用力将气息往上顶，而上部就在开源节流、抑制回收。

（四）话筒前的肢体语言

声音中是存在“声音表情”与“声音动作”的，这些需要依靠配音员的表情与肢体语言配合话筒的使用来实现。

话筒前，利用“肢体语言”辅助声音造型常常是配音员所忽略的。特别是新手，会去找“嗓子”的位置，会僵在话筒前一动不敢动，使劲抻着脖子、瞪着眼睛……实际上这都是错误的，不仅使自己身心疲惫，更大的问题是造成“声音僵化”“表达凝滞”。当配音员把注意力越集中在声带、喉头的位置上时，其关注点已经不在脚本的要点上了，而是在干涩的眼睛、肿痛的声带、僵硬的颈背和手心中攥住的汗。而且，越是在意或保持某一声音的位置，就会使其更加疲惫。有时候，实在找不到一种语气或者表达时，可以借助“肢体语言”找到真实的感觉。来看以下建议：

1. 避免过度关注脚本

只有经验丰富的配音员才能够把目光从广告语脚本上移开，更多的“方向”则是让位给声音，确保其始终入麦。对大多数人来说，低头看脚本就相当于避开与受众的眼神、耳朵的接触。因此，配音员要掌握一种技巧，即在抬头看画面或人物嘴形，与低头看脚本这二者来回切换时，掌握好与话筒的距离、角度问题。

2. 声音动作

人类的听觉是可以辨别出“动作感”的。话筒前，如果配音员需要配合画面展现一些动作，可以运用适度的肢体语言来辅助。例如：

《凯迪拉克》

旁白（男声）：你眼里有戏，我引人入戏；
你挥洒风度，我拿捏角度；
你讨厌迷路，还好我眼观六路；
每一步都默契的，恰到好处。

落版（男声）：凯迪拉克 2020 新款 CT6，与你更合拍。

这则广告中，画面上代言人胡歌一个轻巧地侧身瞬间进入即将关闭的大厅电动门，而此时，配音员的声音说到“你挥洒风度”，在配这句话的时候，就可以运用与胡歌同样的侧身动作来完成，声音动作非常逼真。“我拿捏角度”这句话对应的画面是车灯的一个弧线，这时候，配音员可以在处理“角”字时，使头部在话筒前画一个“V”字。

另外，身体的动作也可以用来塑造一些性格或者语气的特征。当双手或者双臂被紧紧地交叉在身体前面时，声音听起来也像是被保护，或者被人紧紧地抱紧，或者在没有购买产品前的无助。而相反，双臂张开会给人一种拥抱产品所带来的曙光的感觉。无力的手臂或者下垂的肩膀会导致一种懒惰和无生机的声音，除非这些肢体语言是一种设计，期望最终的声音结果就是懒散的。例如：《脉动》广告配音中，开始的声音就是工作疲惫之感，当“脉动一下吧”之后，整个画面中的写字楼都春意盎然，自然地，声音的表达也要随之而改变。如果不是为了广告创意，就要放松手臂，让它们随着内心自由移动。双腿也是如此，会创造出不同的声音特质。双腿张开，双臂张开，其声音就越洪亮、越有力、越自信、越高亢。若将身体微微向后靠，额头上扬，会有一种骄傲的、轻视的态度等。

3. 声音表情

人类的听觉也是可以辨别出“声音表情”的。话筒前，配音员可以运用面部表情来完成。如果说肢体语言要“适度”“辅助”声音完成“声音动作”的话，那么面部表情就要“夸张”“完全”帮助声音完成“声音表情”。除非有一天，你成为老手，表情可以不动声色，但声音依然充满了表情。这种面部表情在表达语气与情感时可以辅助内心尽快获得感受。

例如上面《凯迪拉克》广告语“你挥洒风度”与“我拿捏角度”，怎样衔接二者？单看字面可以存在多种表达，这里可以通过画面的提示做出选择：胡歌的表演是嘴角右侧上扬，低头轻蔑一笑，可知，这句话必须有一种语气上的“比较”。因此，配音员也可以做出同样的表情，配合着从上向下俯视话筒的方位来实现“你”“我”的对比。再比如，前面的例子“十一大促，买家电上京东！”除了要与话筒保持一定距离，额头微微上扬外，还要双手握拳奋力挥向天空，与此同时，再“瞪大眼睛”做出声音表情，那种急促与强调会更加活灵活现。

如果想实现声音的表情化，就不要惧怕拥有一张“橡皮脸”。一语双关，两层含义：

一来，由于广告为了吸引大家注意，常常会是夸张、变形或者新奇的。在话筒前配音的时候，为了达到与广告中的演员“表演”一致的效果，有时候需要配音员的“面部狰狞”。这时候，嘴与脸部的肌肉可以适度的夸张，以达到最佳的配音效果。

二来，学会放下内心的自我保护，这就是工作、这就是创作，没有什么难为情的，为了达到最好的声音表达效果，就要做到在话筒前解放天性。对许多人来说，这很困难。也许，过往的一个话筒前表现时遭遇的尴尬时刻、一段被嘲笑的痛苦经历进入了配音员的记忆，阻挡他（她）自然展现情绪；也许，配音棚产生的外界压力会阻止配音员集中注意力；也许，配音员自己就不相信“这个人”真实存在，或者不相信“这件产品”会有如此功效……有些杂念阻止了配音员在话筒前的自然表现。对于一个依靠理智而不是本能的成年人来说，应释放大脑的控制，打开情感的闸门，由内而外地彻底释放自我，而不应束手束脚。

第五章 | 广告配音的创作依据

广告配音是“戴着镣铐跳舞”的二度创作，是建立在广告基础之上的再次创作，是在有限的空间内去创造无限想象的创作。从广告创意、销售主张、脚本文案到目标受众和客户需求，无一不是一副“镣铐”。而从另外一面来看，这些枷锁也正是配音创作重要的依据，显得那么具体、明确。对于配音员来说，如何更好地去认识、理解这些“镣铐”，并且能够将“镣铐”当空起舞呢？这就需要配音员对其创作依据所包含的内容加以研究、利用并融入创作中。掌握本章内容，你将会发现任何一种类型的广告配音都将不再是难题，而且语言表达的水平将会大幅度提升，所呈现出的声音形式会变得与众不同。所以，在这一章上需要多花点时间，思考、练习、录音与回听，反复训练，终会收获满满。

第一节 广告创意与声音个性

广告的创意其实是广告的灵魂，更是广告创作的第一步。可以说，广告创意决定了关于声音选择、配音表达的一切。

一、广告创意及原则

（一）何为广告创意

“广告创意是指通过独特的技术手法或巧妙的广告创作脚本，更突出体现产品特性和品牌内涵，并以此促进产品销售。广告创意包括垂直思考和水平思考。垂直思考用眼，想到的是和事物直接相关的物理特性。优秀的广告创意立即冲击消费者的感官，并引起强烈的情绪性反应，是降低购买阻力、促进消费行为的有效因素；而拙劣的创意，只会增加消费者的反感，导致消费者对商品的美感度下降，并最终导致消费者终止对该品牌的购买。”①

“广告创意”，从广义上来理解，它包含了贯穿广告活动始终的一切创造性思维，战略、形象、战术，以及媒体播放平台的选择等，只要是“新”创造都可以视为一种创意。若狭义地理解“广告创意”，就是体现在广告叙事中的一种创造性思维。简单地说，就是通过新奇而大胆的表现手法来制造与众不同的、引人关注的视听效果，期待最大限度地引起消费者的兴趣，以此来迎合、引导或激发消费者的购买心理，并使其付出购买的行为，达到品牌传播与产品营销的目的。

广告创意的内涵可以概括为：

它是人类的一种创造性的思维活动，这也是其本质特征。

它是广告策略的一种外化表达，其目的是创作出有效的、吸引受众注意力的广告。

它应以产品所对应的目标消费者心理为基础，否则将会产生无效创意。

它是使广大受众及目标消费群体了解本产品的有效途径。

它是应具备某种内涵暗示的作用，使广大消费者通过广告产生购买行动。

然而，广告创意不是一种天马行空的想象，其方向来自于“广告定位”，它是广告创意的前提。定位必然先于创意，创意实质是定位的表现。如果说广告定位所要解决的是“做什么”的问题，那么广告创意所针对的就是“如何去做”，只有先明确做什么，才可能设计好如何去做的形式。由此可见，广告定位是广告创意活动开始的前提条件。

---

①罗子明：《消费者心理学》（第2版），清华大学出版社，2002，第238页。

（二）广告创意原则

广告创意需要的是一种创造性思维，它是指人们在思维过程中能够不断提出新问题，并提出解决问题新方式的独特思维。可以说，凡是能想出新点子、发现新路子的思维都属于创造性思维。为了获得这种思维，常需把握以下原则：

1. 新奇性原则

新奇性是广告吸引人的奥秘所在，有了新奇才能使广告奇峰突起，引人入胜。创意时必须把“新奇性”放在首位，毕竟广告的特征就是新、奇、特。在广告创意和制作的过程中，首先应该避免工作惯性与惰性所形成的思维定势，否则，“平淡无奇”将会弱化广告的传播效果。其实，广告创意的这一点也是影响广告配音最大的因素，在下一节中将详述。

2. 冲击性原则

在令人眼花缭乱的广告中，想迅速吸引人们的注意，可以利用强烈的视觉冲击，更可以是听觉的呼唤，这些都会给消费者留下深刻的印象。冲击性原则与新奇性原则的一点区别就是，新奇的一定是具有冲击性的，但是富有冲击性的广告不一定是新奇的。这一点体现在配音上的表现是，某些大力丸的广告配音虽有听觉的冲击性，却没有新奇性，可能会引起消费者的注意，但是对于那些对广告已经见怪不怪的“老兵”来说，将无动于衷，而此时更需要新奇的召唤。

3. 内蕴性原则

“新奇”与“冲击”，常常是就广告的表现形式而言，形式确实能引起消费者的第一次注意力，但是若想打动人心、促成消费，甚至使“第一次”变成“下一次”——成为忠诚的消费者，秘诀永远是内容。这就如同鲁迅先生曾经对比过挂历上的美女与《拾穗者》中的农妇，第一眼固然是浓妆艳抹的摩登女郎更吸引人，但细细品味，后者会更让人懂得“夕拾”的意义。醒目、独特，甚至奇特的表现形式必须以蕴含着耐人深思的内容为依据，才会具有使人想要看过还想再看、听过仍想细听的魔力。创意绝不能只停留在表层，为了创意而创意，更要有效地挖掘出人们内心深处消费渴望的情感依据。

4. 渗透性原则

寻找到内蕴的情感依据，也是成为配音员声音个性表达的源泉。感人心者莫先乎于情。人类最美好、最善良的一种感觉就是被感动，当目标受众情感发生变化后必定会引起其态度的转变，加大付出购买行动的可能性。富有创意的广告往往把“以情动人”作为追求的目标之一，引发消费者强烈的心理共鸣。若想使人心感动产生共鸣，强推从来都不是一种好的广告策略，而“润物细无声”的渗透往往会带来意外的效果。

5. 简单性原则

正所谓“大道至简”。信息在传递的过程中，形式越多，被误读的可能性就越大。广告通常篇幅较短，在如此短暂的传播时间内，简练似乎是展现销售目的最为便捷的手段。现如今，人们的审美也在变化，国际流行的创意风格也随之变得越来越简单、明快。但需要注意的是，这不代表无需构思得直白露骨、粗制滥造。特别是受这种创意影响下的广告及其配音，常常会陷入一种信息简单的重复之中，一句话说三遍，唠叨、没完没了，使人厌烦。其实，这种简单应该是一种情理之中、意料之外，是言有尽而意无穷，是对生活的深刻领悟。

总而言之，具备视听冲击、深邃内容、感动人心、平中见奇、简单明了的广告创意，才能在唤起广告艺术性的同时，兼具超乎寻常的传播效果。细细品来，以上对广告创意的要求，何尝不是广告配音个性化表达所应该追求的目标呢?

二、声音个性的实现路径

策划人黄泰元先生曾提出“创意五因子”[①]理论，即创意要有创益、创异、创议、创艺、创忆。

---

①黄泰元：促销活动的“创意五因子”[EB/OL]. http://www.chinavalue.net/Management/Blog/2007-5-31/1656021.aspx,2007-05-31.

“创益”广告创意为了能让消费者觉得有意义，必须能够充分了解商品的综合效益性。换言之，就是要在广告中传播产品或服务带给他们的“实质利益点”。

“创异”是体现差异化上，广告创意要让消费者了解商品的独特利益，了解商品的利益点与其他同类产品的优势和差异所在。换句话说，就是要在广告中传播产品或服务带给消费者的“独特点”。

“创议”是力争使广告促销活动成为舆论的焦点。

“创艺”就是要表现手法的艺术化。

“创忆”则是使品牌能够持续在消费者中产生影响。

这五个“创”也同样适用于广告配音的声音个性塑造。那么，如何将广告创意转化成有声语言表达，同时创造出个性化的声音呢？我们可以通过以下两种途径来得以实现。

（一）熟悉的陌生人

广告配音的个性化表达离不开声音“陌生化”的处理，它会给受众带来一种“冲突”、一种“新奇”、一种“刺激”，同样也可以带来一种独特的审美体验。但是，这个声音的“陌生人”应是“熟悉的陌生人”。正如茅盾先生曾说：“这种人物，他是生活中实在有的一位，面熟得很，我们的熟人们中间就有他的影子，都有一点像他，但并不是就是他。这大概就是所谓的最熟悉的陌生人吧。”“熟悉”在于，这样的配音表达并没有脱离有声语言艺术创作的规律，是大众所再熟悉不过的、贴近生活化的一种言语表达。“陌生”在于，在这种大众化表达的同时，可以依据广告创意所带来的灵感，对广告语进行个性化地创作，将其变形、加工等，以吸引人们的注意。

将“熟悉的陌生人”这一创作理念运用到广告配音的实际操作中，可以从两个方面来理解：一来，这种陌生化需要建立在广告创意的基础之上，将创意转化为有声语言表达，是创意的一种实现途径；二来，这种陌生化还需要建立在听觉习惯与生活表达的基础之上，是一种熟悉的陌生。

体现在声音形式上，例如，声音性别的选择、音色的选择、声音质感的选择等，都可以体现一种创意与个性；体现在表达方式上，也可以做到这种既熟悉、又陌生的感觉。例如《涨芝士酸奶》广告配音中，“涨芝士”如果用通常的轻重格式来说，其中的“芝士”应该是中重格式，但是在实际的配音创作过程中变成重轻格式，这样就会出现“知识”的听觉错位，使人联想到“长知识”的概念。

如果广告配音的表达，只“熟悉”而不“陌生”，对于消费者来说就如同长大后家人的唠叨，虽然点头称是，但依旧我行我素而不听劝告，更何况是外人的推销呢？若是配音只“陌生”而不“熟悉”，会阻碍广告与消费者之间产生共鸣，曲高和寡，使受众理解不了，成为创作者的“自嗨”“窃喜”。所以，“熟悉的陌生人”是个性和共性的辩证统一。

（二）5W 自问法

如果广告本身缺乏创意，又该以怎样的路径将声音个性化表达呢？此刻，可以尝试通过“5W 自问法”来实现。配音员在开始话筒前的创作之前，可以在心中向自己提出如下问题：

我是谁？

我在哪里？

我正在做什么？

我为什么会在这里做这件事？

行为在何时发生？

围绕广告，每一个问题回答得越具体、越个性化，塑造的声音形象将会越富有创意。这些元素有助于配音员创造一个真实丰满的人物和与众不同的消费体验。将 5 个问题的答案融入声音中，真听、真看、真感受，便是实现创意表达的最佳路径。

1. 我是谁？

角色感对于任何一个职业人来说都很重要，配音员每当接到一个广告配音的脚本，都需要在话筒前去决定“我是谁”。此处的“身份”当然不只是指其“配音员”的身份，而是由“谁”来诉说广告信息的声音的身份。

“谁”是一种配音员与消费者之间建立的关系，即在广告配音的语境之下，配音员的声音是由“谁”发出的。这个声音的发出者可以和潜在的目标受众之间是亲子、恋人、朋友、邻居关系，也可以是同事、医患等关系。脚本的文字中会有线索来帮助配音员定位自己是谁，这会影响其声音的改变。身份的自我定位同样会影响配音员与话筒之间的距离、角度关系和副语言动作的配合等。

当给“谁”加入越多的前置定语时，会发现这种身份会更加具体，而声音将变得更为个性化。例如，“谁”可能是一位自信满满的成功企业家、可以是一个用汗水默默付出的上班族，可以是一个热心帮忙的邻居大姐……这时，每个诉说广告信息的人物的语言中就会存在不同方式的口语表达和声音形式。

还可以将更多的形容词加入身份之前，例如害羞的、不安的、脆弱的、勇敢的、体贴的、傲慢的、坦诚的。

即使同一个“谁”的角色，为音频设计的声音与支持视觉图像的声音之间也存在差异。广播中的声音表现要比电视和网络等视频广告中的更具表现力，而电视和网络广告中的声音表达必须支持画面，而不是把注意力集中在声音的创意上。

广告语、画面、音乐和音效也为“我是谁”提供了线索。广告语的修辞、行文风格，画面所处的环境、演员的形象，音乐的节奏、音效的气氛等都可以反映出“谁”的个性。如音乐的节奏越快，则“谁”的声音越动感、活泼而明亮。

当然，有时广告公司或客户会提供一些“我是谁”的线索。例如：男性，40 岁左右，声音浑厚、深沉、可信、权威，可能带有一些地方口音，听起来不像配音员那么标准。

决定了“我是谁”，便决定了配音员将以怎样的姿态站立在话筒前思考、呼吸，以及声音塑造等。

2. 我在哪里?

“在哪里”可以通过“情景再现”的技巧，将自己置身于环境之中。配音员必须突破“在录音棚里”的藩篱，为自己设定一个关于广告的真实情境，这同样有助于创造出个性的表达。“在哪里”将会影响配音员诉说广告语的态度、音量、速度和表达等。例如：广告语“哈尔滨啤酒，一起哈啤”的配音表达，同一句话会因为“在哪里”的不同而形式各异。

在户外，声音自然会音量更强一点，音高更高一点，离话筒的距离更远一点，发音的位置更靠后一点，软腭抬起得更高一点，实声较虚声更多一点，等等。这只是共性，声音还要随着广告明示或暗示的“在哪里”做更加具体的调整。例如：在世界杯的看台上，在泳池轰趴的现场，在野营烧烤的烤架旁，在车水马龙的十字路口，在街舞 battle（斗舞）的广场，在夜晚的大排档……

在室内，声音自然会音量更小一点，音高更低一点，离话筒的距离更近一点，发音的位置更靠前一点，软腭抬起得低一点，虚声较实声更多一点，等等。这也只是共性，广告还会出现更具体的场景。例如：在客厅里观看世界杯，在电竞的比赛现场，亲朋好友聚餐的包间，加班一族的深夜食堂……

以上的每一个场景都会是一种独特的声音表达。不仅如此，站在高处呢？需要往下方大声喊出“一起哈啤”；在低处呢？需要往上方高声喊出“一起哈啤”，等等。那就需要结合与话筒的方位利用，塑造声音的空间感了。

“在哪里”使用产品的场景会存在很多种，要根据广告画面或故事给定的场景选择一个场景，并用与之相匹配的声音去表达。如果广告语中没有给出明确的场景设定或者暗示，客户又没有了主张，不妨根据使用产品频率最高的那个环境选择一个声音，也许会引起消费者的共鸣。

3. 我正在做什么?

确定了“我是谁”“在哪里”之后，配音员需要决定自己（指旁白或广告中人物）“正在做什么”。仅仅因为场景设置在了写字楼，并不一定意味着就只剩下枯燥无味的工作、做不完的工作表，还有可能会出现有趣的、爱情的故事。例如："绿箭"口香糖的一则广告，画面描写的是办公室里的文秘女生暗恋同一办公室的男生，贾玲扮演的"天使"突然出现在女生的旁边，她要"做什么"呢？画面进行到此处，cut（暂停）。接下来给各位读者一个想象的空间：如果你是贾玲，你会做什么？

选择 1：跑到男生的旁边，在耳边大声地告诉他，那个女孩喜欢他……

选择 2：跑到女生的旁边，在耳边大声地告诉她，勇敢地追求那个男生……

选择 3：跑到男生的旁边，在耳边小声地告诉他，不要错过那个女孩……

选择 4：跑到女生的旁边，在耳边小声地告诉她，那个男生心里也在暗恋着你……

其实，生活中还可以有很多种关于"我"（贾玲）接下来想要"做什么"的可能，或直白，或含蓄。我们看看广告接下来的一幕：贾玲扮演的"天使"根本不在乎"在哪里"，是不是安静的办公室，直接大声（请注意，不是小声，没有一丝含蓄）在一旁"煽风点火"一般的助力，如同篮球场上的啦啦队队长一样手舞足蹈，整个场景充满了幽默的色彩。最后在"我"（贾玲）的一句"嘭"的口型及声音的夸张表达之下，出现旁白（男声）：别等贾玲替你出手！其实这句落版的男声的语气一定要延续贾玲之前"在做什么"的体验，是另一个"我"的声音展现。

你身处在任何一个给定的场景下，都有可能会出现 N 种不同的表达方式，选择的依据当然还是广告的设定。比如一个运动员在体育场上，那么"做什么"要看给定的画面。如果没有，仅存在广告语，而广告语又没有明确说明，这时候配音员就可以发挥主观的创造力了。"我是一名运动员""在户外体育场"是在慢跑？接受媒体采访？躲避某人？还是和朋友聊天？创造性的选择结果会带来更多的个性的表达，因为更有趣、独特的特性会带来脱颖而出的有趣现实的结果。如果实在无法抉择，还是老规矩，想一下正在配音的产品在该场景下最常用来干吗？

所以深入挖掘，找出角色正在做什么的线索，然后将细节表演出来，这叫作“行动表演”。如果所配角色正在点一份肯德基套餐，仅仅用适当的礼貌方式说话是不够的，这样的配音毫无个性可言。想象自己是在“行动”中完成所有的言语行为。站着（而不是配音时的坐姿），是否在排了很长的队之后，好不容易走到队首点餐，并且（当广告语中的价格出现时）低头看着并点指柜台上的菜单？还是抬起手去指向服务员身后头顶上的菜单？会不会仍在四处摸索钱包或者找一些零钱？当选择了具体的“行动”时，注意声音表达的变化。

“我正在做什么”是展示创造力和想象力的一种方式。

4. 行为何时发生?

了解“何时”行动发生，会给声音的表达增加另一种真实感与创造力。人们一整天的行为都在变化着。有些人醒来时会脾气暴躁，而另一些人则开心地跳下床拥抱阳光，有些人可能在工作日开始时比结束时更有活力，另一些人则惧怕“星期一”，而到了“星期五”更有动力。也就是说，一年中的季节、气候，一天中的不同时间及不同的遭遇都会给配音员的表达增加另一个维度，例如：

“一路相随，始终相伴，FM91.8”（台声广告）

试着用不同季节的选择来为这句频率宣传广告配音，春天、夏天、秋天和冬天。

试着用不同气候的选择来为这句频率宣传广告配音，温暖、炎热、凉爽和寒冷。

试着用不同天气的选择来为这句频率宣传广告配音，春光明媚、烈日当空、秋风瑟瑟、大雪封路。

试着用不同境况的选择来为这句频率宣传广告配音：堵车、畅通、违章、事故。

试着用不同心情的选择来为这句频率宣传广告配音，在“我”深陷焦虑时、在“我”需要帮助时、在“我”遭受痛苦时、在“我”路怒时。

再试着，用一天中不同时间的选择去为它配音，清晨、早高峰、上午、中午、下午、晚高峰、夜晚、午夜。可以选择一个形容词放在时间名词的前面，例如，繁忙的早高峰、万籁俱寂的午夜等，体会情感的改变，体会声音的改变。

难道就这样结束了？

不，再试着混合搭配一天中的时间、季节、境况、心情等选择，又会产生不同的组合效果。

5. 为什么我会在那儿？

配音时，如果表达没有目的性，声音听起来将会是空洞的。虽然声音的形式可能是充满力量的、是华丽多彩的，但都无法成为优质的配音。毫无疑问，在媒体播出平台上，我们常会听到这样的不专业的广告配音，或者称为“不实用”更加准确。特别是在越小的地方性媒体上，这种声音越是多见。

广告配音的声音除了形式之外，更要在意其声音中蕴藏的意图。那就是“说服”与“销售”，说服消费者购买产品才是最终的目的。如果是公益广告，“引导”社会成员规范自身行为，引起文化、情感的“共鸣”是最终目的。记住，这不是配音员的舞台，“产品”或者“社会思想”才是主角。这一点，前文中已做阐述，不再赘言。“为什么”将要解决的就是声音的目的性。如果，配音员知道自己为什么要说出广告语中的内容，就不会用假、大、空的声音强加于人。

记住，当掌握了“5W 自问法”，结合“熟悉的陌生人”的艺术理念，声音个性将会跃然于话筒前，而此时，声音表达是否有创意最终就只受配音员想象力的限制了。因此，尽可能地去发挥自身的想象力吧，在广告的有限空间内，去创造无限的声音表达的可能。

第二节 销售策略与声音意图

商业广告配音的意图中一定带着传播目的——销售。而采取怎样的声音表现形式就要依照商品所采取的销售方式、心理策略来调整。是直白赤裸地叫卖呢？还是将这种销售的功利性隐藏呢？是以理服人地客观讲述呢？还是以情动人地倾情推介呢？无论选择哪一种，都需要用声音表达将意图呈现给消费者。

一、销售方式与声音形式

（一）过度营销与直白叫卖

“过度营销即是在信息传播过程中对消费者刺激过度，产生心理疲劳，最终导致消费者记忆缺失与资源浪费。在现实生活中，会出现有人走极端的现象。在广告业的发展中，尤其是在广告营销中，也有这种现象。这种现象的本质就是把握不好度。一种现象是对广告的投入不足；另一种现象是投入过大。”①

正是由于这种“过度”的营销理念，对于广告配音的影响是极大的。相对于“直白”“外露”的叫卖而言，这一类广告的配音部分还会表现出一种“重复”“聒噪”“强势介入”等特点。

这种配音的出现，在广告的创意和文字脚本创作时，便轻视了广告营销，更忽略了受众的感受。行文至此，持有这种“过度营销”理念的广告人也许会提出反对意见。他们常常认为，在广告如此短的创作空间内，又要让观众或者听众能够记住广告配音中的“这一句话”，当然是“大声”“重复”“强硬”更为直接、省力，但别忘记，这一种语言传播的方式也是一种“强势”和“粗暴”。如同生活中，母亲总是提醒孩子要穿秋裤，一遍遍地重复，语气逐渐开始强烈，最终甚至叫嚷，可子女却无动于衷。更为强势的父母会直接拿起秋裤给孩子穿上，但请注意，此时是“孩子”，当这个孩子成长为一个拥有独立意志的成年人时，他或她仍然会选择抗拒。有时，父母若换一种表达方式，也许会收到不一样的效果。若是以广告配音创作时间短为理由也是立不住脚的，曾经有一句广告语“飞亚达为您报时”，只有5

①丁俊杰：《过度营销》，《大市场》（广告导报），2004年9月。

秒而要说7个字，还要有节奏，该广告的配音员冯雪锐先生同样为其倾心注入了自己的独特表达，成为配音史上的经典之作。

在广告界有一个非常著名的理论，“广告一半被浪费掉，但不知是哪一半浪费掉了。”这个理论流传了多年，也为企业的过度营销找到了理论依据。但仔细琢磨这句话，它包含着陷阱而不容易被察觉。过度营销不会带来积极的市场反应，相反，只会有消极的。从长久来看，这样的营销是不利于产品的发展和企业壮大的。业内还有句话：一个好广告可以加快一个好产品、好企业的成长，相应地，一个烂广告也可加速一个不好的产品和不良企业的灭亡速度。“采取过度营销的企业能够在短期内保持无与伦比的辉煌，但营销实践证明，这种方式的延续会导致消费者产生记忆缺失，忽视产品信息，甚至忘记品牌承诺。虽然经由停滞广告再投播能够迅速引起重新记忆，但是品牌的内涵却再难以吸引消费者的兴趣。于是在无尽辉煌之后必然带来深深失落。”①

（二）隐藏销售与亲切婉转

“隐藏销售”的意思是：配音员要将个人的生活经历、感受和观点带入到广告的话语中。这需要一定程度的声音表演能力。

随着中国广告事业的不断发展，广告开始注重创意，也开始了“隐藏销售”。例如《南方黑芝麻糊》的广告：

旁白（男声）：小时候，一听到芝麻糊的叫卖声，我就再也坐不住了……

一股浓香，一缕温暖。

饿了，南方黑芝麻糊。

从一个中年男人的声音中可以听出对儿时美味的回忆。通篇广告语中，没有任何自夸、推销的痕迹，但是各种要素一应俱全。特别是到了结尾“饿了”时，也没有“推销”——就吃南方黑芝麻糊，而是用声音技巧表达出了隐藏的含义：饿了？那就来一碗南方黑芝麻糊，而且不仅浓香，还能感

①丁俊杰：《过度营销》，《大市场》（广告导报），2004年9月。

受到一缕温暖与亲情。

正所谓“老吾老以及人之老，幼吾幼以及人之幼”，推己及人，配音员对自己的内心情感需要越是了解，也就会对受众的消费主张越了解，就会将声音表现得越出色。这也是为什么配音演员经常被告知，说什么词并不重要，怎么说远比说了什么更重要！配音就是一种表演的方式，展现出你是谁和你的感觉是什么。这是一种需要“展示”的工作，是一场声音的“秀”。

例如：

《爱慕先生》

旁白（女童声）：爸爸一点儿都不可爱，但是，爸爸又很可爱。

旁白（男童声）：爸爸很粗心，其实，爸爸又很细心。

旁白（少女声）：爸爸很吵，其实，爸爸也很安静。

旁白（年轻女声）：爸爸很土，其实，爸爸也很有型。

旁白（年轻男声）：爸爸什么都舍不得，但是爸爸又什么都舍得。

旁白（中年女声）：爸爸老了，其实，爸爸一点儿也没老。

旁白（中年男声）：爸爸是那个超越自己局限去爱你的人，爸爸是你的超人。

父亲节，送给你的超人爸爸一件好内衣。

上面的这则广告也同样隐藏了销售的意图，通篇表现的是真实的情感，没有一丝使人反感之处，甚至引起了每一个观众对于父亲印象情感的共鸣，只有到了末尾一句才表露了销售目的，恰到好处。

过度营销与隐藏销售，两种销售方式下的声音表达并没有高低之分，只有看哪一种配音方式是客户所需要的。例如，在市场卖白菜的客户可能就是喜欢直白叫卖。简单、直接、易懂，重复不断地整天过度营销；而在百货大楼中销售奢侈品的客户可能就偏爱隐藏销售。其实，使用哪一种声音形式，要看是否与产品本身的定位和谐，与之相关的则是市场定位与目标消费者的品位，投其所好。还是以卖白菜为例，在菜市场销售，通常使用的是直白叫卖。当菜积压而卖不出去时，可以采取过度营销的方式；而如果定义为高端的有机蔬菜，也可以采用隐藏销售的方式，即“我们卖的不是菜，而是健康”，配音的风格也随之发生改变。

二、心理策略

销售的心理策略的实质就是说服策略，说服本质上是一种沟通方式，是通过有效的信息诉求改变消费者头脑中已形成的某种认知，促使形成新的认知并由此改变人们的行为。说服策略旨在通过广告活动让消费者对广告产品以及品牌产生良好态度，进而说服去购买广告传播的产品或服务。通常存在“以理服人”与“以情动人”两种策略。

（一）以理服人

先来看一段改变了人们饮水习惯的“纯净水”的广告：

旁白（男声）：为了您可以喝到更纯净的水，乐百氏不厌其烦。每一滴都经过严格净化，足足二十七层，您会喝得更放心！

落版（男声）：乐百氏纯净水，真正纯净，品质保证。

如果，这样的声音无法打动理性的消费者，那么，在表达之前，先为您附上这样一段文字呢？

第一层石英粗型砂过滤悬浮杂质

第二层石英粗型砂过滤泥沙杂质

第三层石英粗型砂过滤铁锈杂质

第四层石英粗型砂过滤胶体杂质

第五层石英粗型砂过滤有机物杂质

第六层石英中型砂过滤悬浮杂质

第七层石英中型砂过滤泥沙杂质

第八层石英中型砂过滤铁锈杂质

第九层石英中型砂过滤胶体杂质

第十层石英中型砂过滤有机物杂质

第十一层石英细型砂过滤悬浮杂质

第十二层石英细型砂过滤泥沙杂质

第十三层石英细型砂过滤铁锈杂质

第十四层石英细型砂过滤胶体杂质

第十五层石英细型砂过滤有机物杂质

第十六层活性炭过滤去除颜色

第十七层活性炭过滤去除余氯

第十八层活性炭过滤去除气味

第十九层保安过滤器滤除颗粒杂质

第二十层反渗透膜过滤热源

第二十一层反渗透膜过滤细菌

第二十二层反渗透膜过滤病毒

第二十三是反渗透膜过滤残留病毒

第二十四层反渗透膜过滤重金属离子

第二十五层反渗透膜过滤钙、镁、锰等离子

第二十六层终端过滤杂离子 0.2um

第二十七层紫外线杀菌

纵使一个极度理性的消费者，当看到这些流程时，再听到“每一滴都经过严格净化，足足 27 层，您会喝得更放心”，难道还会不动心吗？

消费者的心理组成结构中有认知成分，不同的消费者的认识能力是不同的。因此，在使用“以理服人”这一策略之前，应当选择好是采用单向式呈递信息的方式，还是双向式呈递策略。

针对判断力较差、知识面狭窄、选择依赖性较强的消费者，采用单向式呈递信息的方式较适宜。这个层次的消费者喜欢听信别人，自信心较差。所以针对这些特点，广告应明确指出商品的优势，会给使用者带来什么样的好处，直接劝告消费者应该购买此商品，这样的策略方式效果明显。

针对知识水平较高，理解判断能力较强的消费者，采用双向式呈递策略较好。该策略是把商品的优劣两方面都告诉消费者，通过摆事实、讲道理，让消费者感到广告的客观公正，结论由自己推出。因为这一层面的消费者普遍是对自己的判断能力非常自信的，不喜欢别人替自己做判断。如果广告及广告中的声音武断地左右他们的态度，会适得其反而引起他们的逆反心理，拒绝接受广告的信息内容。

（二）以情动人

上文中，“乐百氏纯净水”的广告中其实不仅只有“理”，细细分析，也有“情”——“乐百氏不厌其烦”“为了您可以喝到更纯净的水”都是“以情动人”的体现。

在消费者态度的三种成分中，感情成分在态度的改变上起主要的作用。这一类商业广告会披上“公益广告”似的外衣。

消费者购买某一产品，往往并不一定都是从认识上先了解它的功能特性，而是先从感情上对它有好感，看着它顺眼，才有愉快的消费体验。因而广告如果能从消费者的感情入手，往往能取得意想不到的效果。

用一个动人的故事，让更多的普通消费者能够从中看到自己的影子。例如“红星二锅头”最新系列的广告：

《红星二锅头》（张涵予篇）

旁白（男声）：7年配角，25年配音，坚守一颗执着的心，梦想终会吹响人生的集结号。红星二锅头，敬不甘平凡的我们，每个人心中都有一颗红星。

《红星二锅头》（张丰毅篇）

旁白（男声）：台上，铁骨豪情，台下，千锤百炼，始终保持坚定的心，指引梦想永不落幕。红星二锅头，敬不甘平凡的我们，每个人心中都有一颗红星。

如果说，以上二位都是明星，那么下面这则二锅头的广告是不是更能打动一位普通人的心呢？

《红星二锅头》（刘磊磊篇）

旁白（男声）：我叫刘磊磊，一名永远都拿不到奖牌的中国女子柔道队陪练，16岁进入国家队，因为起步晚，我的训练时间是别人的两倍。我渴望夺冠，我渴望有一天能站在领奖台上看着五星红旗冉冉升起，曾无数次地想象过，自己站在领奖台上的情景，想象过为国争光的荣耀时刻。刘磊磊你就注定只能成为被人摔打的陪练吗？当沉甸甸的奖牌挂上我的脖子，我深感惭愧。我刘磊磊，我要把她们全都送上冠军奖台。16岁的初心未曾改变，只为心中那颗红星。敬不甘平凡的我们，每个人心中都有一颗红星。

这是“红星二锅头”系列产品的新风格，也是二锅头为自己注入更有温度感和亲和力的思维体现。在广告有限的时空中以理服人的呈递信息——“纯粮食酿造”固然显得公正客观，但以情动人的方式——“敬不平凡的我们”，更容易感染消费者，打动人心。

三、声音意图的转换

声音中需要有情感、有态度，同时还要有意图。意图在心理学中的含义是“引起行为的动机之一，表现出对生存和发展条件的需要，这种需要若不经过个体专门组织的活动就不能得到满足，这类动机能够在很长的时间里维持个人活动的积极性。”①声音意图，就是指配音员希望通过声音形式的表达来引起消费者某种行为。如果一则广告仅仅呈现了情感、态度，但没有意图——引起目标受众的消费行为（或使社会成员遵守某种道德行为等），所有的情感、态度就等同于无的放矢地浪费。

任何广告被创意并制作出来都不是无目的性的，而是与生俱来带有一种“意图”。配音员应该在配音前找到并把握住广告内在的某一“意图”，通过有声语言将广告所要传递给消费者的意图或直白或隐藏地表现出来。

为了更清晰明了，配音员可以用一个词来定义声音意图。例如：警告、诱惑、安抚、号召、乞求、挑战、命令、说服、讽刺、批评、赞叹、奉承、刺激、幽默、激励、激怒、允诺、售卖、满足等。

当内心泛起某个“意图”时，在相应词前加上“我想要……”，同时

---

①时蓉华：《社会心理学辞典》，四川人民出版社，1988，第169页。

加入相应的语气，且改变自己的声音位置。这样，在配音表达的时候，声音中就加入了某种特定的行动。

声音意图的最终的目的自然是引起消费者的购买，但在广告言语说服过程中，声音意图是可以转换的。一个想要新玩具的孩子可能会使用言语奉承母亲说，“我爱你，你是世界上最好的妈妈”。当母亲回答说，“我不能给你买那个玩具”时，孩子必须做出转变——“如果你给我买那个玩具，我会打扫一个星期的房间！”如果母亲的回答仍然是“不”，那么孩子必须决定是接受挫败，还是选择其他意图。这一次孩子选择的决定可能是“羞辱”——“你从来都不会给我买任何玩具。”如果母亲仍然拒绝购买，孩子可能采取更激烈的手段。也许孩子决定扑倒在地板上发脾气，希望能以此迫使母亲买下玩具。如果这个意图仍然不起作用，孩子可能会哭，把地板踢得更响……总之，配音员就如同想要得到玩具的孩子，应选择一种最适合所配广告销售策略的声音形式去表达一种意图。

第三节 脚本文案与声音要点

“脚本”一词，自古有之，即表演戏剧、曲艺、摄制电影等所依据的本子。广告脚本，即广告文案或广告剧本，是广告创意的文字表达，是体现广告主题、塑造广告形象、传播信息内容的语言文字说明，是广告创意（构思）的具体体现，也是录制或摄制音视频广告的基础和蓝图。广告配音员手中的脚本通常包含广告语和对声音感觉的提示。广告配音的创作就是对文字脚本的再度创作，将文字语言转化为有声语言的过程。

因此，对音视频广告的脚本进行有效分析，是广告配音创作的基础，对于脚本的理解越与众不同、具体透彻，就越能够创造出独特的声音表现形式。特别是视频广告的脚本，由于需要运用画面的蒙太奇思维，用镜头来进行构思，所以必须注意与镜头表现的相互配合来进行撰写，颇似电影文学剧本。配音时就要求广告配音员除了注意文字语言，还要顾及画面，达到画面与声音的和谐统一、相得益彰。

那么，如何将广告脚本上的文字语言转化为具有个性的有声语言呢？

一、结构与模式

有声语言表达可以分为两种形式：一种是将内心所想转化为口中所说的由里而外的口语表达，这种有声语言表达形式通常是在一种“无稿”状态之下完成的。另一种是将文字语言转化为有声语言的表达。显然，广告配音属于后者，是以广告脚本为依据进行音声化的再创作。要把文字语言转化为有销售目的、有创作思想、有品牌情感、有目标受众的有声语言，可以先从其骨架——结构与模式谈起。

（一）脚本结构

现代商业广告遵循着特定的公式化模式。认识和理解脚本的暗含结构，有助于配音员更有效地找到声音表达的依据。如同旧时作文惯用的行文方法及文章写作手法——起承转合。元代范德玑的《诗格》中这样描述：“作诗有四法：起要平直，承要舂容，转要变化，合要渊永。”明确了每个结构对整体作品而言所起到的作用，便会找到情感、语气的转换。

通常来说，广告脚本中三个主要结构要素是：设置问题、主体解决和决定购买。

设置——开头部分的设计，目的是在吸引观众或听众的注意力，并预设一个消费者的痛点，即问题或麻烦所在，可能是潜在购买客户在生活中缺乏时间、精力、浪漫、自信、健康等。

主体——脚本的中间部分，提供了设置问题环节中暗示，预设的麻烦的“解决”方案，此刻便一定会提到客户信息，并且诉说产品的优势。在此环节，产品一定是以“助人为乐”的形式出现。

决定——这部分是问题得到解决，并且为了消费者能去商店，拨打购物电话或上网购物实施付款消费的行动号召。

对于配音时的有声语言表达来说，在“设置”部分要显得忧心忡忡、痛苦不堪；在“主体”部分显得如释重负、轻松愉悦；“决定”部分显得言之凿凿、号召行动。产品通常以“帮助”元素出现在“主体”部分中。

（二）脚本模式

在商业广告中，脚本模式无碍乎两种：逃生模式与挑战模式。

1. 逃生模式

逃生模式，指的是摆脱目前糟糕的状况，也许是病痛，也许是挫败，也许是无聊，也许是饥饿，也许是尴尬，也许是……总之，是我们在日常生活中遇到的麻烦，而这些麻烦将会因为广告产品的出现而迎来转机。“逃离”现有的生活环境，或者放弃现有选择，去购买正在介绍的产品或者去广告中所推荐的地方。

《百多邦莫匹罗星软膏》

角色1（男声）：哦？还有一层！还有？

角色2（女声）：毛囊炎等5种皮肤感染问题快用百多邦牌莫匹罗星软膏，抗菌治感染。

落版（女声）：敢生活，敢热爱，百多邦莫匹罗星软膏。

这则广告的故事发生在婚礼现场，新郎正在揭开新娘的面纱……然而，问题设置出现了，揭开一层还有一层，如此反复多次，原因是新娘脸上有痘痘，场面陷入尴尬。这一段落的广告语是“哦？还有一层！还有？”尽管在一个结构环节下，也是需要有语气、情感渐进地展开过程：由即将看见新娘美丽面容时的激动喜悦（虽然广告语中没有，但是画面人物的表情由此转换，因此在配音开口之前先要做好开心的表情），转为对一层层揭不完的面纱的疑惑不解，再陷入尴尬的窘态与无奈。此时，广告的结构环节开始出现转换，进入主体解决部分。帮助元素“百多邦莫匹罗星软膏”（内在语可以使用“别怕，有我在！）出现，帮助新娘“逃生”，摆脱窘境。同时用自豪地语气阐述“毛囊炎等5种皮肤感染问题快用百多邦牌莫匹罗星软膏，抗菌治感染”产品的优质信息，随后痘痘被治愈后，婚礼现场再次开启浪漫恬静的气氛。进入最后的决定购买环节，号召“敢生活，敢热爱，（就用）百多邦莫匹罗星软膏”。在此过程中，请注意语气转换需要自然流畅，不要突兀、机械，一切都是在一个顺理成章的故事结构下诉说了产品信息。

2. 挑战模式

挑战模式，其实也是另一种“逃生”与“摆脱”，只是广告主角的生活没那么糟糕而已。如果“逃生”模式下的广告配音的语气归结为“放松”与“解决”，那么“挑战”模式下的语气终点就是“无畏”与“挑战”。它指的是一种追求更高的生活品质、更好的消费体验等模式，产品的出现将会为消费者带来全新的刺激与生活的目标。例如：

《自然堂素颜霜》

角色1（女声）：今天懒得化妆。（女生接到男生的电话）

角色2（男声）：我就在附近，接下来要突袭你。

角色1（女声）：给我一分钟，我有素颜小秘密，一抹透亮、立现水光。

角色2（男声）：哇，素颜都那么漂亮。

落版（男声）：自然堂，素颜霜。

这则广告的故事发生在两个场景中，一个是男生所在的户外，正在女生家附近，另一个场景是室内，女生的卧室，但最终会归于一个两人相见的场景内。故事还原了一个女生日常生活中的常态情境：在家宅时，懒得化妆，但是，问题设置出现了，偏偏在这个时候男朋友要来探班，场面陷入慌乱。接下来，广告的结构环节开始出现转换，进入主体解决部分。虽然是广告人物自救，但实际上的帮助元素还是产品“自然堂素颜霜”。随后，问题解决，又给男友一个全新的形象“素颜都那么漂亮”。进入最后的决定购买环节，强调别忘了是“自然堂”的素颜霜。与“逃生模式”存在差别之处是在于这种模式除摆脱现状之外，更是一种对自己、对常态的“挑战”，在声音的表达中一定要有所体现，否则就会误入“逃生模式”。广告片的女孩遇到问题时语言表达中并没有一丝窘态，而是自信满满地拿出秘密武器应对突如其来的“挑战”，这就是“挑战模式”与“逃生模式”在表达上的最大区别。这则广告的主角实际是女生，其语气和情感的把握可以按照如下的线索进行转换：彻底放松地说出“懒得化妆”，而后积极应对挑战，内在语可以使用“没关系，早就准备好了！”，自信地说出“给我 1 分钟”，窃喜地、神秘地说出“一抹透亮，立现水光”的产品功效。这是现代女性的一种挑战，追求化妆的更高境界的真实写照，看不出化妆痕迹的素颜妆。

二、声音要点

配音时，为了使客户满意，配音员不得不接受来自外界的“指令”。如果客户不在现场也没关系，其实这些密码早已或显露，或暗藏在广告脚本之中。以下是一份简单的线索清单：

客户是谁?

客户在卖什么产品?

消费者为什么需要该产品?

产品是如何使用的?

消费者什么时候会需要该产品，或者什么时候会购买此产品?

产品在哪里能买到? 或厂家的厂址、电话?

对以上问题的回答就是广告所要展现的重要信息，实际上也是配音需要表达的要点。配音前，仔细认真地找出脚本中的要点，心理上相信这些要点信息的真实性，才能在话筒前自信、自豪、权威地将其表达出来。包括：客户名称、关键词、启示语，以及其他需要向受众表述的重要信息。如果说脚本结构、模式及广告语成功的关键在于受众能够记住这些要点，那么，配音员就应该多加思考用一种什么样的表达方式来突出这些要点，使声音在消费者的脑海中留下不可磨灭的、认同的印象。

（一）客户名称

显著地标出或圈出“客户（产品）名称”。配音员要明确自己所服务的对象，至少应该知道客户或产品的名称该如何发音。如果发音错了，录音棚的制片主任是永远不会将这份试音小样提交给客户的。如果客户就坐在现场，那必将是非常尴尬的场面。如果对客户及产品名称的发音有任何疑问，可以咨询录音棚制片主任或者打电话给该公司自行询问。总之，想尽一切办法听到正确的发音。这一点，配音员应该值得注意，因为汉语当中的多音字较多，而在广告脚本中，问题往往不只是多音字那么简单，还有创意和客户的个性化见解内嵌其中。

配音员的工作就是利用声音帮助观众或听众记住客户(或产品)的名字。因此，应该用独特的、艺术化的声音表达，以有效的、难忘的和激励的方式塑造客户的名字。有时可在客户或产品名称上增加点权威感，有时在其前后添加一个短暂的停顿，有时可以延长客户名称的音节音长等。

（二）关键词

拿到广告语之后，不要直接开口就配，找出脚本中的关键词，这些词也是表达技巧中重音的体现。可以是一个字、一个词或短语，甚至句子或者一系列的词语来诠释广告产品。

接下来的一句广告语，可以设计出 8 个关键词，也就意味着可以存在 8 种不同的重音表达位置。注意，当体现一个关键词的重音时，不要再强调句子中的其他词，每次表达的时候只突出一个关键词。每读一遍之后，请确切地说出，选择这一个词作为关键词着重处理的原因，也就是内心的依据是什么?

“因为在这里的每一碗 × × × 炸酱面的口味都应该像妈妈做的一样。”

关键词	选择理由	声音表达技巧
因为	之所以购买这款产品的理由	提高音高、用抽气的方式加强虚声的处理
在这里的	别无二家，只有这里（我家）有	语势下降会造成一种“在这儿”的方位听感
每一碗	所生产的每一个产品的品质都一致	可以延长“每”的音长
XXX	客户（或品牌）名称	可以用重读等方式强调
炸酱面	产品是什么	语势可再次语势上扬，同时伴随抬升音高、加强音量

续表

关键词	选择理由	声音表达技巧
口味	产品与市场同类比较的优势所在	采用虚声，带着一种流口水的回味语气
都应该	鄙视其他生产商没做到，抬高自家的先进	此处为了彰显表达的个性，也可以不选择程度的强调，可加一句反语性内在语“拿到炸酱面不都应该是我们家这个味道吗？”带着一丝轻视的语气，会有不一样的效果
妈妈做的	打感情牌，产生味觉联想，勾起儿时记忆	说到“妈妈”，一定是带着深切的情感的，同时味蕾的记忆涌上心头。
像……一样	请相信，和妈妈的手艺一样	语气坚实、肯定

需要再次强调一下，这只是一种练习方式而已，实际的语言表达中不可能出现这么多关键词，也不能强调这么多的重音，否则，消费者还是不知道哪个词才是需要记住的关键！

（三）启示语

如果说关键词是显露在广告脚本中的，那么，启示语则是配音员通过字里行间的暗示为自己的内心寻找的依据，类似于表达技巧中的内在语。启示语的确定是基于关键词、口号、修辞，以及音乐、音效、脚本结构、模式而自己去定义的，只要能够启示出正确的、与广告内涵相统一的意思与情感即可。

1. 口号

口号（slogan），就是一种很好的启示语。因为它是将一种企业的文化、理念、产品定位等浓缩成了一句话，如果在广告语的脚本中存在着口号，那将会给配音员极大的暗示。不过，口号的意蕴深刻，配音员需要细细体会。

“我们不生产水，我们只是大自然的搬运工”，暗示着广告产品——

水的自然与洁净。可能希望配音员的声音听起来非常诚实可信、自信权威，消除疑惑与顾虑。

“沟通从心开始，沟通无处不在”，暗示着广告产品——手机网络运营商的服务贴心，信号覆盖广。可能希望配音员的声音听起来非常大气宽广、感情真挚、沟通畅快。

2. 文字修辞

广告语的创作也是一种文学创作，是广告配音创作非常直接的启示语，这种启示会影响到言语表达的风格。

当看到如下广告语时，你会作何感受呢？

《小罐茶》

旁白：当霸气的大红袍遇见浓烈的黑椒牛肉粽，
当高冷的冻顶乌龙茶遇见热情的咸蛋黄鲜肉粽，
当温柔的小罐红茶遇见细腻的润香豆沙粽，
当优雅的铁观音遇见清新的绿豆百合粽，
当清香的茉莉花茶遇见甜软的金橙桃杏粽……
有些遇见，注定是经典。
这个端午，小罐茶携手五芳斋联合推出：
《匠心有约》茶粽经典装，
邀您一起，
粽情于茶，赏味经典。
小罐茶。

遇见这样的广告语时，配音员会情不自禁地联想到一种诗意的配音，自然会选择一种婉转、亲切艺术化地表达。

还有一些是双关语的表达，例如《东风雪铁龙》广告：“SUV 天逸乐享型，有‘享’法，‘逸’起来。乐享体验，升级而至。”在配音时，就会明显地在“享”与“逸”上做文章。再比如《冠芳山楂树下》这条广告的配音，如下：

《冠芳山楂树下》

旁白（女声）：饮料我喝山楂树下，山楂树下，鲜果榨，多吃一点，也不怕。

落版（女声）：多吃不怕，冠芳山楂树下。

广告语中的“怕”是不是和“胖”听起来似乎很像？也许这正是广告语创作时留下的“擦边球”。

修辞上，长短句的使用，将会带来一种语言表达节奏的变化与灵动；语音的押韵，口语化的措辞使广告语朗朗上口；幽默的文字表述需要配音员在声音中加入欢乐的元素；等等。

广告脚本的作者将“启示语”都嵌入了广告语中，如同电影中向经典的致敬与结尾处的彩蛋。因为广告的播放的时长太短，又是伴随式接受，所以他们其实并不指望消费者能一耳朵就听懂，但却希望配音员能够看到它们、读懂其中的含义。因为，配音员正是将这些文字密码所代表的广告内涵解读给消费者最好的帮手。

第四节 了解受众与声音暗示

“广告受众，是指广告信息传播过程中接受者的群体，是通称这些信息接受者的集合名称，包括电视广告的观众、广播广告的听众、报纸杂志广告的读者等。”①广告主与广告公司在策划、生产广告的同时，也在生产着自身的意义，无论是用来促销的商品广告，还是用以宣传为目的的公益广告，只有通过广告受众的接受，方能实现其信息传播、品牌建立、销售推广、启示教育等的功能。因此，为了“传通”，为了受众能够从心里接受广告声音的暗示并采取行动，配音员必须了解广告的受众，方能“将心

①王纯菲、宋玉书：《广告美学——广告与审美的理性把握》，中南大学出版社，2005，第 234 页。

比心”，创作出对受众更有影响价值的声音。

一、广告受众的特殊性与主体性

（一）广告受众的特殊性

一方面，广告受众这一概念属于传播学范畴，具有“受众”的一般意义。

另一方面，它又是特定的，指传播过程中的广告信息的接受方。包括了两层含义：

其一，通过广播、电视、报纸等媒体接触到广告的人群，即为广告的媒体受众。一般来说，广告传播需要运用一定的媒体作为传播的中介，大众传播的受传者必然是广告信息的受众，由媒体种类定义受众则可以包括报纸广告受众、电视广告受众、广播广告受众、新媒体广告受众，以及户外广告受众等。

其二，较“受众”的一般意义而言，“广告受众”还有其特殊性，这其中也包含着广告客户的目标受众，也就是广告的诉求对象——潜在消费者，这也是狭义的“广告受众”。广告会根据目标消费者的需要来确定某项广告活动特定的诉求。包括一般消费者、市场中的销售代表、商品经销中的采购决策人。

由此可见，并不是所有的媒体受众都是目标受众，因此媒体受众与目标受众有这样的关系：

最为理想的状态是，数量和特性完全等同。然而，现实很难达到，需要精心选择适用的媒体并进行有机结合，以最大限度接近。通常来说，目标受众在数量上小于媒体受众，这种情况下要进一步做好媒体组合，尽量避免购买无效媒体广告时间段的资金浪费。

媒体受众中有一部分人群不是目标受众，这就需要利用广告中的声音将媒体受众尽可能地转化为目标受众。除创意、定位等因素外，广告语的言语提示非常重要，甚至是转化目标受众最为直接的“语言提示”，例如火锅品牌小龙坎的广告语“总有一天你会来吃”，这就是一种期待着受众由媒体受众向目标受众转化的广告语。而作为将文字广告语转化为声音形象示众的配音员此时便有了两个任务：

首要任务，也是主旨任务，即将目光更多地投向“目标受众”的身上，用声音去唤醒他们的消费行动意识。不是“总有一天”，而是要“立刻马上”。

次要任务，或支线任务，即应该思考如何将媒体受众向目标受众转化。分析一下“什么人不买？”“为什么他们不买？”“怎样做，他们才会买？”等问题，也许用声音可以为广告锦上添花，产生意外、独特的传播效果。

（二）广告受众的主体性

广告受众在传播活动中虽处于一种比较被动的状态，但这并不意味着受众在广告活动中无所作为，至少他们可以选择拒绝购买，这就是广告受众在接受过程中体现出的一种主体性。

马克思实践哲学认为人具有主体性是因为：第一，人有自为的自律性；第二，人有自觉的能动性；第三，人有自由的超越性。

人的主体性与大众媒介紧密相关。人不仅通过媒介认知客观世界与主观世界，同时通过媒介使用建构自我的主体性。对于这一点，广告配音以其相对直白或艺术化的声音叙事方式，成为广告受众建构主体性的手段之一。声音的接受在受众这一环节中具有了确定性与非确定性的特点。确定性建立了受众对于广告及其商品认知的基础，不需要太多言语上的宣传与鼓动，这一媒体受众群体即可成为消费者；而接受的非确定性便是对于广告审美认知的不同，此时，配音便是唤起受众心理接受的最后临门一脚。媒体受众正是在广告声音的“诱惑”中，在确定性与非确定性的同时，通过心理活动获得对于广告的重新认知，增加了其成为消费者的可能性。这种质变的催化剂完全是依靠受众自身。广告受众在观看、收听的接受过程中，完成了对广告信息的全新认知和信息重新整合的自由超越，从而不断进行对自我主体性的建构与确证。

二、广告受众的改变

（一）收看：从“专注”到“伴随”

“初期的电视观众像对待传统艺术形式那样，满怀热情地进入接受状态。居室里的灯光被关闭或是只留下一盏极微弱的照明灯，这样做的目的显然是要用黑暗把居室的日常环境同电视屏幕上的节目隔离开来，加强电视的‘突现’效果。人们在观看的时候一般也不进行其他活动，很少交谈。专注的接受方式大大加强了电视节目的收视效果，观众充分利用想象、联想、深思等审美机制创造性地解读电视文本，往往能够体会到大大超出作品所指以外的东西。”[①]过去，人们对于电视的那种关注程度完全是一种“痴迷”的状态。人们会把电视看作家中最贵重的物品，不仅为其制作电视罩，有的还要把它锁在电视柜里。到了收看的时候，全家人，甚至全院子、全单位、全广场的人围在一起收看，就像是一种“仪式”。因此，在那样一个“专注”的时代，对于广告配音本身的个性化要求并不是很在意。广告配音被看作一种可有可无的因素，有的也只是被当作一种吆喝、叫卖。因为不管广告的质量如何，受众都会聚精会神地盯着电视屏幕，全神贯注地守在电视机旁。“专注式”的收看下，受众对广告深信不疑。

如今则不然，受众对广播电视再没有了往常的那种关注的程度，取而代之的是一种“伴随式”的收看、收听。何谓“伴随式”？“在电视艺术的接受活动中，观众一方面受到各种与电视接收无关的活动的干扰，审美注意力不时地被与作品无关的谈话、伴随着收看的阅读、突如其来的电话和不期而至的造访等外在因素打断；另一方面，即使没有外界的干扰，他们也是处于一种意识水平较低的心理状态中，无精打采，昏昏欲睡，很难做到聚精会神。”[②]这样的接受方式就是一种“伴随式”的。

“伴随式”的接受方式，导致了消费者处理信息的能力得到了极大的提高，他们能用眼睛和耳朵从各种环境观察和分辨各种情况，他们习惯于在看电视的同时做几件事，分配到媒体上的注意力不可能是集中的，而是分散且短暂的，无法形成专注，只是偶尔会看一眼电视机，或收听一下车载电台里正在播放的是什么。那么如何去吸引受众的“一眼”“一耳朵”，

①苗棣：《电视艺术哲学》（上编），北京广播学院出版社，1997，第231页。
②苗棣：《电视艺术哲学》（上编），北京广播学院出版社，1997，第231页。

就成了广告创意的落脚点。广告界有一句行话："能引起人们注意你的广告，你推销商品就成功了一半。"所有的广告公司和广告客户都在绞尽脑汁想办法让自己的广告引起消费者的注意。依靠广告配音来唤起受众的注意是最为直接的手段。在厦门大学黄合水教授的《广告心理学》中总结了的在广播和影视广告中如何引起受众注意的 13 条原则，如第十条"注意语音、语调或节奏的变化"，第十二条"让听众比较熟悉的或声音有特色的播音员来播音"。

（二）心理：从"相信"到"免疫"

"用'老兵'来形容新的消费者群体是再恰当不过的了。"①如今的消费者对媒体广告越来越缺乏信任度，他们更加理智，相信广告的人正在逐年减少，对广告宣传的商品疑心重重，不以为然。甚至在广告语中都出现广告人的自我调侃，"别看广告，看疗效"，为什么会这样呢？

原因之一：信息传播媒介的锐增。

如今，更多的新媒体渠道浮现出来，除广播电视之外，还有微博、微信、抖音等。曾经，当我们想要远离广告信息的干扰时，可以关上收音机、电视机，可在现如今的移动互联时代，手机不离手，广告也无孔不入，尤其是植入广告。20 世纪末，广告营销人开始了所谓的"标签游戏"，急切地试图抓住日益游离的消费者。很快，到处在喷涌着品牌的信息——经常是以全新的面目出现，非传统平台也粉墨登场，营销圈子里开始传着"吵闹""病毒""发源地"等词汇。最终的结果是信息过载，或者如反营销极端主义者所说的"营销污染"。在《注意力！》一书中，肯·萨察林洞察到："媒体已经到了被视为污染源的境地，信息像垃圾一样堆积起来，而这个信息时代对我们的一个讽刺就是当我们想共同掩盖这一噪声时，我们却更多地制造了它。"由于这种混乱，消费者变成了"商业老兵"，每天受到高达千余条信息的"轰炸。在《躲过雷达》一书中，乔纳森·邦德和理查德·克

①奥斯汀、艾吉森：《还有人看广告吗？》，郑梭南 译，高等教育出版社，2005，第 7 页。

什鲍姆指出："消费者就像蟑螂，我们向他们喷洒营销杀虫剂，这会在一段时间内起作用，然后，不可避免的是，他们具有了免疫力和抗药性。"

原因之二：受众媒介素养的提升。

"媒介素养是指人们面对媒介的各种讯息时的选择能力、理解能力、质疑能力、评估能力、思辨性应变能力，以及创作和制作媒介讯息能力。也可以简化为获取、分析、传播和运用各种形式媒介讯息的能力。"[①]媒介素养对于生活在现代社会中的人们来说是非常重要的，"它决定了人们能否保持敏锐的洞察力来分辨'媒介世界'和'现实世界'；决定了人们能否对获得的信息进行去伪存真、去粗取精地甄别乃至合理地使用，最终形成独立判断与健全人格的关键"。[②]这样的说法其实一点都不为过，正如前文提到的媒体环境，可谓是纷繁复杂。在这样一个信息爆炸的社会中，我们体会到的是一种信息过剩。如果受众不具备一定的媒介素养就会处于被动接受信息的境地，不仅容易被各种媒体误导，还会因缺乏主见而做出错误的判断。

广告受众已不再是一个以"受"为主的被动群体了，这个群体也在随着媒体环境的改变在成长、成熟，具备了甄别各类广告好坏、信息真假的能力。不要把受众的审美能力想得那么简单，更不要把广告配音这门艺术的门槛想得那么低，受众可不会只因为配音员的声音好听就买账，但却可以因为"难听"而选择不去理会广告，拒绝购买。随处可见的"草台班子"，满眼金钱的市场化运作，千篇一律的声音形式，使配音艺术的质量大打折扣。配音员应该懂得，受众是有审美鉴赏能力的，用粗糙的声音和平淡无味的表达来敷衍了事，这样的广告不仅收不到效益，更会使这门有声语言艺术走入穷途末路。

三、用声音满足受众的"需求"

曾盛行于20世纪20年代至40年代的一种传播理论"魔弹论"，也称"靶

---

①张开：《媒介素养概论》，中国传媒大学出版社，2006，第99页。

②刘勇、汪海霞：《当代媒介素养教程》，合肥工业大学出版社，2007，第8页。

子论”“皮下注射论”“机械的刺激——反应论”。这种理论认为，受众就像射击场里一个固定不动的靶子或医生面前的一个昏迷的病人，完全处于消极被动的地位，毫无反抗能力。只要枪口对准靶子，针头扎准人体某部位，子弹和注射液就会迅速产生出神奇的传播效果。受众消极被动地等待和接受媒介所灌输的各种思想、感情、知识，大众传媒有着不可抗拒的巨大力量。

不可回避，广告配音艺术创作的初期，直白、浅显、大力式的叫卖就是“魔弹论”传播理论的体现。每一种“招式”在最初对手懵懂无知的时候会非常灵验。彼时，受众对于媒介的“绝对相信”使得他们对“子弹”和“注射剂”毫无抵抗能力。但是，同一种战术会有失效之时，那就是受众不再相信或者开始发挥主动认知的时候。长期的传播实践与一系列传播学实验证明，受众是复杂的、能动的、有自主性的行为主体，受众会出于自己的需要，对发射来的广告“子弹”选择和评价，才决定是否接纳。这是一个由“耳”入“心”的新时代，配音员应学会与受众对话，了解其消费的内心需求。

（一）需求层次论

广告的声音不能用一种强迫的方式去催促消费者购买他们所不需要的商品，往往配音员越是拼尽全力去表达，甚至“干吼”，更会事倍功半，不仅达不到引导消费的效果，而且会使消费者反感。广告配音应该唤醒和激发消费者的是其内心潜在需求的意识，或者直接满足其消费的需求。配音员应该在这一目标的指引下，完成有声语言表达的创作。

那么，消费者到底需求什么呢？

美国社会心理学家、比较心理学家、人本主义心理学的主要创建者之一亚伯拉罕·哈罗德·马斯洛（Abraham harold maslow，1908.4-1970.6），在其《动机与个性》一书中，将动机视为由多种不同性质的需求所组成，故而称为“需求层次论”。1954 年他在书中将动机分为 5 层：生理需求、安全需求、情感归属与爱的需求、尊重的需求、自我价值实现的需求。

1970年新版书内，又改为如下7个层次：

生理需求——是人们最原始、最基本的需求。如吃饭、穿衣、住宅、医疗等。若不满足，则有生命危险。它是最强烈的、不可避免的最底层的基础性需求，也是推动人们行动的强大动力。当一个人为生理需求所控制时，其他一切需求均退居次要地位。

安全需求——指需求受到保护与免于遭受威胁从而获得安全的需求。安全的需求要求劳动安全、职业安全、生活稳定、幸免于难、未来有保障等。安全需求比生理需求较高一级，当生理需求得到满足以后就要保障这种需求。

情感归属与爱的需求——或被称为“社交需求”，指被人接纳、爱护、关注、鼓励及支持等的需求。包括对友谊、爱情，以及隶属关系的需求。当生理上的需求和安全需求得到满足后，社交需求就会突显出来，进而产生激励作用。在马斯洛需求层次理论中，这一层级是与前二层级截然不同的另一层级。这些需求如果得不到满足，就会影响人的精神、情绪及心理健康等。

自尊的需求——获取并维护个人自尊心的需求。

认知与理解的需求——指对己、对人、对事物变化有所理解的需求；个人对自身和周围世界的探索、理解及解决疑难问题的需求。马斯洛将其看成克服阻碍的工具，当认知需求受挫时，其他需求的能否得到满足也会受到威胁。

审美的需求——人对美的生理、心理、精神的需求和欲望，是人的生命需求的一种表现方式，是人所独有的自由自觉生命活动的本质特征和人的生存、发展的内在机制。

自我价值实现需求——是最高等级的需求，是一种创造的需求。有自我价值实现需求的人，往往会竭尽所能，使自己趋于完美，实现自己的理想和目标，获得成就感。马斯洛认为，在人自我实现的创造过程中，会产生出一种所谓的“高峰体验”的情感，这个时候的人处于最高、最完美、最和谐的状态，具有一种欣喜若狂、如醉如痴的感觉。

也许马斯洛的“需求层次理论”能够帮助配音员找到目标受众真正的消费需求，这也与“5W 自问法”一样，是挖掘出广告语隐藏密码而通向个性化配音表达的途径。

（二）用声音满足需求

一个人的“需求”会导致他或她付出购买行动。由己及人地去考虑消费者的“需求”，一种真实的情感将会在配音员的心中升腾。这正是广告配音员应该努力探寻的方向。认识、挖掘和揭示那些“需求”的内心柔软点，是推动广告信息传播向前发展的关键。

找到真正的“需求”并不总是容易的，这是脚本文案分析的一部分。广告在创意时，往往会把需求理论放在首位去考虑。那么，配音员又该如何用声音去找到并诠释出这种需求被满足的感觉呢?

以酒类广告为例。同一种商品，市场定位不同，满足着不同消费者的需求。与此同时，广告配音的声音表达也会因为需求不同而变得形式各异。

例如：

《牛栏山二锅头》

旁白（男声）：真牛？真牛！真牛，大大方方、有里有面儿！亲朋聚会，真牛，真牛！

落版（男声）：正宗二锅头，地道北京味儿。

这条《牛栏山二锅头》的广告创意便是要满足亲朋好友在聚会时的“面子”的社交需求、自尊的需求。配音时，先是对于“真牛”发出疑问的语气，可谓是一语双关，既是问这款酒是真正的二锅头?也是问这款酒请客送礼够不够“牛”？音色的选择上使用的是男声，具备了一种北京胡同“二哥”的朴实与洒脱。在落版语配音时，更是透露着一种生怕别人不知道的张扬的“自豪感”。

例如：

《孔府家酒》

广告歌：千万里，我一定要回到我的家，我的家，永生永世不能忘记。

角色（女声）：孔府家酒，叫人想家。

《孔府家酒》这条广告满足了一种“情感”的需求。每当你想家的时候，或者回家探亲的时候，都不会忘记带上这样一款酒。声音的选择上使用了女声，使这款酒看似不那么烈，而是带有了一丝绵柔。为落版配音时，声音的节奏缓慢，特别是在“孔府家酒”后面停顿了片刻，此处视为一种若有思念的留白，语气和情感的把控上深沉而略带着一丝愁绪。

例如：

《御鹿 XO》

旁白（男声）：商务宴请，气派十足，御鹿 XO。

新店开张，傲视同群，御鹿 XO。

协议达成，标志英明，御鹿 XO。

世家之作，尽显阁下非凡成就。

落版（女声）：法国御鹿 XO。

《御鹿 XO》的创意在于一种“自我价值实现”的满足。暗示“气派十足”“傲视同群”“标志英明”“尽显非凡成就”的人才能够懂得去喝这款 XO，同时，是在“商务宴请”“新店开张”“协议达成”的时候一定要喝这款 XO。男性的声音选择使得与广告的创意相得益彰，深沉而内敛。

再以广告配音作品中，最为常见的汽车广告为例。如下：

《雷克萨斯》

旁白（男声）：昨天，豪华是物质极大丰富的产物；今天，豪华更与精神辉映；而且明天，豪华仍将如此。

落版（男声）：雷克萨斯。

这则广告的配音中对“安全”“实用”等性能只字未提，而就是在重复着一个关键词“豪华”，这也是对于产品的精准定位，无须解释，只有“豪华”，可以满足一部分商务人士的社交、自我价值等需求，而绝不是代步车的生理需求，或者是家庭车的安全需求。因此，在声音的选择上以沉稳、大气、自豪，甚至带着一丝“仍将如此”的自傲。

再比如食品广告，常常满足的是“生理”或者“安全”的需求。《士力架》系列广告，一直以来始终保持着满足生理需求——饥饿这一广告主题。从“姚明”到“倪大红”，从“篮球”“足球”到“街舞”，场景在紧随时代与热点不断变化，但是这一产品定位从未改变。同为巧克力产品的“德芙”却一直秉持着满足“爱”的需求。“乐百氏纯净水，27层净化”满足“安全需求”，“好东西就要和好朋友分享”满足“社交需求”，等等。

当然，“需求”有时在广告语中是多方面的体现，作为配音员一定要找准一个优势“需求”，否则，产品较竞争对手的个性“优势”将会被淹没在共性“优点”中。例如：

《宝马7系》

旁白（男声）：为了塑造卓越不凡的汽车内涵，全新宝马7系列隆重面世。多项崭新科技突破，舒适惬意，亦如量身定做。触手所及，感受豪华，可满足高鉴赏力车主的多方要求。

落版（男声）：全新宝马7系列，宝马巅峰之作，诠释豪华轿车新定义。

新宝马7系有着市场上同类轿车的共性“优点”：安全、舒适、豪华等，但对于这条广告最大的诉求点，也是新7系的“优势”在于一个“新”字。“全新”“崭新”“新定义”等暗含着新7系标志着同类豪华轿车的升级换代，这不是一次小小的改变，而是一次意义深刻的变革。因此，声音表达的选择上就不应是偏高、偏亮的方式来显示“新”，而应是深沉的、具有鉴赏性的有品位的、感叹的、自豪的语调。

可以说，需求就是一个消费者付出购买的内心驱动力，生理需求被满足后的轻松、愉悦之感，安全需求被满足后的如释重负、高枕无忧之感，社交需求被满足后的温暖幸运之感，自我价值实现的自豪之感等，都可以用声音的表达去满足这些需求，也只有声音可以超越画面并打破时空的局限，使受众在内心萌发出一种被满足后的假想，然后去付出购买行动。

第五节 客户受命与声音受限

在商业广告配音的创作过程中，还存在着一种特殊的关系：配音员与客户之间的雇佣关系。而客户的“受命”与“需求”将会是配音员创作时极为重要，甚至是决定性的依据。听从或满足与否直接决定了客户是否愿意为声音买单，即能否完成广告配音创作的关键。声音在此刻成了一种商品，如果不被客户所认可，无人付费，从某种程度上说，这一次的创作是毫无价值的。或者说，当不构成买卖关系时，即使它的声音表达形式非常具有艺术感染力，这个声音也不能称为广告配音艺术作品。从市场学理论的角度来思考，提供声音商品的配音员必须在提供服务——配音创作前了解“客户”的需求（有时甚至是一种命令），否则，只是一种徒劳无功的自我欣赏。

广告客户，实则是广告代理公司的客户，即广告主。而广告代理公司则负责制作广告并向其所代理的媒介投放广告。此“客户”不仅是代理公司的客户，同样是录音棚、配音员的“客户”，是声音的“消费者”。有时，配音员可能需要面对录音棚的制片、广告代理公司、视频导演、客户中的一方或多方，拥有最终话语权的只有客户。

一、客户分类

广告客户，可以分为全国广告客户和零售广告客户（也叫作地方广告客户）。全国广告客户，需要广告公司向全国范围的消费者推销其产品或服务，并不太强调销售这种产品或服务的地点；而零售广告客户，通常是诸如本地饭店、汽车经销商及其他只在一个城市或贸易区域内经营的企业。往往，面向全国推销产品的客户对广告配音的品质要求较高；而零售广告客户对配音更加注重本土文化的贴近性。

从广告配音的角度来讲，对于录音棚或者配音员来说，客户只分为两类：4A 广告公司代理的客户和其他广告公司代理的客户。而最难应付的，但同时也是录音棚和配音员最期待合作的也是 4A 广告公司所代理的客户。

何为 4A 广告代理公司呢？

“4A”，即美国广告代理商协会（简称“美国广告协会”），其英文全称为 American Association of Advertising Agencies，通常简称为“4A”。该协会于 1917 年在美国圣路易斯成立，是全球最早的广告代理商协会。现如今，4A 已经不再特指美国广告协会旗下的广告公司了，俨然已经演变为全球范围内“合格的、规范化的广告公司”的代名词。目前，发达国家和地区的广告业内，均成立了以综合性广告代理公司为成员的 4A 协会，“4A”标志可谓也是一个品牌，成为一个体现广告公司综合实力的象征。4A 协会对其成员广告公司有极为严格的准入及考核标准，至少所有的 4A 广告公司在规模体量上均为综合性跨国代理公司。1979 年，中国改革开放伊始，日本电通公司作为第一家外国广告代理商进驻我国，为日本家电产品打开中国消费市场开展广告服务。而后，其他国家的跨国 4A 广告公司纷至沓来。从 1996 年开始，随着中国国内先富裕起来的一批企业发展壮大，国际性质的 4A 广告公司除服务于传统的跨国企业客户外，也开始纷纷争取国内企业大品牌客户，着手开发国内市场。因其成熟的工作体系以及优秀的国际广告创意人才等天然优势，很快便博得了国内客户的青睐，这给本土广告公司带来了较大的冲击。本土广告公司并未坐以待毙，就在同年的 11 月 1 日，广州市广告行业协会综合性广告代理公司委员会正式成立，简称“广州 4A”。这也是国内最早成立的 4A 组织，其口号为“让广告更专业”。

为什么在广告配音业行业中，将客户只分为“4A”与“其他”呢？主要原因如下：

第一，4A 广告公司有着严格的管理制度和操作流程，分工细化、明确，因此，配音员在录音棚与 4A 广告公司代理的客户沟通业务时，往往在见到客户之前，会遇到 4A 广告公司多部门、多人员主管打前战。一条 4A 广告公司的广告可能涉及的人员有：客户执行、客户经理、客户总监，策划总监、创意总监、策划经理等。虽然客户的意见是最终的，但是在为 4A 广告公司的广告片配音时，配音员与客户之间隔着多层“山”，这中间每个人的意见都可能会影响配音员最终的表达样式。

第二，4A 广告公司所代理的客户几乎均为世界和本地知名企业与品牌，为其配音，也可以提高配音员自身的品牌价值。

第三，4A 广告公司的制作费用相对充裕，有能力支付高额的配音费，因此，也深受录音棚和配音员的欢迎。

对于客户来说，广告公司的价值体现在产生出有助产品销售的创意，并执行创意。此时，广告公司又成了制作公司，客户还要支付除创意费之外的制作费。而制作费中，就包含着为广告配音员的劳务费。从某种意义上讲，费用的多少在一定程度上影响甚至决定着寻找什么级别的配音员，从而直接影响广告最终呈现的质量。当然，这一质量的区别并非由于费用高就认真创作，费用低就对付了事，而是酬劳高自然可以请来更专业的配音员来演绎广告语。现实中，有些客户不再愿意支付高昂的制作费用，会压缩成本，由于缺乏对广告配音的认识，往往这一环节成了被压缩的对象。殊不知，这一句广告语由谁来配，会直接影响到广告整体的格调和品位。

第四，4A 广告公司除本身严格的管理制度和制作标准的要求之外，其代理的客户也较其他客户来说具有较多或者较独特的要求。

了解了 4A 广告公司之后，就不难理解为什么广告配音市场中的分类方法如此简单。因为 4A 广告公司对于广告配音的要求较高、较多、较独特。正是因为这些 4A 广告公司力量之强大，他们也有了与广告客户博弈的资本，有的广告公司甚至可以“店大欺客”。然而，身单影孤的配音员可以这样做吗？答案自然是不可以。那么，也就只能来调整、限制自身的创作。

二、创作受限

现代社会中，“顾客就是上帝”是企业界的流行口号。在客户服务中，有一种说法，“客户永远是对的”。北京著名的录音棚“名座”曾经推出过一则宣传广告，叫“听客户的”。但是，在实际工作中，配音员由于个人的业界知名度、专业水平、创作理念、脾气秉性、当时的创作心境等不同，在面对客户的要求与受命时，也会存在着“妥协”与“强硬”的两种处理方式。

配音时，由于客户的要求，会使配音员失去一部分表达创作的个性而失去自我。从心理学的角度来讲，自然的选择是捍卫个人的主张而无视建议。但是配音一个“配”字似乎也道出了创作的无奈，为了更简单、更快捷、更直接地“交货”，配音员常常要放弃先入为主的主观想法，而是接受客户方向性的指导，做出调整。冯雪锐先生谈起曾为“琥珀表”配音的经历时说到，客户让其将“珀”配成ｂó，理由是ｐò与“破”音同，听感和寓意不好，而冯先生认为“珀”就应该按其字音配成ｐò。面对这样“无理”的要求，冯先生妥协了，选择同时配了两个版本给客户，让其自己选择。“你要服从市场的规律，客户是‘上帝’嘛！但这位‘上帝’错得一塌糊涂，你也得照他的想法去做吗？自己良心上要是过得去，我就配个自己认为正确的，确实是照字典来的。所以，这样做，我还算是心里有些安慰的。老板的要求，跟你是不一样的标准，甚至成了‘黑即是白、白即是黑’的问题了，你要过于坚持呢，可能就僵在那边，买卖就做不成了。”①

然而，同样是冯雪锐先生的又一次经历，那一次没有妥协，而是选择了“强硬”。“我直接撂挑子，不配了！这个外国人在那指手画脚，夏普影印机，他让我在每个段落一说到‘影印机’的时候都要上扬，我就已经开始有点沉不住了。我说，在语言表达上，有时候我们为了更纯熟地去表达，是需要字音上扬来强调这个产品，但是不能每一次都踩在同一个点上，那样听上去不生动，太呆板了，有时候也要用轻音。结果，旁边的中国女孩说了些话，意思是，我上次配的音之所以被打回来就因为发音不正……听到这句话，加上之前那位外国人一直在那儿指导我，‘噗’一下子，我就火了。我说，‘对不起，那你就另请高明吧！’说完，我就走了，就没配《夏普影印机》。表达讲的是韵律，是有起伏的，有轻有重，不是要重复，其实他们就是不懂语言艺术。可能因为他是出钱的人，就必须要让我达到他那个要求、他的那种表达。让我感觉的话，那种表达太过于机械，使人听着像傻瓜在说话。我觉得，这件事比琥珀表的字儿读错的事更严重，

①罗景昕：《冯雪锐配音艺术口述历史研究》，九州出版社，2019，第229页。

就不能接受了。”[①]

看来，广告配音不只是要看脚本、正其音，还要听客户“指令”的。否则的话，就要做出选择，要么坚持、要么妥协。当然，配音员若被客户信赖，客户也会听配音员的。往往录音棚的制片主任会起到一个润滑剂的作用。客户不是随便选择一家广告代理公司的，在合作之前，一定是经过了深思熟虑，多家筛选，按照其需求选择了值得自己信赖的广告公司。那么，客户也就会信任广告公司所选择的录音棚和配音员。当彼此之间成为了事业的合作伙伴后，这种关系好比生活中的婚姻一样，难免有磕碰，此时请坦诚相处、有效沟通，相信一句谚语：家和万事兴。

其实，广告配音艺术也并非是完全的“受命”艺术，而应称作“着想”艺术，如果配音员能够从客户的角度出发，结合自身有声语言表达的专业性，提出合理有效、有助于产品推广的声音形式，那么，客户多半是会选择“听从”专业人士的。配音员不是客户或者广告公司请来的“长工”，而是声音表达的“专家”。除非是客户有其自己独特的想法，此时，配音员也应该接受。如果想让自己的试音成功，使客户满意，甚至个人的艺术理念与主张能够说服客户，最好的办法，莫过于多为客户着想、多从客户的角度来揣摩脚本中的广告语。以下是对配音员了解“客户”，并为其着想的 10 条建议：

第一，客户的需求是什么？有没有额外的独特需求？

第二，尽可能充分了解企业信息。如果时间允许，可以查看企业网站主页，了解其企业及品牌历史、成长经历、生产空间、公司文化、企业文化等。

第三，向广告公司人员或者客户仔细了解产品信息、独特点。例如价格、成分、尺寸、口味、包装等。为消费者提供什么样的“需求”服务？

第四，抛开配音员的身份，把自己作为消费者、产品使用者，探究产品问题。消费或者使用的时候，是一种什么样的感觉？

---

①罗景昕：《冯雪锐配音艺术口述历史研究》，九州出版社，2019，第 231 页。

第五，市场状况。例如，是否是季节性销售产品，在什么样的季节播放广告？是否是区域性销售产品，在什么区域播放广告？产品的售卖渠道有哪些？

第六，竞争产品分析。各品牌之占有率、趋势、产品特别之处？哪个产品威胁最大？成功的品牌为什么成功？价格是否是卖点？包装是否是卖点？

第七，仔细界定消费者。谁在购买、使用？谁可能将会购买、使用？谁会影响消费者决定购买？回头客是否占有主要的购买量？是否有任何特殊需求可以利用？

第八，广告播出的平台及渠道。是在广播电视媒体播出？是在网络新媒体播出？是在楼宇分众媒体播出？还是多渠道、多平台同时播出？

第九，广告的营销目标及策略。是过度营销的狂轰滥炸？是隐藏销售的润物无声？

第十，广告公司以及视频导演的创意。

配音是要传情达意的，上面提到的哪些内容需要或多或少地强调，客户知道，你不知道，除非配音员被告知，否则永远不会知道广告的真正内涵。所以，面对客户的需求，接受！但是也不要忘记，客户的审美也是需要配音员引导的，这也是有声语言艺术创作者的担当。

第六章 | 创作准备与综合实践

目前，我国广告配音艺术的类型创作是一个多元风格并存的格局。有两个层面的解释：

第一，历时的并存。各种不同历史阶段、审美追求的表达形式，包括以“大力丸式”为主体的激情宣告类的，以亲切诉说为主体的说话类的，以娓娓道来为主体的讲述类的等。

第二，共时的并存。广播的、电视的和新媒体的，抽象的与形象的，不同类型商品的等。

配音员应对这些广告配音的类型逐一掌握，以期待能够承接更多的业务。面对不同的配音类型，该如何进行创作前的具体准备，又该怎样去创作呢？结合上一章关于创作依据的讲解，接下来，我们将要进入创作的具体准备与实战阶段。

第一节 创作准备

艺术创作是需要准备的，有广义和狭义之分。广义准备在前文中已阐述，涉及配音员的生活经历、消费体验、情感思想及个人修养等。本节内容将要探讨的是在配音创作之前，该如何进行具体准备。其中包括：为了避免声带受伤及表达灵活而进行的创作前的热身；话筒前发声的体态与心理准备；对稿件进行谋篇布局的准备等。

一、配音前“热身”

艺术语言的表达较生活中的口语表达有更高的要求，特别体现在口腔控制与呼吸控制上。生活中的口语表达如同人们日常行走，感觉不到肌肉的紧张，话筒前的声音创作如同短跑——需要肌肉力量与呼吸的配合。如果跑前不热身，很有可能造成肌肉拉伤、撕裂；如果呼吸控制不当，便会岔气，甚至无法将速度提升至最佳状态。长跑呢，同样需要有效的跑前热身，虽然长跑不需要爆发力，但有效的跑前热身与拉伸，会放松长时间运动可能产生的肌肉紧张，降低疲劳感，从而使跑步者跑的距离更远。广告配音在表达时也是一种全身心的运动，身体和面部肌肉同样需要预热，这样它们才能灵活地应对情感和速度的突然变化，以及困难的词语组合和脚本的文体差异。为了让配音听起来自信、放松和自然，为了使声带、挂钩免受损伤，为了声音表达可以更为持久而富有耐力，在配音前放松身体和摆脱紧张是必不可少的。

（一）肢体热身

身体预热有助于活跃声音，让气息在身体中循环，给声音增添光彩。当配音员由于长时间用声或久坐时，紧张感存在于肌肉中，尤其是肩部和颈部，因此热身和锻炼肌肉是配音员工作前的一项必要程序。此外，它也有助于配音员的大脑清除外界干扰，并将所有的注意力都集中在声音的表现上，而不是僵硬的肌肉上。为了听辨出热身是如何影响声音表现的，建议未热身之前可以录制一段广告语，然后在身体热身后再录下同样的段落，对比前后的差异及改变。

以下是简单的肢体热身方法：

肩膀——向前、向上和向后滚动肩膀几次，每个位置保持几秒钟。接下来，把肩膀向上耸向耳朵，保持这个姿势 10 秒钟，再向后上方（同时脖子向前伸）10 秒然后放下，重复 2–3 次。接下来，以圆周运动将肩膀向上、向后和向下滚动 5—6 次。

脖子——热身的时候要小心，脖子相对脆弱，不要用力过猛而导致受伤。轻轻地将右耳倾向右侧肩膀，保持 5—10 秒钟。左侧重复同样的动作，然后把下巴放到胸前并保持住。你会感觉到背部肌肉在伸展，可重复。注意一点，人类的脖子不是用来做圆周运动的，所以，有人用脖子绕环的方式热身是错误的。

双臂——向外伸展双臂，与肩同高，先小范围顺时针绕环，然后逆时针绕环。接下来，可以前后画大圆圈。最后，双臂交叉放在身体上，向两边及向后伸展，就像拥抱一个人一样，然后再把"这个人"放开。

上身——把手放在腰上，左右旋转几次。接下来，当你向左倾斜时，将右臂举过头顶，保持几秒钟，然后在另一边重复。最后，双手紧握在背后，尽可能抬高，松开并握手 10—20 次。

下半身——可以通过弯曲膝盖并握住脚踝，将脚向后背部拉伸，以此来伸展你的大腿肌肉，保持这个动作 15 秒左右，然后松开并在另一条腿上重复。接下来，分开双腿，俯身，触摸脚趾、脚踝或腿（无论你可以触碰到哪个部位，尽量拉伸）。

综合热身——晃动你的手腕，你的胳膊，同时脚尖点地、脚跟抬起环绕一只脚，在用另一只脚重复所有的动作。轻轻地上下弹跳，摇晃身体的其余部分。

（二）面部预热

放松与发声相关的大肌肉群之后，就要有针对性地为参与吐字发音的面部肌肉、口腔和声带等部位热身。

生活中，人们在说话时的口腔动程不大，但是，在配音时，我们需要有一张千变万化的"橡皮脸"。一些面部表情和位置，可以用来创造一种新奇的更具体、更清晰、更形象的声音。这意味着配音员将使用更多的面部、舌头和颈部的肌肉。与电视屏幕上出现的播音员和主持人的表达略微不同的是，配音员在话筒前的口腔开度越宽、越开，声音通过话筒投射到配音中就越形象。古语讲“牵一发而动全身”，对于身体的肌肉群来说，某一处的运动，同时需要全身多处肌肉部位的配合。当为预告片、宣传片、零售叫卖推销和高技术难度类型的广告配音时，面部热身也是保护嗓子的一种方式。

切记，这一环节仅仅是配音前的预热而已，适可而止。不要由于热身过度所导致的疲惫、口干舌燥或声带充血，而影响了正式配音时的状态。热身方法如下：

叹气——在为面部声音热身的时候，声音要回到一个中间合适的位置。首先叹一口气，此时声带位置便是最舒服的、最放松的中间位置。

按摩——双手搓热后，轻柔面部和颈部，使脸部的肌肉得到放松，这有助于使用面部表情的配合来改变声音的态度。

气泡音——温柔地唤醒声带。

唇——其一，噘唇，以极度亲吻的姿势噘起嘴唇，眼睛的余光应该能看到你的嘴唇，向右转动嘴唇，保持住，然后向左重复。其二，裹唇，再次张大嘴巴，放下下巴，让它形成一个“O”，向内拉嘴唇，把它们包在牙齿顶部，然后闭上双唇，释放，再张开重复。

舌——其一，申舌向上，张开嘴，伸出舌头，试着让它碰到你的鼻尖，这样有助于配音员找到舌尖与发音位置的触碰点。其二，申舌向下，张开嘴，伸出舌头，试着让它碰到你的下巴。按住几秒钟，直到你感觉到舌头后面的肌肉开始放松。其三，打响，利用舌头的弹拨发出类似边音“l”。还可以利用弹舌、顶舌、刮舌等方法训练。

反刍——尽可能张开嘴，感觉到拉伸后，以咀嚼动作张开和闭上嘴，这样做五六次，就像牛反刍一样。如果你喜欢，在你做这个的时候制造一些响声。

拉伸——像斗牛犬一样，把你的下牙齿放在上唇上。在这个覆咬合的位置，微微抬起下巴，适度拉伸颈部肌肉。

张嘴——张开你的嘴并睁大双眼，然后将其揉成一团，重复几次这种张开和闭合的面部姿势。

发音——此处是热身，并非要练声，所以只需要简单地发两个较为用力的音。其一，喷口，ba-pa-ma-（fa），循环。其二，撮口，chi-chu，循环。

打哈欠——呼气时发出“啊——哈——”的声音。

二、话筒前的准备

（一）话筒前配音的姿势

首先，发声最忌不自然。曾见有人采用丁字步在话筒前发声，更有人在日常的练声时也采用这种丁字步。其实，从身体稳定性的角度来讲，这样不平衡的体态已经给身体和声带造成了困扰和紧张，站都站不稳，何谈声音稳定呢？声带是对称的两条肌肉，当站姿不平衡时，声带的左右受力也不平衡，长此以往，必会收到损伤。什么样的姿态配音较为科学呢？可参照以下做法：

1. 站姿配音

双脚自然分开，与肩同宽，脚尖朝前（不要内外八字），这样的站姿是稳定的。两肩放松，双手自然下垂。如果有材料需要拿，请小臂抬起，继续保持肩膀放松，不要耸肩。

2. 坐姿配音

坐在椅子面的前三分之一处，不要将整个臀部坐在椅子上，这样做是为了避免窝住气息，同时也为了保持一种话筒前创作时积极的状态。把腰挺直，双腿微微张开，与肩同宽，双臂自然下垂后，放于大腿之上。千万不要用手拄着大腿，双肩不要抬起。如果有广告脚本，手持材料，小臂抬起，大臂和肩膀继续保持放松的状态。如果前方有桌子，很多配音员会把胳膊肘拄在桌面上，这样无形中会将力量从腰腹部用力转为手臂用力，造成更多的紧张，同时还会造成耸肩，气息变短、提气等问题。因此，要避免这种情况的发生。

（二）话筒前的心理准备

前文介绍了两种常见的配音体态，但是从配音的心理层面而言，配音创作时最重要的应该是忘记这些所谓的条条框框，自然、放松是最重要。“忘记”不代表“没有”，而是应该将科学的做法通过反复练习形成一种习惯。这样，才可以将所有的注意力都投放在创作上。

在话筒前发声，心理上还需要强大的自信；而广告配音，需要更加强大的自信。一句话，不要畏惧张口，相信你所说的一切！这种自信来自哪儿呢？它绝不是一种莫名地自信，而是所谓“功夫在诗外”，应该在日常强化练习，而不是在话筒前现去“找位置”。“台上一分钟”展示出的自信，是需要“台下十年功”的磨炼的。

三、具体创作准备

配音员拥有了丰富的情感、灵活的口齿、专业的语感、明确的创作依据，以及积极的话筒前创作状态，是不是就能够保证每一则具体的广告配音创作都能游刃有余、万无一失呢？答案自然是否定的。在实际工作中，每一次配音创作各不相同，每一个广告配音作品千差万别，配音员每一次话筒前的表现也不一样，每一次的创作环境、条件，以及合作伙伴都可能会改变。也许客户的要求不一样，也许看不到广告原片，也许听不到背景音乐，也许准备时间短暂……但无论情况如何，无论是哪种广告类型，一个训练有素的专业配音员，只要拿到广告语脚本，就应该有能力可以立即创作，并且完成“理解稿件——具体感受——形之于声——及于受众”的过程。这种迅速备稿的能力，来自于平时的训练，牢记具体而有效的准备步骤，可以为最终创作的成功奠定基础。

（一）脚本扫描、谋篇布局

1. 脚本扫描

即使创作准备的时间再短，也需要快速对广告脚本及广告语“扫描”一番，目的是为了扫除一切障碍。可以参考以下要点：

▲询问广告创意、市场定位及目标受众。

▲快速熟读一遍旁白，体会字里行间的意思。

▲找到画面或结构的过渡，确定好语气转换。

▲明确特定的专业性词语、客户名称以及双关语。

▲广告内涵的理解，是否有弦外之音。

▲尽量符合客户选择声音的说明，尽管很多时候是没有的，因为你已被选中。

▲可能的情况下，要求听一下音乐、音效和画面线索，尽管很多时候得不到。

▲广告语的字数与配音时长定义了语言表达的速度，调整好节奏。

▲标点符号是一种参考（尽管很多时候没有），更重要的是体会情感与消费感受。

▲脚本（广告语）的结构与模式分析，必不可少。

2. 谋篇布局

在有过“脚本扫描”之后，我们对广告有了初步的认识，并且能够准确地找到广告语的创意及关键点，但在开口配音之前，还是需要从整体的角度来为广告语进行谋篇布局，哪怕是非常短小的配音脚本。这一环节是为了使配音表达的层次更加分明、重点更为突出，从而找准“声音意图”的调整与转换，语气的过渡与衔接，情感的变化与外化以及语言和心理的节奏把控。接下来，我们选择一则中等篇幅的广告配音脚本，例如：

《途锐》

旁白：十年，我们走了多远？ 1

我们无畏挑战，登上了 6081 米的汽车极限高度； 2

我们忠于梦想，拖动 155 吨的波音 747 在跑道滑行； 3

我们在漫天烽烟中，连续 3 年登上达喀尔拉力赛的三尺领奖台； 4

我们日夜不息，仅用 17 天横跨 9 国，极限奔袭 23000 公里。 5

十年，我们走到常人永远无法抵达的地方，却更加牢记出发时的初衷； 6

十年，我们登上常人永远无法企及的高度，却始终对世界保持一颗 7
愈发谦恭的心。

十年的路途中， 8

有人紧盯着远处的终点，我们专注于身边的风景； 9

有人不断追逐未知的下一站，我们知足于走过的每一米； 10

有人沉迷于登临山顶时的掌声，我们用感悟充盈真实的人生。 11

我们从不断丰富的阅历里汲取力量， 12

我们在不断延伸的里程中扩宽生命。 13

我们登顶山峰， 14

不是为了让世界看见自己， 15

而是为了能让自己看清世界。 16

十年后的今天， 17

我们再次走到起点坚定向前， 18

不为以力征服天地只为以心诚服世界。 19

途锐，享驭征途十周年。 20

全篇共20行，360个字左右，像一首散文诗。谋篇布局需要按照“整体—局部—整体”的方式来进行。但往往有些配音员的“眼界”太过狭窄，缺少全局观，只能看到眼皮底下的一行字。这样的格局就会造成：自认为每一句话都非常重要，每一句广告语都想要去强调。如果是这样，配音时，就会字字用力，句句用力，通篇都是重音，反而也就没有重音，而且费气费力，节奏拖沓冗长。所以，笔者常把“谋篇布局”比喻成“吃一顿饺子”，现实只有100元的限制，花多少钱买肉馅，多少钱买菜馅，多少钱买饺子皮，万一家里没有了酱油醋，万一还想买点酒和凉菜，还要考虑留多少钱备用……其实，就是通过生活中的一个普通场景告诉大家，这“100元”就如同配音员的气力、情感，也如同声音形式的轻重缓急、快慢停连，更是客户对你的要求，等等。在有限的时间、空间里创作，必须要首先着眼大局，否则，后面的配音就会吃力，或者失去重点。

如果没有客户或导演的指示，我们还是先从广告的结构入手。从广告语可以看出这段广告不属于“设置—主体—决定”的结构，而是一种叙事式的结构。第一部分，以理服人，以情动人；第二部分，与竞争对手的比较；第三部分，理念目标；第四部分，以新示人；第五部分，揭示主题。通篇把握住“途锐”“征途”“十年”三个关键词，奔着“途锐，享驭征途十周年”这一最终的落脚点。可以把“不为以力征服天地只为以心诚服世界。”这句话作为启示语之一，已经暗示得太明显了，因此，这条广告配音绝不能以“力”来创作（往往见到这种吉普车就想到用力量型的表述方式），而是应该“以心诚服”消费者。

接下来，可以结合广告片的画面（也可能是分镜头的手绘脚本）、音乐，结合广告的创意、消费者定位与客户需求，进入更为具体的细节布局。

第一部分，第 1 句至第 7 句，讲述“十年”走过的历程。这一部分还存在一个小层次：第 1 句作为一句总起，言语表达中既包含着真实的问题“多远”，也暗含着我们经历了许多。第 2 句至第 5 句是针对“多远”来回答，采用列数字的方式以理服人；第 6 句至第 7 句则是对“经历”的回答，这一部分更加注重叙述感。

第二部分，第 8 句至第 11 句，讲述“十年”中与竞争对手之间的较量。对于竞争者的表述自然是一种“轻视”，配音时可以将额头微微上扬，用眼角的余光扫视文字；对于自己的坚守又要回归到一种“自信”的声音上来。

第三部分，第 12 句至第 16 句，讲述“十年”自身的不断发展，同时暗示已经无需向世人证明什么了，一览众山小，无人能及，如果真的有对手，那只是自己。注意语气的把握，如果这一段重了或者太认真了，那么就无法表现出“不是为了让世界看见自己”。

第四部分，第 17 句至第 19 句，讲述“十年”后的今天，这款车会与时俱进，重新归零，坚定地开启新篇章。同时，将新的产车理念“不为以力征服天地只为以心诚服世界”公之于众。

第五部分，最后一句，揭示主题。

部分与部分之间，仍然需要设计得详略得当，而部分中间的句与句之间也要在节奏的推进上进行把控。例如：第一部分虽然出现很多数字，但是可以轻巧地处理，因为那些都属于过去，我们现在要再次走到起点。最后一部分虽然只有 9 个字，但却要加大送气量与口腔的控制，达到通篇的高潮，情绪饱满，充满赞美、自信、权威的语气色彩，掷地有声，给人以结束感。再如，脚本中几乎都是像第一部分这样的铺陈——“我们无畏挑战”“我们忠于梦想”“我们在漫天峰烟中”“我们日夜不息”。因此，在语言表达上，就需要将这些句子首先作为一个整体放入不同的音阶当中，再利用语势、节奏在句子内部进行调整，使这些广告语的表达听上去不枯燥、不单一，有起伏、有重点。

提醒一句，由于画面的剪辑，广告语往往是片段化地出现，因此要注意语气、情感、状态等的保持与连贯。

（二）创作依据、综合考虑

围绕广告配音的广告创意、销售策略、脚本文案、目标受众、客户需求等五大创作依据进行综合考虑，每一个依据之下都包含着声音个性、要点、暗示、指向、限制等问题。当然，也教会了大家许多技巧，例如：“5W”自问法，隐藏销售与过度营销，以理服人与以情动人，脚本结构与模式，脚本要点，消费者的需要，客户的受命，声音形式的选择等。不必每一次将所有的方法全部使用，可以具体问题具体分析。或者，挑选上述方法中的一种或几种，都会使自己的配音发生质的改变。例如：

《Olay》

电视广告 /30 秒

角色：知道我为什么不再用这个卸妆了吗？

因为它太油腻了，然后还要再洗掉这份油腻，真麻烦。

还好，我有 Olay 卸妆懒人洗面乳。

它含有 Olay 滋润成分和卸妆成分，不油腻，能直接用水洗净。

看，不油腻，又把妆卸得干干净净。

感觉真年轻，卸妆、洗脸一次完成。

▲首先，采用“5W 自问法”寻找内心依据：

我是谁？一个每天需要化妆的职场女性。

我在哪里？室内，自家卧室的化妆镜前或洗手间的洗脸镜前。

我在做什么？正准备卸去已经出油的妆容。

行为何时发生？晚上或深夜，下班或加班回家之后。

为什么我会在这？即使再疲惫、再不情愿坐到化妆镜前，也非要卸妆不可，否则太油腻了感觉脸部不舒服，还伤害皮肤，加速老化，不干净，会弄脏衣物。

▲其次，通过脚本分析寻找外在依据：

客户：Olay 卸妆懒人洗面乳

关键词：太油腻，不油腻，真麻烦，直接用水洗净

启示语：感觉真年轻，卸妆、洗脸一次完成

音乐：欢快电子音乐

脚本结构：

设置——知道我为什么不再用这个卸妆了吗？因为它太油腻了，然后还要再洗掉这份油腻，真麻烦。

主体——还好，我有 Olay 卸妆懒人洗面乳。它含有 Olay 滋润成分和卸妆成分，不油腻，能直接用水洗净。

解决——看，不油腻，又把妆卸得干干净净。感觉真年轻，卸妆、洗脸一次完成哦。

决定——隐藏销售（没有号召购买，已隐藏）

脚本模式：这则广告是明显得“逃生模式”。因此，在“设置”部分需要感受其他化妆品本身的油腻不适及卸妆麻烦的困扰。在“主体”部分中，当产品“帮助”元素——Olay 卸妆懒人洗面乳出现时，需要将其突出变现，并且对它的功能、优势淋漓尽致地展现出来。到了“解决”部分时需要表现出一种轻松、舒畅的语气。与此同时，此广告还有内涵暗示，即除了卸妆、

洗脸一次完成，还感觉年轻了许多。

与竞争产品的比较：知道我为什么不再用这个卸妆了吗？因为它太油腻了。

隐藏销售：一种自言自语式的隐藏销售方式，似乎一切都是漫无目的的抱怨，实则是有目的的推销。

声音意图：去理解职场女性，去解释 Olay 卸妆懒人洗面乳，去获得消费新体验。

消费者需求：首先解决掉卸妆麻烦的苦恼，还要同时解决面部全天带妆的油腻、疲惫，使肌肤重新焕发新生。

情感与态度：由最初的烦躁、困扰、不适、担心，转为舒适、轻松、方便、开心。

通过以上分析，会得出结论。声音的选择上需要一位 23—32 岁左右的职场女性，干练而独立，理性中透着感性，这也符合 Olay 中端市场的定位。因为，只有这一年龄段的职场女性才会因为化妆、妆花、卸妆而烦恼，因为繁忙的工作与难得的休息时间而困扰。欢快的电子音乐也在暗示配音员的声音造型要年轻化。配音需要采用隐藏销售的方式，不必强行推介，只需要将自己的感受从抱怨到欣喜展示出来。在竞争产品的劣势上可以加重强调，自身的优势上必须突出。务必掌握好脚本结构中各个部分语气、情感及声音形式的变化。特别是最后一句，有暗示“感觉真年轻”，还有促使去购买的鼓动“卸妆、洗脸一次完成哦”，完成之后不是落停向下，而是扬停向上“一次完成哦↗”，除了是再次提醒该产品使用的方便性之外，还有提醒消费的作用，可以用内在语“千万要记得去买哦”的语气来完成最后一句话的配音。

（三）声音选择，求同存异

音色、音调、音量、音长是构成广告配音艺术表达色彩千变万化的声音要素，对其概念的掌握，是声音造型与表达的前提。生活中，依托“四个物理量”的不同，可将人类的声音分解为 90 余种不同特征的发音。这些

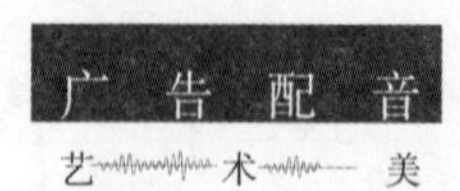

特征表现出了不同声音的不同波长、频率、强度、节奏。理论上讲，也就是可以通过调整声音的四个物理量，就能获得上百种声音形式，但哪一种适合这一条广告呢？借用一句广告语“不选贵的，只选对的”。

配音时，由于创作所依据的创意、内容、情感和消费者群体的不同，声音四个物理量所发挥的作用也会有所不同。同样酒类产品的广告配音，有的需要大气磅礴的豪放式，有的需要涓涓细流的婉约式；同样是食品的广告配音，可能是孩子天真烂漫的口吻，抑或是青年的、老年人的语言样态……这就需要配音员能够对自己的声音，也就是四个不同的物理量进行控制和变化。时而扩展音域，加强响度；时而改变些许的音色，给声音化装；时而变化音长，改变语言速度节奏；等等。

声音的形式和内容要和谐统一。声音的形式的变化，一定要从广告的内容出发、从情感出发，以作品为依据，所以，不能滥用，不能肆意地调节声音的物理量，发怪声，拖长调。这将成为毫无生命力的、单纯的、形式的卖弄。这样，不但不会感动他人，反而会成为一种令人生厌的炫耀，从而破坏了整个广告配音的创作，也因此会被一些观众所误解或不解。

（四）调整状态，相信自己

配音之前，要将自己的身心从生活的随意状态调整到配音的工作状态：

首先，状态要积极，内心要自信。积极的状态不代表是大音量、高空喊，是一种创作欲望的表现。内心的自信是别人无法帮你实现的，只能依靠自己，我们前面所做的一切准备也都是为了使配音员产生自信；而自信的另外一个来源是“相信你所说的话”，这很重要。

其次，沟通要充分，意念要集中。整理好手中的配音脚本，与录音师配合，调整好最佳的录音位置，话筒高度、监视器的角度，再次确认之前的脚本分析的符号都暗示了什么，将手机放置在不影响录音设备的地方，并确认关机或静音。已做过相关肌肉热身，清理好嗓子等，然后，排除外界的一切杂念，将所有的注意力集中到感受广告语上，内心开始酝酿，眼前出现情境与目标受众的脸庞，自然开始表达。

需要再次提醒的是，练习时可以按部就班，但在实际工作中，“具体准备”这四步往往是在电光火石般的时间内完成的。因此，初学者需要将其掌握并能够融入血液，在工作时快速做好脚本分析，进入工作状态。另外，这四步并不是机械教条的，每一位配音员准备脚本的习惯不同，擅长使用的脚本分析的方法也不尽相同，还是借用一句广告语，“适合自己的才是最重要的。”

当我们做好了这些准备，广告配音艺术创作就可以开始了。

第二节 分析实践

广告配音是一门实践性与经验性极强的艺术，学习者需要长期在话筒前创作与磨炼才能成长为一名优秀的配音员。创作中，的确需要艺术理念的指引和话筒前的思考，但是广告配音绝对不能仅停留在“坐而论道”的层面，更重要的是“配”起来，而且是调动口、眼、耳、手、脑、心等所有的元素认真地实践与创作。可以先从模仿开始，但必须要提醒一下，现实中播放的广告配音作品也并非均为佳作，在模仿与练习过程中，需要有所选择、扬弃。与此同时，要学会加入自己的分析与理解，创造出更合适的表达。接下来，我们就结合前文中所有讲授的创作技巧，将其运用到真实的案例分析与实践当中。

示例一：

单人独白 + 挑战模式

《绿瘦奶昔》

电视 /15 秒

角色：别人说差不多，我说不！

绿瘦代餐奶昔，塑造更美的自己，遇见更好的你。

绿瘦，代餐奶昔。

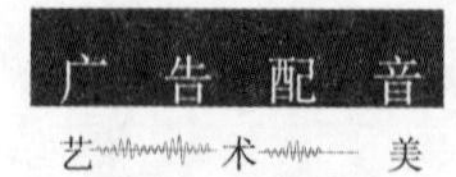

训练提示——

产品名称：绿瘦（代餐奶昔）

启示语：代餐，塑造更美的自己。

满足需求：审美的需求——塑身；社交需求——遇见；生理的需求——代餐。

脚本结构与模式：同样追求“瘦”，但这则广告是典型的“挑战”模式，而不是“逃生”去摆脱肥胖的困扰。因此，在声音造型的时候不能出现躲避的怯懦、逃避的恐惧、害怕的焦虑，而恰恰应该是自信的。广告语也已经暗示了挑战模式，广告旁白（也可以是隐藏读者——消费者的独白）已经在讲“别人说差不多”，但不满足，需要继续挑战自我，也为了“遇见更好的你”。

声音选择与造型：女声，自信、个性、率真、甜美，富于挑战精神。

表达样式与技巧：以第一人称“我”出现，单人独白，说话式的广告配音类型。虽然感觉好像是自说自话，但实际在独白中要有一种号召——你应该像我一样。利用“5W 自问法”给角色定位——苛求完美的处女座或者富于挑战与表现的狮子座，也许临近 30 岁，旁边的人都开始“差不多”，但是“我”不允许这样，不只是为了自己更美，也为了遇见更好的另一半，等等。考虑到这些因素，声音形象将会清晰、个性。在节奏上，会略显明快，才会使性格凸显。重音上，“不”“绿瘦”“代餐”这 3 个字词需要强调，不仅表达了“态度”，还突出了产品重点。由于是独白，语气上需要转换，“别人说差不多”是疑问 + 讽刺的语气，“我说不！”是否定 + 肯定，而且在这两句话之间还有一个表示逻辑的内在语没有写在广告语里，如果可以，在内心填充上，则可以更好地把握语气的转换。“塑造更美的自己，遇见更好的你。”两句之间也存在一种递进关系需要配音员把握，要给消费者一种“一举两得”的听觉感受。最后提醒一句，独白时的过渡转换需要注意配合画面。如果配音前没有画面可以参照，那么请在片段式的广告语之间留好“气口”。

示例二：

多人对白 + 逃生模式

《士力架》

电视 /15 秒

音效 / 篮球场的环境声

角色 1：一饿就发虚。

角色 2：怪我喽？

角色 3：饿货，来一块。

角色 2'：嗯，来劲了！

落版：横扫饥饿，做回自己！

士力架，真来劲！

训练提示——

产品名称：士力架（巧克力）

启示语：横扫饥饿，真来劲！

满足需求：生理的需求——饥饿；社交需求——合作；自尊的需求——做回自己。

脚本结构与模式：这则广告是以“逃生”模式为主，摆脱当前的尴尬。结构非常传统，设置问题是“一饿就发虚”，隐藏问题是如果出现饿得发虚的情况，就会影响做事的效率，甚至会引来同伴们的埋怨——“怪我喽”。所以，为了不出现这样的尴尬，需要产品的帮助，从而解决问题——“来劲了”。

声音选择与造型：角色 1——男声，年轻、直率；角色 2——男声，年轻、委屈；角色 2'（变强壮的角色 2）——男声，年轻，较其他声音更有力量和宽厚；角色 3——男声，年轻、亲和。落版，男声，阳光、有力、潇洒率真。

表达样式与技巧：这是一则“多人组合”的角色对白。虽然是一种说话式的语言表达样态，但这种对白中要有一个目的——引出产品。利用“5W 自问法”先给角色定位——篮球运动员，在篮球场上（室内馆），在场内比分敌强我弱的关键时刻，“我”需要一种力量扭转局面，等等，这样自问自答之后可以使自己的声音更具体、更有个性。在节奏上，会略显明快，甚至急躁。重音上，“一饿”“怪我喽”“来一块”“士力架”“真来劲”这5个词串联起了整个故事线，自然也是需要强调的位置。都是满足“饿”，为什么“一饿”的“饿”是重音，“饿货”不再强调了呢？从有声语言表达的美学角度来讲，重复部分的词“同头”尽量不再强调，况且第二次出现“饿”时，“来一块”更为重要，这是劝角色2（可视为消费者）赶快尝试一下。因此，重音需要有所取舍。角色配音，需要在语气上表现得更充分，第1句是埋怨+讽刺的语气，第2句是疑问+委屈，第3句是肯定+建议，第4句是强调+重拾信心与力量。这里还存在一个广告创意的考虑，角色2’是角色2的“变身”，角色2是矮瘦小、饿得发虚的形象，而角色2’是高壮大的形象（原片为姚明扮演）。这则广告的语气转换不是问题，因为一个片段都是一个角色和一种语气。

最后提醒一句，多人角色需要彼此声音的搭配与协调。

示例三：

卡通形象+音阶设置

《海天黄豆酱》

电视/15秒

旁白：海天黄豆酱。

卷一卷，蘸一蘸，拌一拌，开盖即食超好吃。

蒸一蒸，炒一炒，焖一焖，烹调一下更好吃。

落版：海天黄豆酱，怎么吃都好吃。

训练提示——

产品名称：海天黄豆酱

启示语：怎么吃都好吃。

满足需求：方便的需求——开盖即食，烹调的好帮手。

脚本结构与模式：典型的优质信息罗列的广告，简单、直白、明了，但是，广告一定是有问题设置的，只是将其巧妙地隐藏了而已。这则广告的问题可能是——或者生活忙碌，需要开盖即食的简单；或者做饭时不知道怎样才可以使菜品更美味、更入味。

声音选择与造型：男声，卡通、古怪、自信、风趣。

表达样式与技巧：这则广告是产品自身“代言型”的配音类型，采用的是说话式的语言样态，声音形象是卡通人物——黄豆。声音造型可使用“窄嗓”“干瘪”的发声方式，但是为了表现出自己是一颗黄豆“O”的形状，吐字却应该是圆润、立起，甚至是夸张的。共鸣上，主要是口腔音，如果能伴随使用一些鼻音会给人一种古灵精怪的感觉。作为自己为自己代言，状态要求自信、兴奋、积极、权威，并且给人造成一种有趣而独特、哪里都不能缺少“我”的感觉。

由于广告语是优质信息且直白，所以，这里推销产品无须隐藏，不过也不是强行直推，而是要体现出一种“哪里都少不了我的帮助”那股热心肠。这则广告需要重点注意的是存在一个音阶与语势的设置问题。

（我是）海天黄豆酱。

（我都有哪些功能和有点呢？）卷一卷，蘸一蘸，拌一拌，开盖即食超好吃。

（而且还能）蒸一蒸，炒一炒，焖一焖，烹调一下更好吃。

（总结一下）海天黄豆酱怎么吃都好吃。

先看整体，整体采用“总－分－分－总”的结构来把控。再看局部，将广告语中的“卷一卷”“蘸一蘸”“拌一拌”“蒸一蒸”“炒一炒”“焖一焖”放入不同的音阶，同时结合5种不同类型的语势设计。可以将两句分开考虑，如下：

（海天黄豆酱）　　　　（开盖即食超好吃）

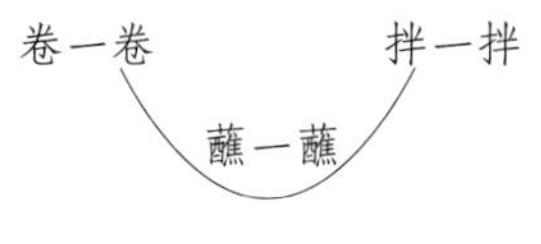

卷一卷　　　　拌一拌

蘸一蘸

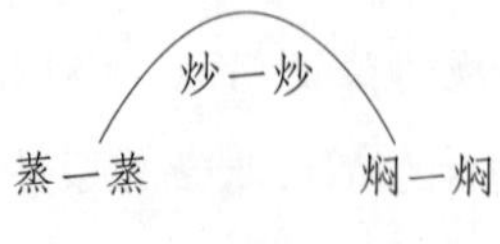

（烹调一下更好吃）

也可以作为整体来设计，如下：

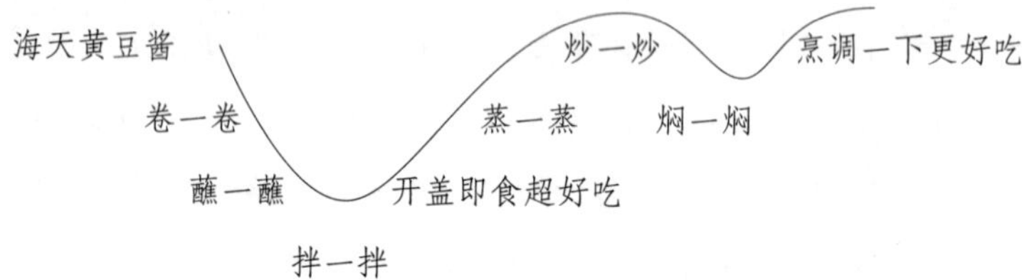

在结合广告中其他元素的基础上，配音员可以发挥想象力。例如“蘸一蘸”语势向下，坠入波谷，但同时又立刻向上反弹，模拟出一种“蘸”的声音动作。“焖一焖”语势逐渐向上，将眼睛闭上、下巴微微上扬，做出一种闻到了美味之后自我满足的声音表情。

示例四：

优质信息＋以理服人＋消费感受

《戴森》

网络视频/30 秒

旁白：自从戴森发明无绳吸尘器以来，工程师们从未停止革新。

如今，这款戴森 Hyperdymium 旋速马达的转速高达每分钟 125000 转。

黑色防静电碳纤维刷毛可吸出微尘。

DLS 动态负载传感系统，可智能感应不同地面类型，并自动调节功率，优化清洁状态与运行时间。

清洁家中四处。

戴森就是戴森。

训练提示——

产品名称：戴森（无绳吸尘器）

启示语：发明，戴森就是戴森。

满足需求：安全的需求——微尘；功能需求——不同地面、家中四处（省事），自动调节功率（省电），优化运行时间（省时）；自我价值的需求——戴森就是戴森。

脚本结构与模式：同样是典型的优质信息罗列的广告，但又不是简单的诉说其优势，而是采用了“以理服人”的心理策略。

声音选择与造型：女声，中年、自信、个性、小资、品位。

表达样式与技巧：这是一个讲解式的广告配音脚本，配音员可以用讲述的方式为大家介绍这款吸尘器。它有什么与众不同之处呢？有历史——“发明”“无绳”；有创新——“从未停止革新”；有科技——“高达”“125000”“防静电碳纤维刷毛”“DLS”。以上的词语都可能成为重音的位置，但是需要有分寸感地加以分配和强调。

这种优质信息的广告脚本往往会使人陷入“大力丸式”的配音惯性当中，但那种“激情”绝不是这款产品希望带给消费者的感受。之所以选择这条广告，也正是为了使大家理解：在表达这一类型广告的时候，声音中还可以透露出不同的“消费体验”。这种体验不是配音员自作主张的决定，而是从广告语中挖掘出来的暗示——“戴森就是戴森”——从文字中透露出来的语气能够使人感觉到一种“自豪”“自傲”“品位”“认可”“满足”及自我价值的实现。语气表现出来的情感是：它不是一般的无绳吸尘器，这可是戴森。不仅要表达出这款吸尘器的品牌、性能，还可以透露出一种“不一般”。

在广告配音中，这种“消费体验”可以采用“消费过”或“没消费过”两种方式。这则广告自然是“消费过”的感受。即便是“消费过”也会存在两种声音形式：一种是四处炫耀、极度夸赞，外放式的；一种是自我价值的实现、内心的品位与感受，内敛式的。如果产品是一袋洗衣粉，可以采用前者的体验，但是，对于一个连吹风机都要 2000 元以上的“戴森”系列产品来说，这款无绳吸尘器的体验显然需要的是后者，吸引的也是高端消费者。如果用一句话来启发配音员，就应该是“低调的奢华”感受。

示例五：

预告 + 内爆 + 外爆

《信乐团演唱会预告》

广播 /20 秒

旁白：摇滚特区 20 分钟销售一空，上万歌迷争相抢购，你，还在等什么？10 月 29 日，信乐团演唱会 One Night@ 火星售票演唱会，狂热引爆，最后倒数。

训练提示——

产品名称：信乐团演唱会 One Night@ 火星

启示语：销售一空，争相抢购，最后倒数。

满足需求：情感的需求，音乐享受的需求，也是没有抢到门票的歌迷最后的机会。

脚本结构与模式：这是一则活动预告广告，并非直接开始宣读演唱会的信息，而是明显地分成了两部分。第一部分是渲染了演唱会的火爆程度与门票紧缺局势；第二部分是预告信息的主体内容，虽然短小，但依然存在明显的故事结构与模式。设置——20 分钟销售一空，争相抢购；主体——10 月 29 日，信乐团演唱会 One Night@ 火星售票演唱会；决定——还有机会，最后倒数（隐藏的问题：需要立刻购买）。同时，这条演唱会广告也采用了“逃生”模式。

声音选择与造型：男声，沙哑且有质感，带有一些摇滚的声音元素。

表达样式与技巧：这是一则宣读式的广告，兼具了这一语言样态之下的“预告”与“激情”两种类型。同时，其结构的设置与广告语的撰写又使得此广告可以同时运用“内爆”与“外爆”的两种配音方式。以上两点正是选择这条广告的用心所在。

结构的第一部分采用的是“内爆”的声音形式，是一种气氛的渲染，同时也是为了体现出一种铆足一股劲、暗憋一口气的准备抢购之感。“你，还在等什么？”需要设计一个上扬的语势，为下一部分的“外爆”与“激情”做一个铺垫和预设。结构的第二部分采用的是“外爆”的声音形式，是一种激情地宣告，号召歌迷赶紧抢购，机不可失。

除此之外，这则广告还可以从广义备稿的角度来调动配音时的情绪。这场演唱会是该摇滚唱团的一场大秀，被网络评价“用音乐珍藏一个永远不会消失的夜晚！”后来《信乐团：One Night@火星演唱会 live》也成了摇滚歌迷的终极珍藏 CD。演唱会特别之处还在于，除了乐队主唱之外，这场演唱会还特别安排每位团员都有一段精彩独秀。

示例六：

长篇幅 + 以情感人

《方太》

电视 /3 分钟

角色 1：两个人相遇，就像两种食材，从天南地北，来到了一口锅里。

角色 2：那年下乡，我嘴馋，你嘴笨。每次你要讨好我，就会给我做些叫不出名字的东西。呵呵，果然，食物中毒了。

角色 1：得亏了这次中毒，我终于有机会在诊所和你朝夕相处了。

角色 2：可是，刚在一起没多久，你就回了城。186 天，每天给你一封信，对未来却越来越没有自信。

角色 1：想你的时候，就做个你爱吃的菜。思念和油烟，也说不清哪个更浓。

角色 2：记得那天，你突然出现在我面前，说，结婚吧，要是我还敢吃你做的菜。

角色 1：就这样，我们过起了柴米油盐的日子。锅碗瓢盆里，装满了苦辣酸甜。

角色 2：你再忙也会回家做饭，你说你爱吃青椒，把肉丝都留给了我，后来，我们俩变成了我们仨。

角色 1：我就再也没有和你吵过架。一对二，我赢不了。

角色 2：时间走得太快，我还没吃够你做的菜，牙齿就快掉光了。

角色 1：你还是每天给我写信，字还是那么秀气，只可惜，我戴着老花镜也看不大清。

角色 2：50 年了，我给你写过 1872 封信，你做饭时升腾的油烟，就是你一天三封回我的情书。

旁白：我们上门收集方太油烟机油盒中累积的废油，转化为油墨，印成这本“油烟情书”。因为，油烟是爱的印记，爱值得我们铭记。方太智能升降油烟机，四面八方不跑烟，为你吸除油烟危害，只留下柴米油盐中的爱。FOTILE，方太。

训练提示——

产品名称：方太，智能升降油烟机

启示语：四面八方不跑烟，只留下柴米油盐中的爱。

满足需求：情感的需求——爱；安全的需求——吸除油烟危害。

脚本结构与模式：生活中，我们为什么要购买“智能升降油烟机”呢?可能是为了解决四面八方跑烟的问题，可能是为了解决男人做饭时的身高问题等。这则广告将这些问题都巧妙地设计在了一个故事结构之中，使其全部转化为“爱”的需求。而结构上分为两大部分：读信与旁白。开始这两部分是毫无关联，直到“你做饭时升腾的油烟，就是你一天三封回我的情书。”串联起上下，开始了广告销售的真正诉说。

声音选择与造型：角色 1——男声，老年、优雅、体贴，带一丝沙哑（似曾被油烟熏呛过的痕迹）。角色 2——女声，老年、知性、温柔、感性。两个声音的年龄都是近 70 岁，在造型时需要特别注意。旁白部分需要选择年轻的男性声音，与前一句的女性声音区分开，同时给人一种方太员工的代言感。

表达样式与技巧：这则广告是角色与旁白同时共存的广告配音。角色部分，虽然是以“对白”设置的脚本，但实则是“独白”，而这种“独白”又是一种“对白”，因此在配音时，需要考虑到搭档的反应，采用的是说话式语言样态的配音。旁白部分，需要承接角色部分所营造出的情感氛围与意境，采用一种亲切、关怀的声音形式。前文中我们说到广告中的角色配音往往较影视剧角色配音“假”，因为它带着一种销售的味道，但是，这条广告由于角色故事部分和旁白销售部分是分开的，而且是三位配音员，所以，角色表达时可以更加如影视剧台词一般地生活、自然，只有角色 1 的“思念和油烟，也说不清哪个更浓”。角色 2 的“你做饭时升腾的油烟，就是你一天三封回我的情书”。这两句话需要强调，而且要前后呼应。

以上，运用本书中所讲授的技巧分析了六则广告的配音。本书仅保留了广告原有的声音性别，其余的分析则是运用了本书前文中所讲述的技巧方法，并未拘泥于原片，否则会本末倒置，目的是使大家能够理解这些方法，并在实际工作懂得该如何去运用。其实，每位配音员都是一个灵活的创作主体，每则广告也都是一个多变的创作对象，加之诸多不可控的现场因素，所以，方法需要消化到自己的血液中，随机应变，它们不是一成不变的乘法口诀。篇幅有限，分析仅供大家参考，最重要的还是需要大家不断地实践、总结，再实践，千锤百炼。

第七章｜广告配音的市场竞争

谁可以获得这份工作呢？谁的声音可以成为市场所追逐的主流产品呢？

人们对于声音的审美会随着政治环境与经济环境而变化。在战争时期，需要明亮、战斗、激昂、强劲、高亢、权威、悲壮，以及具有号召力、鼓动力的声音。当战争结束，经济形势良好的时候，幽默、活泼、亲切、甜美的声音更为流行，同时倾向于带有个性的年轻声音。随着一代人的年华老去，令人值得信任的声音开始在中老年人中销售药品。如果，一个国家正在经历着大事件或者灾难，例如汶川地震、“非典”以及新冠疫情，富有同情的、悲悯的、凝聚人心的声音也是广播电视中的常态。这就是市场，要紧随潮流。跟上这些趋势的最好方法就是倾听，你的耳朵是配音工作中最重要的资产之一。

在配音行业中，被某一国有大厂，某一家录音棚或配音公司，某几位配音员所垄断的时代已经过去了。现如今，配音市场已成了一个充满竞争的市场。在这个圈子里，有一群大大小小的“棚虫”“声优”以此为生，同时还有一批批专业学子在不断涌入。他们来自各行各业、各个年龄段，都是靠声音吃饭。有人可以一秒千元，有人一小时不足百元；有人一天接两三个“活”，有人一个月不开嗓；有人靠配音买楼买车、粉丝无数，有人租住在10平方米左右的小屋里，以巴掌大的墙角当“棚”。无论怎样，他们依旧为自己的挚爱在市场中飘荡着、努力着，梦想自己早日成为声音大咖。也许他们并不是为了钱，毕竟这不是一个能赚大钱的买卖，或许只是为了自己的梦想——用声音拯救世间孤独的灵魂。不过，在拯救他人之前，还是要回到现实先拯救一下自己明天的早餐。

第一节 声音小样

声音小样，来自英文单词demo，是一个配音作品的演示文件，由于每个作品的时长较短且演示文件不多，所以也称为小样、样音。它是一个配音员的作品微展示，也是声音名片或者有声履历。在为一份配音工作“试音”之前，配音员都会被录音棚要求提交一个“小样”。客户和广告公司会通过听取录音棚人才库中的声音小样，来确定配音员的音色或语言表达风格是否与广告创意和产品定位相符合。如果初步吻合，便会有下一步试音或者实配。因此，小样是非常重要的敲门砖。那么，声音小样中应包含哪些内容，又该如何制作呢？

一、声音小样的类型

既然声音小样属于配音员自己，也就带上了其个人色彩。每个配音员都有权利决定自己的声音小样中放入哪些类型的广告配音作品以及放几个，每个文件多长。从另一方面来讲，听取小样的客户或者录音棚的制片审美和习惯也是因人而异的，因此，这一节的内容并不会设定一个绝对的标准，仅结合配音一线的通常习惯做一般性介绍并提出制作的合理化建议。先从分类讲起。一般广告配音员会从如下几种方式中挑选一种或几种作为小样中展示声音作品的分类：

（一）按年龄段划分

通常这种分法是对“年龄段”声音感觉的一种描述，童声、青少年、中年、老年（广告配音中通常不会有太过衰老的声音，除公益广告之外），等等。

而每一个年龄段的划分之后，还会进一步划分出不同风格。比如青少年类别的下一级标签可能是“热情活泼”等。例如：

童声：发嗲、淘气 / 青少年：热情、活泼 / 中年：稳重、大气 / 老年：权威、善良。

（二）按表现形式分

独白式 / 大力丸式 / 解说叙述式 / 口号（slogan）式……

（三）按声音感受分

成就感 / 科技感 / 领导力 / 权威感 / 亲切感 / 活力感 / 古灵精怪……

（四）按角色形象分

都市白领 / 霸道总裁 / 邻家女孩 / 动漫二次元……

（五）按产品类别分

酒类 / 食品类 / 汽车类……

二、声音小样的制作

聪明的配音员从来不会去选择让别人帮助自己挑选和制作小样。不管那些录音棚的工作人员多么富有经验，都很难从旁观者的角度将你的小样特质看准吃透。拥有专业的设备，并不意味着可以制作出符合配音员个性需要的特定小样。因此，小样最好是自己制作。

在自行制作之前，首先配音员会明确小样的主要目的是什么：

发送给客户作为试音小样？

发送给录音棚作为该机构的小样库素材？

上传到付费网站，寻找配音机会？

在个人网站、公众号、社教平台上展示？

根据不同的目的，可以制作不同风格、长度的小样。

（一）小样的时长设置

声音小样的一个“小”字，其实就是关于“时长”的描述。配音员样音中单个类型声音文件通常是 1 分钟左右的长度，可以是由较短的声音片段组成，而不是一个完整的作品，也可以是一则完整的广告片，毕竟多数广告都是在 1 分钟以内，除了一些电视直销或者机构宣传片。为了听起来效果好，理想情况下，小样可以是混合了音乐和音效的真实播出过的自己的配音作品。但有时候，对一些想要获得第一份工作或者拓展新类型业务的配音员来说，声音小样中可以是对其心仪的配音作品的模仿。需要强调的是，即便是模仿，也不能毫无创造，否则获得工作的机会就会瞬间减半，因为还有一半的可能是客户直接去找你所模仿的配音员。

30 秒至 1 分钟的单个文件时长是不成文的规定。每个配音员都明白，如果广告客户、广告公司或者录音棚喜欢“这一个”与众不同的声音，只需要“一耳朵”的时间；若是不喜欢这种声音的质感和表达，再长的声音展示都是徒劳无果的。另一个原因就是，音频是一种单靠“声音”元素展示信息的线性传播，在同等时间条件下给人的感觉会较视频来说更长。也就是说，在盲听 1 分钟的文件时，听者会感觉过去了一个世纪。以“央广”为例，如果在直播中无声 4 秒钟，直播间会立刻“报警”，8 秒主控机房会“报警”，主控报警就是一次播出事故。可见声音小样中的 1 分钟时长已经足够漫长了。但也有例外，有些偏向讲述或解说类型的配音小样或者机构宣传片，就要做两手准备。由于是一种区别于短小片段式的语言表达方式，有些客户会先确定了音色及质感后，要求其提供一个长版的小样，他们可能会认为，这个声音在处理短句子、片段式的配音时尚可，但是否可以较好地处理长句子呢？能否胜任长时间的表达呢？所以，抱着这样的疑问，他们会选择另一个长版声音文件继续试音。在这种情况下，就需要配音员准备一长一短两个版本，短版依旧是 30 秒至 1 分钟，长版可以是 4 分钟至 5 分钟，但 5 分钟绝对是一个极限了。在此特别提醒，递交给客户或录音棚的声音小样总时长也应该根据实际情况有所控制。

（二）小样的内容设置

配音员在为广告声音小样准备脚本的时候，有的人会使用那些提供试音和配音脚本的网站上现有的作品，这样的做法绝不是一个明智的选择。而有些聪明的配音员则采用放置原创的配音内容进入自己的小样。报纸、杂志、广播电视广告和网络广告都是很好的作品来源。例如，配音员可以使用未曾在视频媒体播放过的，平面广告中的一篇作品，认真整理出脚本要点，创建属于自己特定风格的配音新脚本，再按照本章前文提到的广告配音小样的类型、风格，混剪成一个1分钟的文件。

如果对自己的改编能力不自信，或者是需要画面来展示的电视广告小样，就可以选择播出过的视频广告。可以直接选取一些大品牌的无声广告作为自己小样的"胚子"，将画面上的广告语摘录下来作为配音脚本，然后为其配音。这样做的好处是：一来，广告画面本身富有创意、制作精良；二来，广告语脚本也同样是经过深思熟虑的，符合广告作品的整体一致性。但是需要提醒大家的是，我们面对客户或录音棚不能说谎或者侵犯版权，需要在小样的名称中加以注明。

至于广告中角色的配音展示，并不像影视配音小样那么复杂。只要是符合这一类人物的听觉想象即可，在表达上没有太高的要求。

第二节 家庭录音

配音员都希望能拥有一个属于自己的"录音棚"，但是，在这个梦想没有实现之前，需要有一个在家也可以完成工作的角落。现如今越来越多的配音工作是配音员在家完成的。

一、家庭录音的注意事项

可做：

▲购买适合自己声音和预算的外置麦克风以及数字音频工作站。

▲找一个安静的、铺着地毯的地方录音，这将减少不必要的房间的回响。

▲录音时不要穿会产生声响的衣服，尽量是纯棉材质。

▲使用音频软件程序，以wav.或者mp3.格式录制或最终保存声音文件。

▲回听录音时最好戴上具有隔音效果的耳机，这样能够判断是否有效使用了麦克风并感觉声音是否入麦，是否存在多余的呼吸声、咝咝声和咔

嗒声等杂声，是否有失爆破音的录音片段，是否存在不必要的环境噪声，以及是否有电流的干扰声。

▲如果遇到电流的干扰声，关闭手机，重新拔插电缆，然后重启录音程序。如果这种干扰继续，可能需要请技术人员对特定硬件和软件进行检查并提出整改建议。

▲请注意客户对文件命名的要求与格式，正确键入每个文件的名称。

▲按照播出标准，将声音文件标准化，以均匀增加振幅，增加额外增益也可能是增加音量所必需的。

▲了解更快更新的文件传送方式：电子邮件、QQ 或者第三方大型文件传送站点（网盘、文件中转站）等。

勿做：

▲将麦克风放置在一个狭长过道里或一个很大的房间内，回响会很大。

▲使用电脑自带的内置麦克风录制小样或完成配音。

▲穿会弄出噪声的衣服，口袋里有一串钥匙或者一堆硬币，会碰撞发出刺耳声响的珠宝装饰。

▲录音开始前敲击话筒或者喷麦。

▲以不是普遍支持的格式（如 mp3. 格式）发送了仅在个人电脑或手机上可播放的声音文件。（如果非要这样做，就需要在交付前转换成 mp3. 格式的文件。）

▲没有按照客户指定的要求和格式命名文件。

▲交付录音前没有进行回听检查。

▲发送音质级别压缩得非常低的声音文件。

▲选择非常麻烦的传输方式或者打开方式。

以上的“勿做”不仅能让提醒配音员的配音文件更具备专业水准，同时有助其成为一个不给客户添麻烦的人，这样才会收到更多的试音和工作机会。

二、录音环境与设备选择

两个硬件条件决定了录音质量的好坏，一个是设备品质，另一个是声学环境，而声学环境决定作品的下限，设备品质决定上限。

（一）声学环境的营造

专业录音棚有专业的声学设计和施工团队来搭建，并且使用专业的材料以满足苛刻的隔音和内部声场设计，配音员的家庭录音虽然不具备这些但是仍可借鉴其思路。

声学处理可以简单概括为两个方面：外部隔音处理与内部声场处理。

外部隔音处理，即最大限度减少外部噪声，创造一个不受外界影响的空间，保证没有额外的声音进入话筒。

内部声场处理，尽可能降低混响时间是语言类录音棚的要求，并且没有颤动回声、驻波、声聚焦、声阴影、声染色、板腔共振、死声等声学缺陷。

1. 选择合适的房间

在处理外部与内部声学环境之前，需要先选择一个合适的房间作为录音棚。

在没有专业环境的情况下，一个门窗紧闭、不临街、周围无明显噪声源的房间是最理想的。典型的房间是卧室、书房。很多配音员也的确将卧室与书房作为他们在家中录音的工作场所，而且这两个房间还有先天的优势，它们天然地具备录音间的一些要素。在这两处空间内，存在着大量不同材质的、不同形状的吸声与反射体，例如：床、沙发、厚的窗帘、地毯、书架、挂着的衣服……这些都是对录音有利的声学材料。在卧室或书房录音时，仅需要关注是否有：没有任何装饰物的整面墙壁、大块的镜子、光滑的衣柜门、带玻璃门的书柜等。如果存在，可打开这样的书柜、衣柜，让书和衣服来充当我们的吸声体；或者在光滑的墙体或镜子前摆放一些衣物来制造反射。然后，关闭门窗在屋子内一边走动一边用力拍拍手掌，看看是否有明显的回音，尤其是角落。如果没有很明显的回声，就已经拥有一个优良的录音环境了。

2. 外部隔音处理

对于录制人声来说，合理处置的书房和卧室是可以录制出版级作品的场所，仅需要我们有正确的声学知识即可，但这是在外部没有明显噪声的情况下，如果出现以下情况该如何处理呢？

情况一：空间内有持续的明显噪声源（可被话筒识别）并无法规避，如冰箱、电灯的整流器或电脑主机的风扇声，怎么办？

通过一个简单的均衡插件就可以解决，如果这个频段和人声叠加肯定会有一些损失，正所谓“两害相权选其轻”。以 Pro Tools 为例，使用 EQIII 一段均衡：

操作一：选取一段录制文件中仅包含噪音的片段。

操作二：在轨道上加入一个均衡插件，调整为 Notch 模式。

操作三：调整 Q 值，收紧。

操作四：调整 REEQ 值，并聆听，确认噪声频率后处理整个轨道。

情况二：房间内存在有规律性的噪声，但不是连贯的，怎么办？

通常做法是：直接剪切掉此处噪声部分，但这会导致整体文件时间长度变短，如果是单句不要求与画面同步，此方法可行，如果需要声画同步或者要求保证文件的总时长，那么，剪掉这一部分的空白就会产生不连贯感（在录音过程中，即使我们没有发出声音，话筒也依然会拾取环境声，若这部分环境声被剪切掉，听感上就会造成一种“真空”的断裂感，非常怪异）。处理方式为：从其他空白的（这个空白处一定是开始录音后，话筒在拾音时的空白）地方剪切相同长度的“线段”来替换噪声部分，并做淡入淡出处理，否则会有磕绊，就如同汽车碾压高速公路上刚修补过的路段衔接处。

3. 内部声场处理

一些小技巧能够帮配音员规避和减弱部分外部噪声，但这都是建立在内部声学环境健康的情况下。外界环境我们无法改变，内部是可以人为纠正和处理的。

如果房间的空间较大，通过衣物摆放仍然解决不了回响怎么办？

如果卧室、书房较大，或者风格非常简约，整个房间都是无法处理的混响，我们就需要借助一些额外的设备来处理。最简便易用的是：声学隔板。常用的如：sE Electronics RF-X（需落地支架，下图左），Primacoustic VoxGuard DT（桌面版，无须落地话筒支架，下图右）

这两个设备原理简单，使用专业声学材料创造一个小范围的、半包围的空间，将话筒保护起来，隔绝反射和噪音。如果预算充裕，并且允许对房间进行适度的改造，建议使用专业声学处理材料。

尽量不要使用“吸音棉”“鸡蛋棉”类的材料。如果你的房间贴满了这种材料，那可能是灾难！

不可否认，鸡蛋棉的确具有吸音效果，但这类鸡蛋棉绝不能在工作室中大量使用。因为声音每个频段的波长都不相同，频段越低波长越长，频段越高波长越短，波长越短越容易被吸收。吸收材料的密度决定了这一材质对应不同频段的吸声系数，同时，同一密度材料的材质对特定频段的吸声系数会随着厚度的变化而变化。大量使用相同厚度、相同材质的吸声材料会导致空间内特定频段的声音吸收过量，而其他频段的大量声音无法被处理，造成明显的“声缺陷”。而“鸡蛋棉”这种材质由于其密度低、厚度薄，注定它只能吸收高频而无法处理中低频的声音，在房间内使用就会产生明显的“罐”声，也就是俗称的声音发“闷”。由于个人工作室存在沙发、窗帘等布艺物体，因此高频反而不是我们需要考虑和解决的，低频才是。尤其是纯语言录音，只需要解决上述的混响和噪声问题。

如果要改造自己的房间，想要获得一个均衡的内部声场，建议使用经测试的专业吸声材料。

（二）录音设备的选择

选择录音设备之前，先明确录音所需要的设备都有哪些，它们包括：

拾取设备——话筒

放大设备——话筒信号放大器（大部分声卡具备，简称话放）

转换设备——声卡（模拟信号转换为数字信号，ADDA）

处理设备——数字音频工作站软件（DAW）

回放设备——监听耳机、监听音箱。

话筒拾取声音信号后通过话放进行放大，然后 AD（声卡）将模拟信号转换为数字信号，输入数字音频工作站，成为可被编辑和处理的数据。经数字音频工作站处理后的数字信号再经由 DA （声卡）转换为模拟信号，输入音箱或耳机，让配音员、录音师监听和判断。

以上是声音信号传输、转换最基本的流程。其中，话筒决定了拾取原始声音信号的品质，话放决定了对这个原始信号进行怎样处理，ADDA（模拟数字转换器）决定了将信号从连续的曲线转换为 0 和 1 的数字，每一个过程都至关重要。如果话筒灵敏度低，我们会缺失原声中的一些细节，而这些未拾取到的细节可能恰恰是配音员天然音色中最优质的部分。话放品质不佳会增添额外的噪音，转换器的精度不够会丢失很多模拟信号的细节，而这些都是不可逆的。所以话筒、话放、声卡，它们共同构成了一只木桶，根据“木桶原理”，最短的那一块木板长度决定了木桶最终能装下多少水。

1. 购置理念

购置家庭录音设备，该怎么分配预算？才能够让这只“木桶”达到最好的录音效果？

这是一个很现实的问题，对于很多新手来说，也是一个前期成本的投入，这是录音这项工作中无法规避的。特别是还不太懂技术的新手，要么图便宜，要么迷信最贵，这两种极端都是不够理智的。其实，我们可以通过合理的组合搭配达到花费少、质量好的效果。比如，预算同样是 2 万元左右，那么2万元一支的话筒与1千元的声卡组合一定没有1万元的话筒与1万元的声卡所录出的声音作品优秀。因此，在搭配设备时，请务必平衡每一个部分的预算。明确了这一购置原则之后，我们再来谈如何挑选设备，依据什么因素来挑选设备。这至今仍是困扰很多人的一个难题，明明花费很多，仔细查阅了技术文档，但是为什么最终的录音效果不尽如人意呢？如果已经处理好了录音环境，分配好了设备预算，那么距离最后的成功只需要"选对"设备。

2. 话筒选择

话筒，声音信号的拾取工具，录音过程中最重要的设备之一，常见的话筒从物理构造上分为动圈和电容两种。我们再回忆一下它们最直接的区别：动圈灵敏度低，频响范围相对较小，无须48V幻象供电；电容灵敏度高，频响范围大于动圈，需提供48V幻象供电。这两种类型的话筒并没有高低之分，还是那句话，只有适合的才是最好的。

常用的话筒，例如：

选择1：Shure SM58LC

工作原理：动圈；指向：心型；频响范围：50-15kHz；现价：约858元。

预算紧张时第一优先级选择，至今仍在各种演唱会和录音棚中广泛应用，音乐人录制demo时的首选话筒，物美价廉、性价比高。不挑录音环境，无明显噪音和混响即可开工。

选择2：RODE NT1A

工作原理：电容；指向：心型；频响范围：20-20kHz；现价：约1480元。

中低端为主，个人工作室使用较多，专业录音棚难觅其踪。

选择 3：sE Electronics 2200A II C

工作原理：电容；指向：心型；频率响应：20-20kHz；现价：约 2899 元。

系二代产品，第一代银色的 2200A 曾横扫此价位市场，保有量大，评价高，但对录制环境有要求。现与 Ruper Neve 合作高端话筒，市场反响较好。

选择 4：Audio Technica AT4033A

工作原理：电容；指向：心型；频率响应：30-20kHz；现价：约 3850 元。

传统话筒制造商，at8035 采访话筒深受电台、电视台喜爱，对录制环境有要求。

选择 5：AKG C414 XL II

工作原理：电容；指向：9 种可选，从全指向至 8 字指向均有；现价：约 7399 元。

传统话筒制造商，标志性产品 C12 服务于全球顶级歌手。此款是曾经电台、电视台的主要配音话筒，认可度高，保值。录制环境要求高，建议搭配声学隔罩同时使用。

USB 话筒是否可以购买呢？

USB 话筒作为近些年新兴的一类产品，原理是在传统话筒中内置了话放和 ADDA 转换器，通过一根数据线就可链接电脑或手机工作，上手极其简单，对生产厂家的硬件和软件能力都有要求。

常用的话筒，例如：

选择 1：Blue YETI

支持 iOS、部分 Android、Mac、Windows

工作原理：电容；采样率：48kHz；现价：约 1298 元。

传统话筒生产商，产品线较长，设计感强，外形特点明显，入门产品，广受配音爱好者好评。

选择 2：Apogee MIC +

支持 iOS、Mac、Windows

工作原理：电容；采样率：96kHz；现价：约 2199 元。

2018 年第 4 代 USB 话筒，内置 ADDA，与 iOS、Mac、Windows 即可工作，无须购买声卡。Apogee 是一个专注音频接口的厂家，Apple 专用音频厂商，ADDA 品质极佳，适合需要经常更换录音地点的配音爱好者，便携性要求较高。

USB 话筒更适合经常更换录音地点的，对便携性有要求的，经常使用手机进行录音的，对设备操及硬件作不熟悉的配音员使用，毕竟这一类话筒大多即插即用，无须驱动。最优先推荐 Apogee 的 MIC +，其次 Blue YETI。首先，Apogee 采样率是最高的，其次 MIC + 已经迭代到了第 4 代，趋于完整，并且对 iOS 系统支持极佳，缺点是不支持安卓系统。Blue 也针对 USB 话筒研发多年，并且极其重视这部分市场，导致其产品极具针对性，功能性强，并且可支持安卓系统的话筒。

3. 声卡与话放的选择

声卡包含了音频接、话放和监听控制器，其中 AD/DA 品质是评价一款声卡优劣的主要指标。通常，声卡的输入输出通道数量越多，价格也就越高，对于个人家庭配音来说，通道数量多等于浪费金钱，至多有 2 个通道就足够使用了。

以下这 3 款声卡都是相似的产品，配置、价位大同小异，可以根据自己的使用需要和实际需求选择，产品品质也相近，品牌都是传统的音频设备厂商。

选择 1：Focusrite SOLO

接口类型：USB 3.0；系统：Mac、Windows；通道：2 进（1mic，1 乐器）、2 出；AD 精度：24bit/192kHz；支持 48v 幻象供电；现价：约 890 元。

Focusrite 老牌模拟硬件厂商，这个 solo 具备了我们需要的所有必要的部分，话放、AD、48V 幻象供电，同时支持 Windows 和 Mac，操作直观，易上手，没有花哨的功能，入门产品。

选择 2：YAMAHA UR22

接口类型：USB 2.0；系统：Mac、Windows、iPad；通道：2 进 2 出；AD 精度：24bit/192kHz；支持 48v 幻象供电，支持 iPad；赠送 Cubase AI 录音软件；现价：约 1340 元。

支持 iPad 和赠送简化版录音软件是它最大的亮点，同时拥有 2 个完整的输入通道，允许 2 个话筒同时工作。

选择 3：Roland Rubix 22

接口类型：USB 2.0；系统：Mac、Windows、iPad；通道：2 进 2 出；AD 精度：24bit/192kHz；支持 48v 幻象供电，支持 iPad；赠送 Ableton Live Lite 录音软件；现价：约 1299 元。

与 YAMAHA UR22 极为相似的一款声卡，区别是赠送的软件不同，监听部分增加了单通道和立体声监听切换。

如果有更高质量要求，并且预算充裕，声卡可以选择一步到位。可参考 UA 和 Apogee 两个品牌。前者是传统硬件音频厂商，这些年开展音频接口业务后，其 Apollo 系列声卡风靡一时，搭配的 UAD 运算核心和插件更是饱受好评；后者是传统 ADDA 厂商，获得了数十项 TEC 大奖，ADDA 品质备受好评，极受欢迎。

选择 4：Apollo Arrow

接口类型：雷电 3；系统：Mac、Windows；通道：2 进 2 出；AD 精度：24bit/192kHz；支持 48v 幻象供电；赠送 Realtime Analog Classics 插件套装；现价：约 4190 元。

UA 最新一代桌面便携声卡，相比 Twin 更小巧，简化了输入输出接口，更适合个人使用，同时依旧携带 UAD 运算卡和赠送 UAD 基础插件包。

选择 5：Apollo Twin X Duo

接口类型：雷电 3；系统：Mac；通道：2 进 6 出；AD 精度：24bit/192kHz；支持 48v 幻象供电；赠送 Realtime Analog Classics 插件套装；现价：约 7000 元。

UA 桌面声卡的主力产品，已经是第 3 代，很多人的首选，Twin 系列有 solo、duo 和 quad3 个版本，其中双核 duo 是最具性价比的，其 ADDA 品质佳，足可用在搭建真正的录音棚上。

选择 6：Apogee Duet

接口类型：USB；系统：Mac、Windows、iOS；通道：2 进 4 出；AD 精度：24bit/192kHz；支持 48v 幻象供电；现价：约 4800 元。

全触屏控制，作为 Apple 的音频指定合作厂家，对 ios 设备的支持是最优秀最全面的，同时支持 Windows 系统。

选择 7：Apogee Element24

接口类型：雷电 3；系统：Mac；通道：2 进 4 出；AD 精度：24bit/192kHz；支持 48v 幻象供电；现价：约 4200 元。

Element 系列中最小巧的一款，ADDA 品质接近 Apogee 的旗舰接口，价格不足 1/5，一上市就广受好评，极简设计，与 Logic 原生整合。Apollo Twin 系列的强力竞争者。

声卡，仅建议从第一类“入门”或者第二类“到位”产品中选择。前者可极大地节约预算，甚至连软件都不需要购买，后者可以直接用在搭建专业录音棚时使用。声卡作为录音设备中“数字”部分最多的设备，也是最不保值的产品，技术更新必然会带来设备淘汰。第二类产品大多是近几年刚刚发布的迭代产品或者是新品，其品质较高的 ADDA 在某种程度上也保证了不会被很快地淘汰。第一类产品胜在价格低廉，即使两三年后淘汰也不会太过心痛。

4. 录音软件的选择

录音进入数字化之后，Avid Protools 凭借软硬件绑定的策略一枝独秀，占领录音软件行业的大部分领土；Cubase、Logic 和 Live 在编曲和音乐制作领域更受欢迎；Nuendo 由于早期就支持 Windows，在国内影视制作应用较多。但是作为录音和混音来说，Protools 仍然是最主流的软件。如果要录音，建议仍然从 Protools 开始学起，因为终究会回到 Protools 的使用上来。

Protools、Live、Cubase 都有免费的简化版，入门和简单录音足够使用，(部分声卡会随设备附送软件)如果想要使用完全版，则需要购买，价格不菲。

Protools First	Protools	Protools Ultimate
官网免费注册	29.99$/月 或 ¥3680.00 买断	79.99$/月 或 ¥20990.00 买断
Cubase AI	Cubase 10.5 教育版	Cubase 10.5 商业版
买声卡厂家赠送	¥2,999.00	¥3,060.00
Live lite	Live 10 Suite	Logic
买声卡厂家赠送	¥2,999.00	¥1998.00

Nuendo 由于和 Cubase 高度重合，并且价格昂贵不在单独列出。以上软件全部支持简体中文，Logic 仅支持 Mac 系统。

5. 监听设备的选择

监听耳机、监听音箱等回放设备的作用是不加修饰地、尽可能地还原出原音频信号，这一点是与市面 HiFi 设备的最大不同。监听设备要求的是准确，因为只有准确，才能发现问题，才能修改。如果回放设备对某频段进行了美化，在特定设备上听也许很棒，但是换另一设备也许就糟糕透顶。作为音频制作环节，我们需要让声音作品尽可能在任何设备上听都能有优秀的表现。中立、客观是监听耳机、音箱最基本的要求。

由于是家庭录音，使用耳机较为便利，此处只讨论监听耳机。监听耳机可以分为全封闭、半封闭、开放式三种。其中，全封闭式的耳机应用最，也是最常使用的类型，正确佩戴后能隔绝大部分外界声音。

如何挑选一款耳机，我们应该关注耳机的哪些方面？

能够被称作“监听耳机”的产品，我们无须去关注其声音表现，反而更应去关注一些细节，比如，耳罩大小、头梁材质、整体重量等。因为监听耳机作为生产工具，我们需要长期佩戴，耳罩过小会压迫耳郭导致疼痛，头梁材质过硬会让我们感到疲惫、束缚，整体重量过大会导致颈椎不堪重负，头重脚轻、眩晕混沌，而这些都是影响工作效率和质量的关键。同时，是否有移动录音的需要？便携性如何？都应在考虑范围之内。此刻，音质则并没有那么重要，只要我们选对了品牌，音质更多是一个因人而异的主观印象。

在挑选耳机的过程中，经常会提到一个词——推力。在选择了专业品质的声卡后，耳放功率与耳机阻抗之间的匹配是我们不需要关心的问题，就像话筒阻抗完全不是挑选话筒时需要关注的参数一样。

选择 1：AKG k92

全封闭；频响：16-22kHz；不分离线缆，不可折叠；净重：200g；现价：约 399 元。

入门款 AKG 监听耳机，全封闭，AKG 经典头梁设计佩戴舒适，重量轻，耳罩偏小可能会压迫耳郭。

选择 2：AKG k271MK Ⅱ

全封闭；频响：16-28kHz；可分离线缆，不可折叠；净重：240g；现价：约 849 元。

经典的监听耳机，陪伴了无数录音师，自动静音设计，经典 AKG 式头梁设计佩戴舒适，可长时间佩戴，大耳罩，可拆卸线缆。

选择 3：拜亚动力 DT770Pro

全封闭；频响：5-35kHz；不可拆卸线缆，不可折叠；净重：270g；现价：约 1199 元。

1990 年监听耳机生产设计历史的厂家，经典的 DT770Pro，骨架全金属，头梁软包，耳罩根据阻抗版本不同分为天鹅绒和皮质两款，耳罩巨大。佩戴舒适，缺点是稍微偏重。

选择 4：Sony MDR7506

全封闭；频响：10-20kHz；可拆卸线缆，可折叠；净重：230g；现价：约 800 元。

已经销售了 20 余年的经典监听耳机，影视作品和 MV 镜头中的常客，皮实耐用，携带方便，唯一需要注意的是小心假货！

选择 5：铁三角 ATH-M50

全封闭；频响：15-28kHz；可拆卸线缆，可折叠；净重：285g；现价：约 1199 元。

综艺节目《中国好声音》播出后销量骤增，多色可选，时尚好看，缺点是偏重。

选择 6：森海塞尔 HD380Pro

全封闭；频响：8-28kHz；不可拆卸线缆，不可折叠；净重：220g；现价：约 1210 元。

HD280 的升级款，椭圆形耳罩，空间尚可，重量尚可。

挑选耳机的最后一条建议：如果有可能，最好现场试戴，测试耳罩与自己脸型的贴合度，确认封闭性和舒适度。

6. 搭配建议

结合以上设备的性能及市面价格，以下是三种搭配组合，仅供参考：

组合 1：Focusrite SOLO + Shure SM58LC + AKG K92 = 约 2147 元

整个清单中价格最低的一种组合，使用 SM58 动圈话筒在客厅录制人声，环境中的噪声在输入电平合适时没有很强的存在感。如果使用者为男声，动圈话筒有特殊加成，而且无须声学材料。

组合 2：Apollo Arrow + sE Electronics 2200A Ⅱ C + AKG K271 MK Ⅱ = 约 7938 元

这一款组合是最为适宜的组合，前提是预算足够，组合中的设备完全可以坚持到搭建一个属于自己的工作室或录音棚。若能在此基础上搭配一块声学隔板，就趋近于完美了。可以根据自己的电脑更换声卡为 Apogee Duet。如果预算不足，退而求其次，建议更换声卡至入门级，话筒和耳机保持原配置。

组合 3 ：Apollo Twin X Duo + AKG C414 XL Ⅱ + 任意耳机 = 约 15000 元

如果拥有独立录音空间并可以进行改造，在上述组合中根据房间面积选择一套 London 声学材料，后续增添一对监听音箱，一个工作室雏形已经搭建完毕，可以满足绝大多数的录音需求，作品质量可达到商业要求。

（注：以上图片、价格和参数均来自网络，选择时请以实际购买为准。）

第三节 声音营销

广告配音员是否想过为自己的声音做一次广告呢？

与其他的有声语言创作不同，广告配音与生俱来带有一种商业属性。如果配音员无法将自己的声音推销出去，那么再美的声音都毫无意义。如果只是坐等着录音棚试音的召唤，莫不如主动出击，将声音视为一种商品，学会自我声音营销。

那么，什么是声音营销？

营销，指企业发现或发掘消费者需求，让消费者了解该产品进而购买该产品的过程。应用在广告配音艺术市场来说，此刻，广告主将成为声音的消费者，其追逐的声音质感以及表达样式就是“需求”。而如何建立渠道，将声音转化为利润的这一过程，就可以称为广告配音的声音营销。

然而，市场需要什么就生产什么，这种做法虽然正确，但并不绝对。市场不是一个固化孤立的系统，需求也存在着无限可能。立足于市场，的确可以减少一些创作的盲目性，但仅仅有了市场需求的观念还不够，同样需要声音产品的营销策划。

不可回避的现实是，配音员往往是孤军奋战，特别是在事业起步的阶段，没有团队，只能依靠自己。

一、主动宣传

不要自以为声音小样放在了几家大型录音棚的电脑里就可以高枕无忧了，要知道，一样在等待机会的人还有许多。因此，配音员必须掌控自己的营销。最难的销售是如何卖出第一件产品，也就是首先要被广告主、广告公司、录音棚注意到你的声音很特别且是他们所需要的。因此，自我宣传对自由职业的广告配音员来说至关重要。

（一）社交平台

曾经，配音员通过电子邮件、博客、QQ 联系业务并宣传自己，而现如今越来越多的人通过“微博”“微信”“抖音”“快手”“一直播”等移动终端 App 或者社交软件来扩大自己的影响力。

当然，宣传手段与方法的效果可能会因人而异，这取决于个人的配音经历、性格习惯与创作风格。有的配音员选择在线直播的方式欲将配音的经历与大家倾诉，有的配音员热衷于拍摄短视频在社交平台上播放，有的配音员喜欢将工作内外的点滴发布在微博上分享，还有的配音员仅仅是将心灵的感悟放在朋友圈中留念。这些都可以起到一定的宣传作用，但是，这些社交平台，往往只是粉丝与配音员、配音员与配音员之间的彼此关注，而不是配音员与广告主、广告公司、录音棚的制片相互的关注，因为这些人没时间去关注配音员的社交账号或朋友圈。只有一起从事过配音工作之后，配音员和这些声音的消费者才有可能在社交平台上有所互动。因此，不要完全指望着在这些地方去推荐自己，那不是我们的营销目的。

（二）个人网站

个人主页，对于配音员来说是另一处宣传自己声音才华的地方，而且可以拥有更大的网络空间，放置更多更长的广告片来展示。如果没有达到一定数量的链接，如果没有用关键词优化个人主页，或者如果个人主页不是以点击付费的方式成为搜索引擎中的关键词，那么，该配音员网页出现在搜索结果中的排名次序就不会靠前。

现在，这种主页的建立变得更为简单了，大多数的配音员会选择利用“微信公众号”“抖音”的新方式。

作为一名配音员，需要一个清晰而且易于浏览、导航的网页。潜在的声音雇主不需要费力地阅读大量页面就能到达声音作品的演示区。网站应该是配音员声音个性的延伸，包括色彩及风格，一切看起来都应该具有与其声音特点相一致的艺术品位与追求。如果建立一个与自身风格不和谐的，或者是永不更新的网页、公众号、抖音号是没有好处的。理想情况下，每位访客都希望网页或公众号上的音视频内容能够流畅地打开，因此这些声音小样的文件格式与大小需要有所考虑，不要成为客户点击播放时的一个麻烦。

（三）寻找代理

在欧美、日韩等国家，配音员的业务承接是需要有经纪公司及经纪人的，哪怕是一次试音都需要得到经纪人的允许。在我国，目前有了这样的趋势，某一位配音员只能由某个录音棚承接业务，甚至也出现了经纪人一职。在代理制没有真正、广泛实现之前，仍然还是录音棚以及大大小小的工作室承接相应的配音业务，然后寻找和推荐相应的广告配音员来试音。配音员可以利用互联网寻找到这些配音公司或者录音棚，毛遂自荐，将制作好的声音小样发送到指定的邮箱中。

当然，现在也出现了一种新途径，可以通过参加各个录音棚或配音工作室开设的课程接触到这些具有一定规模的公司，然后经过挑选最终成为其签约的常驻配音员。

二、建客户网

完全可以理解，对于一个声音表达的“艺术家”来说，配音员更愿只是在话筒前创作，而不愿“出卖自己”，走到客户面前自我推销。我们先不谈艺术，如果配音是一个人养家糊口、赖以生存的工作，并且希望业务预订源源不断的话，他（她）就要学会与客户沟通并建立联系。这里的“客户”是包括广告主、广告公司与录音棚三者的声音的消费者。其实，建立并维护好自己的客户网，也应该是广告配音工作的一部分。

以下是可以拓展客户关系网的一些方法：

1. 互联网

在国内著名搜索引擎中输入“广告配音”一词，会得到 1570 万个结果。当然，这里不都是提供机会的广告配音公司，但至少首页上布满了商机。可以选择打开一些品质较高的录音棚或工作室的主页查看他们是否需要你这一款声音，或者他们需要什么样的声音。如果在提供配音工作机会的网站中去寻找，获得业务的机会似乎更大，但是这些工作的报酬往往会标注得很低。若是当作实践的机会，也还是一笔不小的收入，同时还磨炼了自身的专业。找到一些目标信息之后，配音员还是需要试音的，确定这份工作是否适合自己的声音特点。

2. 录音棚

获得了一次在专业录音棚配音的机会，就要把握住，不要完活、结钱、走人。至少要给予你接洽的制片发一个短信或者微信表示由衷的感谢，不要只是一些套话，可以选取当天工作中的一个彼此记忆深刻的关键点或业务的指导加以简单回忆，同时表示出还希望能够有下一次合作的机会。那么，这个录音棚便可以加入到你的客户清单中了，甚至这一家录音棚或制片还可能为你介绍更多的客户。

3. 社交软件

微博、微信、抖音、配音秀等社交网站和 App 都是可以用来建立人际关系的。有时，工作也会通过私信或者 @ 配音员的方式出现。可以借用这些社交软件进行自我推销，但要在个人说明中定义好自己能够驾驭的配音类型，并战略性地与谁“互相关注”“加为好友”。出于商业目的，有些配音员可能需要两个账户：一个用于朋友和家人，另一个用于业务。这样，才不会引来朋友们的反感。

4. 朋友及家人

永远都不要忘记，配音员应该让家人、朋友知道自己正在从事什么样的工作，也不要认为他们不可能成为自己的客户。即使他们没有为你立即提供配音的工作，作为朋友与亲人，他们也会诚心诚意地替你向周围人免费宣传。

配音员真的需要去营销自己吗？

其实，身处在行业中的人都知道答案是肯定的。不是说配音是一项艺术创作吗？配音员只要做好“艺”就够了，可这样的“做艺”意味着狭隘地理解了配音工作的范围，也就是仅仅定义为在话筒前的有声语言创作，但身处在市场中的配音员，还有一个隐含的问题需要解决——就是“如何获得工作”。

美国知名配音员杰弗里·费希尔曾说："作为一名配音员，成功意味着冷酷无情和不屈不挠的自我推销。"美国公共电视网台声配音员哈兰·霍根认为："无处安放的才能是毫无价值的。配音员必须通过广告、公关、个人网站、销售电话、推荐，开发那些需要语音产品的场所、公司来推销自己——积极地、战略性地营销、营销、再营销。"

三、品牌塑造

声音是可以成为品牌的，比如英特尔语势上扬的"噔噔蹬蹬"，奥迪强劲有力的心跳"扑通扑通"……但是配音员的声音却很难成为品牌。因为，品牌塑造的一个前提就是需要时间的沉淀，但是人生苦短，而人声亦短。不仅是人的生命周期有限，一个人的声音质量也会随着健康、个性等问题而变化，这种不稳定性直接导致了人的声音品牌难以实现。

另外，广告配音行业中，经常会陷入一种怪圈：

这个声音是谁的？

好像在哪个录音棚听说过那个人。

把那个人找到！

那个声音现在已经太贵了！

找个听起来像那个人的人。

这个声音是谁的？（新人出现）

追逐利益最大化使得品牌建立的梦想就此打破，甚至于配音员想要维护自身声音的权益都是一件难事。

难道说品牌建立难就不去追求了吗？梦想总还是要有的，万一实现了呢。

首先，配音员可以利用前面学习到的关于广告的知识为自己的声音做一次广告。分析一下自身的优势：拥有哪些与众不同的声音质感？擅长哪些类型的广告配音？有多少年工作经验？可以找到一个关键词或者一句口号来形容自己的声音与表达。例如，美国著名配音员乔·波里诺使用了"不仅仅是另一个橡胶嗓”的宣传语，意思是：许多配音员都称自己为“橡胶嗓”，但是，我又不仅是“另一个”，除音域宽且多变之外，还有其他才艺和技能。业界对李易先生的声音描述的是“大气”，直到现在配音市场中依然有客户在寻找李易的声音。

所以，想一想，给自己设定一个关键词或者口号，沿着这个方向去努力。

客户雇佣一个声音的目的，一定希望这个声音可以为其产品打开销路。因此，要多建立与具有品牌效应的客户关系，从而将自己的声音也冠以同质的品牌价值。配音员的声音已经和具有品牌性的产品、具有权威性的媒体等相关联，无形中其声音也具有了可识别性的品牌价值。例如：孙悦斌先生的《国窖 1573》（历史篇）已经成为酒类产品声音的标签；他的“您正在收看的是新闻直播间”似乎已和央视新闻频道融为一体。

声音品牌是某种承诺，是无形的，它提供了一个差异化因素，使客户（声音消费者）更容易在众多竞争产品中做出选择；它会给予客户一种质量的保证、一种信誉或可靠的感觉。

怎么能更好地建立声音品牌呢？

作为配音员显然需要专业且独具特色的声音与表达，才能使人们印象深刻，这是建立品牌的基础。其实声音品牌的基调有点像他人对自己声音的第一印象。对于配音员来说，可以通过周围人对自己声音的评价做出一种判断，同样，也可以通过品牌设计来判断自身的声音个性。

千万不要羞于将自己的“口号”告诉他人，必须对自己所建立的品牌充满信心，并为之感到自豪。创建品牌所需要的过程是很漫长的，为了开始创造之旅，需要首先问自己：怎么描述自己的配音类型？如果自己的声音是一个人，怎么描述其个性？在致力打造品牌形象时，选择合适的 LOGO 作为视觉效果，考虑如何让自己与众不同。声音气质要与视觉形式完美地结合。

或者，我们可以先将配音员的声音是否可以成为品牌的问题放一放，先取得客户的信任似乎显得更为重要。当这个问题解决之后，也许就会打开通往前一问题的大门。

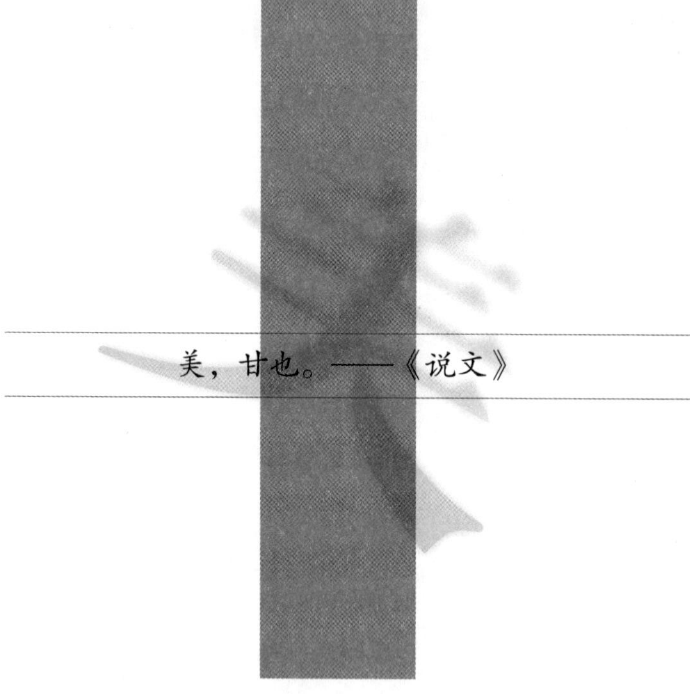

美，甘也。——《说文》

第八章｜广告配音美的基础

由于商品经济的快速发展，社会主义市场经济的日益繁荣，广播电视以及现如今新媒体传播平台上的广告可谓是五花八门，人们似乎来不及多加思考，只需要在播放的一瞬间被吸引即可，广告配音正是那“一嗓子”的突然。然而，配音员的创作氛围与创作水平同样受到大众文化、消费主义、市场利益的冲击，逐渐被分化。视广告配音为有声语言艺术，还是将其当作一个“活”而大规模地生产与叫卖，结完钱走人，这是两种截然不同的创作追求。前者，不仅是为广告主、广告公司而服务，更是为有声语言艺术而创作，甚至这一群体中有作为的、有担当的创作主体都成了配音艺术家，成了文化艺术进步的力量。正如冯雪锐先生曾经说：“观众和听众是不知道配音员在幕后所做出的努力，我的声音是要‘出街’的，我要对它负责的。”①

广告配音员应该是优秀的有声语言表达者的角色，对广告质量的提升有其天然的责任。同时，对其自身而言，作为一名 配音表演者，这种“担当”应是一种自律，且深入骨髓。广告配音创作，不应完全以经济利益为创作目的，更应致力于对一种有声语言美的审美价值的维护与追求。在传播过

①罗景昕：《冯雪锐配音艺术口述历史研究》，九州出版社，2019，第 230 页。

程中，广告配音的创作一方面受命于广告主、广告公司以及市场；另一方面，配音员也通过各种方式影响或参与广告的创作，融入其自身的思考，从而创作出一批具有审美意义的配音艺术作品。

广告配音，是一种信息的传播，更应该是一种美的传播。广告配音的创作主体不能单单为了达成“生意”而盲从，更应该以有声语言艺术表达者的身份，以提升整个广告艺术传播为己任，去探索广告配音的批评机制、方法与标准，发现广告配音艺术美的本质与规律，并以美的标准与规律来构建诗意的广告活动，不仅向国内，同时要向全世界传递出中国社会主义市场经济蒸蒸日上、堂堂正正的声音。特别是对于商业广告配音来说，更应当是商业与艺术的完美结合。

第一节 广告是美的创造

人们从古代时期就在探索用何种方式能够使“广告”更为有效地打动人心、广泛传播。毋庸置疑，有声语言艺术化的表现形式为广告信息的传播插上了强有力的翅膀。声音裹挟着产品内涵，语言包容着商品信息，文字生发着广告创意，表达塑造着听觉美感。随着现代广告业的发展，人们也越来越意识到广告中有声语言的提醒不应是耳边重复信息的聒噪，而应该是美的显现与享受。

“广告巧妙地利用了艺术走向美学，利用美的强大力量征服广大的受众，而广告美一定程度上决定了广告传播乃至市场竞争的成败。”①

当广告在信息轰炸失效时，消费者不再为那些重复的“唠叨”所埋单时，艺术化的表达无疑为广告穿上了美的外衣。美国著名广告人威廉·伯恩巴克就是将广告视为“艺术”的代表人物之一，他认同广告是艺术的创造，是具有审美价值的。为此，他也曾有过精辟的阐述：“独特的品位、卓越

①王纯菲、宋玉书：《广告美学——广告与审美的理性把握》，中南大学出版社，2005，第6页。

的艺术、非凡的撰稿手法才是促销的好工具。”在他眼中，广告应该利用艺术化的手法，来使目标受众的视听产生强有力的冲击与注意，呼唤起其心理认同与情感共鸣，引起他们的消费联想与满足，只有这样由内而外发生质的改变之后，才可能使其付出行动去购买，甚至成为这一品牌商品的拥趸。如果广告没有艺术吸引力，人们在看过广告之后，没有任何的触动，那么广告有再多话语都是浪费广告主的金钱。使消费者喜欢上广告、记住广告、听从广告，从而达到销售目的，艺术美的表现无疑是最好的方式方法。

根据马克思“劳动创造了美”的观点，广告本身就是一种美，是人的本质力量物化的产物，是人的体力和脑力劳动创造的结晶，蕴含着人的本质力量。无论从广告艺术生产的整个过程来说，还是从创意的碰撞、文案的写作、视听元素的设计、后期影音的制作、发布平台的操作等具体行为来看，无可非议，这一切均离不开美学的规律。另外，广告公司和客户同样可以通过广告被受众所熟知、接受、谈论的热度，来体味自身创造的商业价值、业绩表现，从中获得美的享受。因此，广告是按照美的规律来创造的产品，具有审美价值，是一种美的创造。

广告美的创造是艺术性与功利性的完美结合，不仅可以增强信息的传播力、影响力，更借用艺术的感召提升了品牌的文化品位。在这个过程中，使得广告具有了艺术的特征。不再是曾经的商业宣传的工具，信息传播的形式，而同时成了一种实用艺术和具有一定审美价值的审美对象。正如卡冈在《艺术形态学》一书中所说：“艺术价值可能作为具有对人产生艺术影响的唯一功能被创造出来，也可能在另一种价值，功能价值的基础上被创造出来。如建筑、实用艺术和工业艺术中的价值，演讲艺术和广告艺术等的宣传价值。”卡冈的提示，使人们意识到了具有较强功利性的广告同样具有艺术价值、审美价值，它应当是一种艺术形态的存在，而归属于实用艺术。

重视广告创作的艺术美和审美价值的广告客户在日益增多，学会欣赏广告的受众也在增多，他们在接受广告信息的同时也在欣赏着广告的美，特别是一些极富创意的广告，还可以从中获得心理上的愉悦、共情等。广告已经不再是简单的商品信息，完全可以被当作一部微型的影视作品、一幅画卷而欣赏，甚至，一些现代艺术的展示大厅里也会陈列着广告作品。曾几何时，《广告饕餮之夜》成了如同时尚界的《维多利亚的秘密》，人们对精彩的广告品评、鉴赏，同时发出或惊讶意外，或恍然大悟，或会心一笑的声声感叹，都说明广告早已以自身的艺术价值和审美价值成了审美对象，而不再是简单的商品叫卖。

因此，广告作为一种艺术的创造为广告配音埋下了“美”的种子。

第二节 声音表达的艺术美

清人林嗣环笔下的《口技》中曾有这样一段描述：

京中有善口技者。会宾客大宴，于厅事之东北角，施八尺屏障，口技人坐屏障中，一桌、一椅、一扇、一抚尺而已。众宾团坐。少顷，但闻屏障中抚尺一下，满堂寂然，无敢哗者。

遥闻深巷中犬吠，便有妇人惊觉欠伸，其夫呓语。既而儿醒，大啼。夫亦醒。妇抚儿乳，儿含乳啼，妇拍而呜之。又一大儿醒，絮絮不止。当是时，妇手拍儿声，口中呜声，儿含乳啼声，大儿初醒声，夫叱大儿声，一时齐发，众妙毕备。满座宾客无不伸颈，侧目，微笑，默叹，以为妙绝。

未几，夫齁声起，妇拍儿亦渐拍渐止。微闻有鼠作作索索，盆器倾侧，妇梦中咳嗽。宾客意少舒，稍稍正坐。

忽一人大呼“火起”，夫起大呼，妇亦起大呼。两儿齐哭。俄而百千人大呼，百千儿哭，百千犬吠。中间力拉崩倒之声，火爆声，呼呼风声，百千齐作；又夹百千求救声，曳屋许许声，抢夺声，泼水声。凡所应有，无所不有。虽人有百手，手有百指，不能指其一端；人有百口，口有百舌，不能名其一处也。于是宾客无不变色离席，奋袖出臂，两股战战，几欲先走。

忽然抚尺一下，群响毕绝。撤屏视之，一人、一桌、一椅、一扇、一抚尺而已。

此文记叙了一场口技艺人生动的声音表演。表演者利用从口中发出的各种不同的声响，形象逼真地、活灵活现地演绎出一组富有故事性、节奏感、连续性的生活场景。从文字对于声音的表述和观众的反映描写可以令人深切地感受到口技——这种有声语言艺术表达的魅力，其高超的声音表现技艺体现在三个方面：

其一，声音形式之多样。“遥闻”是声音形式的远且虚，“呓语”是近且虚，“大啼”是声音形式的大且实，“妇拍而呜之”是小且实，“深巷中犬吠”是声音的拟态感，“一时齐发”是声在屋内，“一人大呼‘火起’，夫起大呼，妇亦起大呼”是屋内一二人的表达，“百千人大呼，百千儿哭，百千犬吠”是室外百千人、动物的声音等。

其二，所用道具之简单。口技者所利用的道具其实就是“声音”，一副声带，加上气息、口腔共鸣、口腔状态、吐字发音等的配合。所用的实物道具同样简单，文章开头说“口技人坐屏障中，一桌、一椅、一扇、一抚尺而已”，文章结尾部分再次强调“撤屏视之，一人、一桌、一椅、一扇、一抚尺而已”。听众从丰富多彩的音响效果和简单道具的对比中更加深刻地体会到口技者声音表现技艺的高超。

其三，观众反响之强烈。全文共有三处描写观众的反应：第一处是表演者用声音展现一家人从睡梦中惊醒的情景时，“满座宾客，无不伸颈，侧目，微笑，默叹”，此时，观众已经被声音所营造的氛围引起了注意。第二处是表演者用声音诠释了一家人又进入梦乡的情景后，“意少舒，稍稍正坐”，这说明观众已经完全融入了声音所营造的意境中，情不自禁、难以自持。第三处是“宾客无不变色离席，奋袖出臂，两股战战，几欲先走”，说明口技表演达到了以假乱真的绝妙境界，观众完全相信了声音所营造的环境而采取了行动。请注意，这一点对广告配音来说很有借鉴意义，配音员应了解受众的心理，并且能够利用声音所营造出的情境，使消费者产生购买行动。

亚里士多德曾经说过“艺术是模仿自然”。从表面上看，口技艺人是一种对现实场景中声音、音响的模仿，但对于声音表达艺术来说，这句话就显得有些片面了。虽然口技人模仿的是鸟声、犬吠、风声、人声，但绝不仅是简单的、单纯的模仿，而是一种经过表演者内心的再创造。也就是说，“艺术家创造一个艺术品的过程，就是一段自然创造的过程”①有声语言艺术实则是一种最为高级的艺术，因为它所凭借的物质材料只有人的“声音”。“愈进化愈高级的艺术，所凭借的物质材料愈减少，到了诗歌造其极”②有声语言艺术恰恰是将文字语言音声化，不是简单的见字发声，而是如同音乐一般，甚至凭借比音乐还要少的物质材料，将文字语言的内容转化成有声语言。而另一方，有声语言表达艺术更多的不是在模仿自然，而是抒写一种内心的情绪。

张颂先生曾经提出了有声语言表达的三层空间，即生存空间、规范空间与审美空间。在生存空间中，“信息共享”是语言表达的出发点与立足点，有声语言表达需要使人听得清清楚楚、表达准确无误。这也是广告配音这种有声语言艺术表达所经历的第一层空间，而且在音视频广告的最初发展阶段，简单的信息传递也成为过一种拍摄制作风格。在规范空间内，“认知共识”上升为有声语言表达的目的，不仅让人能够明白话语中的原委，而且能够让传受双方在某一点上达成共识。这也是在广告配音的实践过程中所需要经历的第二层空间，能够让消费者认同品牌本身及其深藏的企业文化将对销售产生极大的推动作用。第三层在审美空间里，有声语言表达者应当有能力使听众、观众由耳入心产生心理的“愉悦共鸣”，在视听中，得到美感享受。虽然在第二层空间内，具备了一定的规范性与表现形式，但是那可能是简单地、机械地，而非创造地、灵动地表达，广告配音也将在这层展现美空间里得到升华与蜕变。对于配音员来说，进入了真正的艺术创作，他必须具备一定的艺术修养、艺术功力，其对广告艺术及语言艺

---

①宗白华：《美学与意境》，江苏文艺出版社，2008，第 15 页。
②宗白华：《美学与意境》，江苏文艺出版社，2008，第 15 页。

术的理解力、感受力、表现力等必须超越规范空间的一般要求。只有如此，即使具有功利性的广告听上去才没那么急功近利、聒噪刺耳，甚至可能会脍炙人口、历久不衰、口口相传，才有可能被配得有声有色、声情并茂、感人至深、心驰神往。

综上，有声语言表达艺术成为广告配音的第二大美的基础。借用一句广告语“女人，天生就很美”，是的，广告配音也一样生来美丽。接下来，我们就来探讨关于广告配音美学的思考。

第九章 | 广告配音的韵律美

关于韵律问题的研究由来已久，可以追溯到古代文学时期，如在我国《尚书》中就有“诗言志，歌永言，声依永，律和声”的记载。“语言中声音的高低、轻重、长短、快慢、间歇和音色造成语言的节律。语言的节律是人们为了准确地传达词句的内容，表现说话人的思想情感，以求达到互相了解的必要手段。”[①]这说明，韵律在言语交际当中具有相当重要的作用，特别是在广播电视等有声语言传播中所起的作用更是毋庸置疑。韵律的变化可以帮助受众更好地理解传者言语中的语义，一段有完整意义的话语，由于传者声音的高低轻重、快慢缓急使句子中音节的韵律产生多种不同的变化，其思想、情感、态度、动机也正是通过韵律的变化在声音的外部形式上得到确切的体现。如果没有韵律的变化，有声语言表达则会显得平淡无奇，而现实常常就是如此般不尽如人意，如今的广告配音声音表现形式单一，照本宣科，造作模仿，缺乏表达的韵律美。

原因何在呢?

某些广告配音缺乏韵律美的原因不能简单地仅归咎于配音员语言表达能力的欠缺，而是所处的创作环境对于配音的韵律美就没有要求。“当下

①罗常培、王均：《普通语音学纲要》（修订本），商务印书馆，2002，第162页。

只追求生活化、口语化，以为越是生活的、口语的东西，越是美的。生活和口语中只有自然和随意，有谁去注意韵律呢？于是，人们渐渐形成了一种习惯，‘怎样想就怎样说’，不再讲求韵律了。久而久之，韵律感就淡薄了，有没有韵律也便无足轻重了，甚至连最明显的押韵都不晓得怎样做了，更不用说什么叫作韵律美了……广播电视以有声语言为主进行传播，一味追求‘贴近受众’‘进入人际传播’，且极力推进‘口语’，把讲求韵律美视为洪水猛兽，还常常对朗读、播报等有韵律感的传播形态加以抨击，说那是过时的陈词滥调，必须改革云云。韵律美的遭遇，大概是多少年来最受冷落的时期了。”①

在语言表现形式上，广告配音需要韵律美，这也是一种有“广告味”的艺术表现。配音员的声音形式应该是：语调上，抑扬顿挫；音高上，高低起伏；语速上，快慢变化；声音虚实结合，富有节奏与韵律感。这样的声音才能使广告语转化为有声语言后变得流畅优美、简洁易懂、铿锵有力、富有诗情画意，更易形成意境和烘托广告气氛，引起消费者的注意，激发目标受众的情感反应，使其记忆深刻、并产生行动。此外，要注意重复某些词句，这些需要重点强调或者重复的词语便是广告的诉求点，强调与重复不仅可以制造出一种旋律，还可以突出商品特点、品牌名称，加深受众的印象和记忆。一条音视频广告的声音之所以能够让人记忆深刻、口口相传，很大一部分得益于有声语言表达上的韵律美，正所谓“合口押韵”。

第一节 韵律之本

韵律之本：普通话与广告语。

人类的发展过程中，先有了有声语言，而后才有了文字语言。人们最初是靠有声语言来交流思想、沟通信息的，随后才产生了文字，因而文字

①张颂：《朗读美学》，北京广播学院出版社，1999，第 80 页。

从被创造出来的那一刻起便有了音声化的要求，甚至古时候的书籍、文学著作，包括《诗经》《楚辞》《唐诗宋词》都是可以和着曲子吟唱的。我国的汉语普通话延续了汉字语音本身带有的韵律美，“汉语是世界上最优美的语言之一，她那言简意赅、辞约义丰、具象生动、铺排灵通的巨大表现力，主要是因为韵律的作用。可以说，韵律已经成为我们民族语言的突显表征，无论是古今散文、诗词歌赋、小说戏曲、民谣小调、正史稗史，还是名言警句、演讲论辩、学术著述、法律条文，都具有相当强烈的韵律感。”[①]例如，电视广告《中国移动通信》的广告语本身就用了一种排比递进的方式，配音员以这样的脚本为创作依据时，只要能够“看到”广告语中暗藏的韵律，只要具备了将其展现出来的配音功力，其有声语言表达中就会随之带有一种极强的律动感。如下表所示：

广告语	“更”出现次数	“更”重读与否
为了您的期待，		
我们只有更加努力。	第 1 次	重
服务，会更体贴。	第 2 次	非重
网络，会更可靠。	第 3 次	重
消费，会更透明。	第 4 次	非重
计费，会更准确。	第 5 次	重
您，才会更放心。	第 6 次	重
服务精益求精，	第 7 次	非重
让您双倍放心	第 8 次	非重
中国移动通信。		

这则广告的广告语在撰写时就了拥有了一种文字格式上的美感。首先体现在规整的字数上，基本是 6 字左右的短语；其次体现在用词上，“更”作为主旨词，使语言表达上有了一种层层递进感。该广告要体现的是“中

①张颂：《朗读美学》，北京广播学院出版社，1999，第 12 页。

国移动”在资费、服务和技术上做出的一系列的提升，而另外一层含义还有对比其他运营商，中国移动的资费、服务和技术更胜一筹。在将文字语言转换成有声语言的过程中，配音员处理这个“更”字的表达时并没有全部重读，而是采取“重－轻－重－轻－重－重－轻－轻”的节奏感使表达有了起伏，灵活而不机械，这便是有声语言表达的规律之一“对比推进律”，在听觉上产生了效果。更巧妙的脚本设计是，接下来在文字中出现的“益”“双倍”也都有“更”的意思，同为该句强调的重音也是非常恰当的。结尾处，“中国移动通信”的“移”字，配音员将该字的音长拉长，使其产生了动态的效果，似乎真的“移”了起来，作为一种突出“客户名称”的表现手段，堪称经典之作。

广告语的作者正是借汉语普通话在语音上的特质，利用每个汉字所具备的阴阳上去四声调，以及声母、韵母的发音，去设计富有感召力、鼓动性、韵律感的使人记忆深刻的广告言语。配音时，如果广告文字撰写的富有创意、朗朗上口、合辙押韵的话，就会很容易被受众所接受，如以下几条广告的分析所示：

广告语	分析
“拥有桑塔纳，走遍天下都不怕。”（桑塔纳汽车）	▲“纳”和“怕”均为去声词，且韵母均为响亮的元音“ɑ”，合辙押韵，朗朗上口。 ▲采用了一句习语“学好数理化，走遍天下都不怕”的格式，使人记忆深刻。
“要想皮肤好，早晚用大宝。”（大宝护肤品）	▲“好”和“宝”均为上声词，且韵母均为“ɑo”，响亮、合辙押韵，朗朗上口。 ▲采用了一种人们惯用的劝诫方式，与“要想学习好……”“要想生活好……”等方式相同。
“透心凉，心飞扬。”（雪碧饮料）	▲“凉”和“扬”均为阳平词，且韵母均为“ɑng”，响亮、合辙押韵，朗朗上口。 ▲声调上的两次扬起给人一种青春的动感。
“空杯尚留满室香。”（贵州茅台酒）	如一句七言诗，其中蕴藏的韵律不言而喻。

其实，在广告创作阶段，对于广告语的撰写是非常讲究的，更是精心设计的。脚本中选择的每一个字，都体现出商品的目标定位、广告创意等。但有时却因为配音员的语言表达能力有限，没有办法将广告脚本中自带的韵律完全地表达出来，使配音黯然失色，达不到使人记忆深刻的程度。因此，广告配音员要能够借助汉语普通话与文字脚本的写作等特点找准韵律，感悟韵律。

此处需要提醒的是：配音表达时的韵律绝非刻意人为，而是蕴藏在广告的脚本之中，需要配音员加以深挖，找到自然的韵律。

第二节 韵律之形

韵律之形：声音的外部表现形式

英国艺术批评家克莱夫·贝尔曾提出“有意味的形式”一说，“意味”是可以通过“形式”的东西表现出来的。韵律亦是如此，它并不是一种虚无缥缈的东西，不是只可意会，不可言传的，而是可以分辨、可以欣赏、可以创造的。韵律是可视的，体现在电影等视觉艺术上；韵律是可听的，体现在有声语言表达等听觉艺术上。配音时，声音的高低、轻重、长短、快慢、停连等语言的外部表达技巧都可以形成声音形式的韵律感。

为了使读者更为直观地感受这种广告配音中的“韵律之形”，接下来以配音艺术家孙悦斌先生的代表作品之一《中国农业银行》为例，感受一下凭借有声语言表达技巧所创造的一种韵律美。为了让读者更为直观地看出这种韵律的不同体现，在此选择了其他 5 位男性表达参与者的作品与孙悦斌所配的《中国农业银行》进行对比。“Z1”和“T”均有专业的有声语言表达训练背景，且有多年的配音经历；“L1”“L2”“Z2”均未受过有声语言专业训练，但其专业背景为对外汉语教学，有相关的文字语言专业学习经历。

广告语为：中国农业银行。

L1

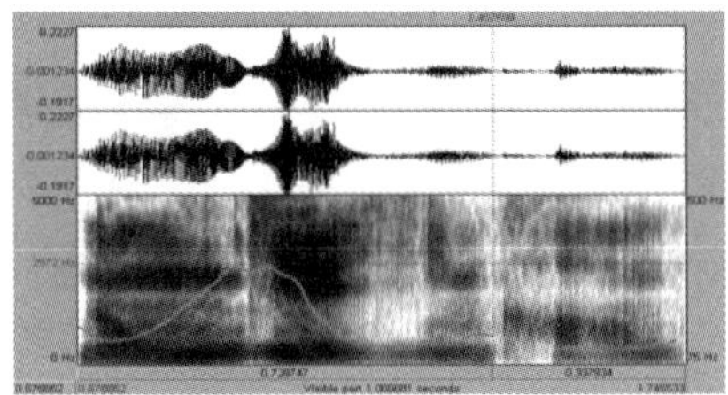

L2

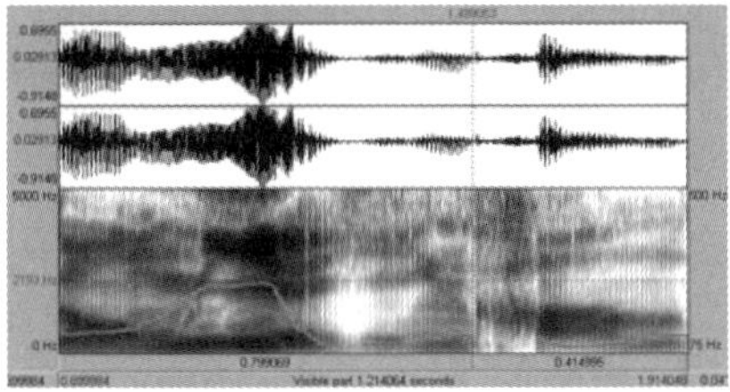

T

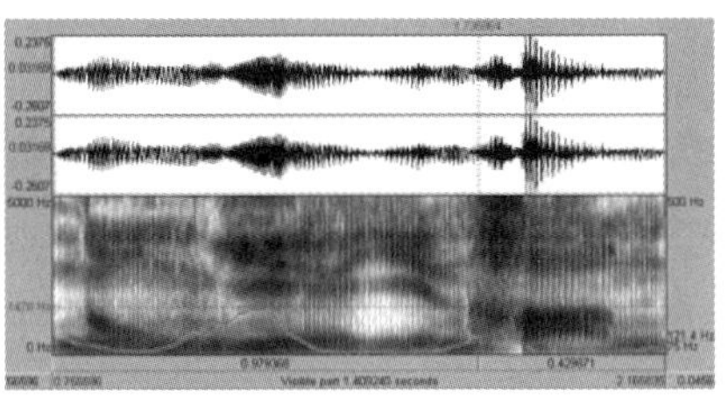

Z1

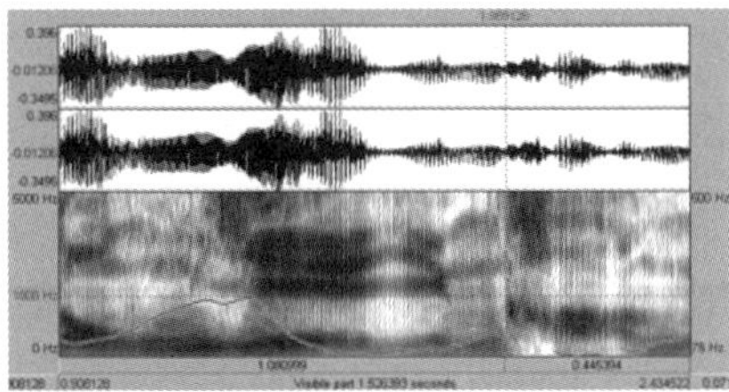

Z2

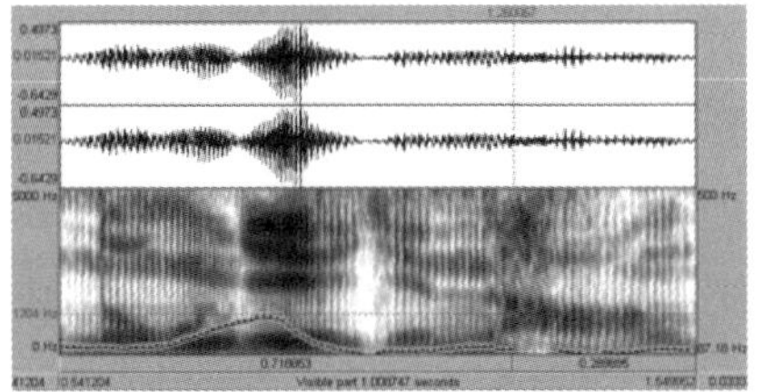

孙悦斌

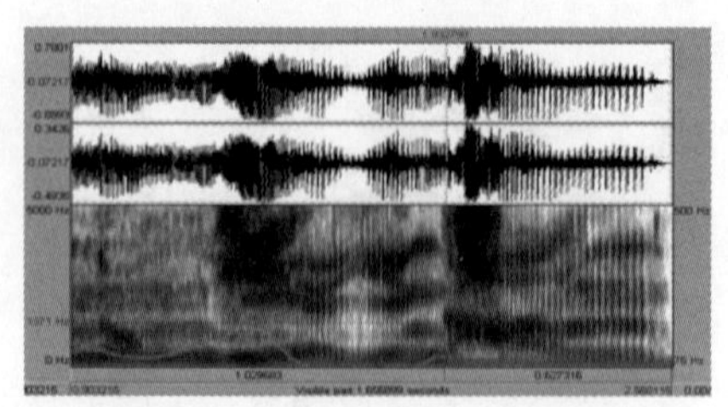

可直观地发现，孙悦斌在表达时的处理是这样的："中国"相对抱团，"农""银""行"带有鼻韵尾的音节都拉得较长，尤其是最后一个"行"字，音节的拉伸感极强。如图所示：

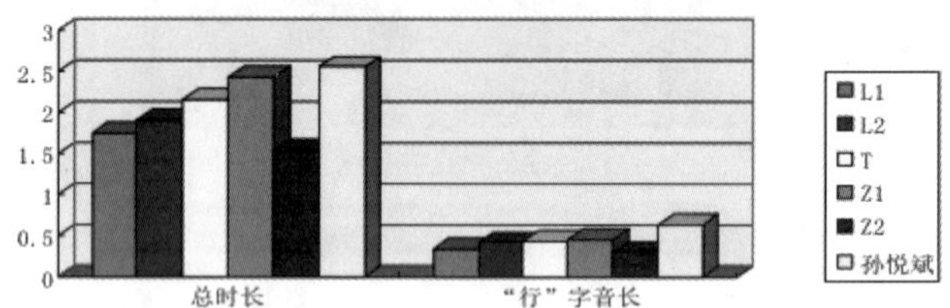

孙悦斌的表达：声音立体感好，气息控制自如，每个字送气都很自如均匀，像流水一般，具有波浪式的节奏，并且会运用停连、重音、声调、语势等的变化来改变节奏，改变韵律，同时吸引广告受众感知和享受有声语言的珠圆玉润、绕梁三日的精妙之美。

通过以上的对比，"这一个"声音的形式在表达技巧方面具备了以下的美感特征：

音节——颗粒饱满，字正腔圆

汉语普通话语音本身就具有独立的审美意义，其韵律美体现在字正腔圆上。"字正腔圆是我国民族声乐艺术的重要审美要求。字正，要求吐字准确、清晰；腔圆，要求行腔圆润、饱满。"[①]孙悦斌在处理音节时，叼字有力，出字弹出，韵腹拉开立起，归韵到家。整个音节在口腔中被拉开立起，形成一个枣核形。正所谓，"大珠小珠落玉盘"本身就是一种韵律美的体现。

---

①姚喜双：《播音风格探》，中国文联出版公司，1992，第 207 页。

用声——灵活多变，拿捏有度

孙悦斌在用声上像雌虎叼幼崽那样，拿捏有度，分寸把握得十分得当。用声上的变化丰富，掌控自如，源自其多年的影视、译制片的配音。对于不同人物、不同情境的配音实践多了，自然音域会比一般人宽泛，对比的层次较多。他的声音富有灵活多变的弹性，时而虚、时而实，时而强、时而弱，时而高、时而低，时而放、时而收，时而刚、时而柔，交错变化，错落有致。

重音——传情达意，自然流畅

孙悦斌在把握重音时常常有一个原则，“句子中的重音越少越好，最好是一句话只有一个重音，是我最推崇的。有两个以上，就是乱给它赋予旋律了。”[①]那么如何去选择关键的重音呢？孙悦斌在配音时，并不是着意强调该品牌的名称，而是会按照他所能够领会的广告主旨，用一两个字来进行创作，而被他选中的那一两处重音，一定是为了传情达意而随着语流自然流露的。

在此，同样选择了前面的5位男性参与者，与孙悦斌在重音把握上进行对比。如表所示：

	广告语
孙	喧嚣中你需要片刻宁静，沉淀思绪。以全新视野换个角度，而后运筹帷幄，决胜千里。豪华行政版奥迪A6。
Z1	喧嚣中你需要片刻宁静，沉淀思绪。以全新视野换个角度，而后运筹帷幄，决胜千里。豪华行政版奥迪A6。
T	喧嚣中你需要片刻宁静，沉淀思绪。以全新视野换个角度，而后运筹帷幄，决胜千里。豪华行政版奥迪A6。
L1	喧嚣中你需要片刻宁静，沉淀思绪。以全新视野换个角度，而后运筹帷幄，决胜千里。豪华行政版奥迪A6。

①摘自作者对孙悦斌先生采访实录。时间：2008年12月15日；地点：北京世纪名座文化发展有限公司。

续表

	广告语
Z2	喧嚣中你需要片刻宁静，沉淀思绪。以全新视野换个角度，而后运筹帷幄，决胜千里。豪华行政版奥迪 A6。
L2	喧嚣中你需要片刻宁静，沉淀思绪。以全新视野换个角度，而后运筹帷幄，决胜千里。豪华行政版奥迪 A6。

对比中可以看出，孙悦斌力求重音少而精。一个“片”字表明了一种程度，在喧嚣烦乱中，哪怕有“片”刻的宁静，也是令人感到欣慰的。而“角度”的变换，正是突出了这款汽车与其他汽车的不同之处。同时，孙悦斌在强调“角”字的时候，不是重读了该字，而是采用了延长该字的音长。这样做的效果是刚好可以配合着广告的画面——当发这个字的字音时，刚好在画面上出现的是汽车后座扶手自然地滑落，那个曲线是一个从 90 度到 180 度的半扇形，配合得合情合理。

声调——悠扬婉转，夸张有度

声调语言有高低型和旋律型之分，汉语就属于旋律型。而普通话语音的四个声调就将汉语的旋律性体现出来，有升有降、有高有低、有平有曲，听起来像是一段音乐篇章。

普通话声调上四声的抑扬变化使音节本身具有了音乐般的旋律，改变音节的声调就如同改变了乐章的旋律一样。仍然以孙悦斌先生的配音作品为例，他在音调上的独特处理，使表达具有了与众不同的旋律。如表所示：

广告语	孙悦斌的处理
“索纳塔，驾驭自由风”	“风”字的声调发生了改变：该字原声调 55 阴平，但孙悦斌却读成了 51。调值的音高、音长都发生了变化。
“中国农业银行”	“行”字的声调本是 35 阳平，但孙悦斌在调值上发挥了一下，将调值由 35 下滑成了 341。改变了阳平字本身的音高和音长，甚至改加了一个“花”，使其拐了个弯儿。

当问及孙悦斌为何要对音节做这样的处理时，他解释说：“这种人为的音变，并没有改变语义，观众虽然听到的还是那个字，但效果却是语言

更加丰富灵动，使观众不容易忘记。”①

语势——句尾下行，顺势流动

调值上的变化，使孙悦斌的表达在语言走势上有了与常人不同一般的变化，常常是高起低落。例如，孙悦斌配音的作品，如下表所示：

广告语落版	孙悦斌的处理
奥迪 A6	“奥”音强最重，音高最高，其后面音节的音强和音高减弱
索纳塔	“索”音强最重，音高最高，其后面音节的音强和音高减弱
诺基亚	“诺”音强最重，音高最高，其后面音节的音强和音高减弱
帕萨特	“帕”音强最重，音高最高，其后面音节的音强和音高减弱
中国网通	“中”音强最重，音高最高，其后面音节的音强和音高减弱

我们再来看一条电视广告配音作品《藤桥熏鸡》，广告词是：乡土藤桥，秉承经典，溢香百年。如下图所示：

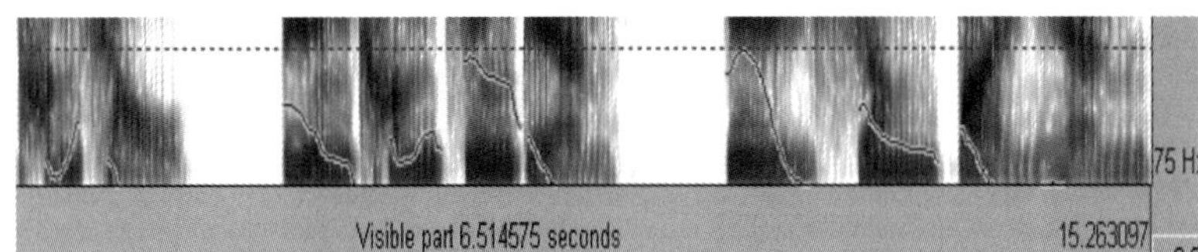

语势下行的特点，不仅体现在他为品牌名称配音时，有时在较长的叙述式广告或者广告专题中，他表达的语势也会在一个意群的结尾处下行，不管最后一个字是何调值。不过这种调值的变化不是突兀的，而通常是依声调的变化，顺势滑动，形成曲折婉转的声音曲线，令人感觉到一种动听、悠扬、深沉。

节奏——和谐优美，多样统一

关于节奏，“大多数人往往把它看作是相类似的事件（活动）在短暂和互相等同的时间间隔中的重复出现，也就是把节奏看作是一种周期性的交替。但是，一个乒乓球运动员打球的动作不是也同样会给人造成一种富

①摘自作者对孙悦斌先生采访实录。时间：2008 年 12 月 15 日；地点：北京世纪名座文化发展有限公司。

有节奏的印象吗？当然，他在打球时并不是反复地进行着同样一个动作的啊！他的步子甚至比不上一个醉汉的步子有节奏，那么，究竟什么是节奏呢？在我看来，节奏主要是与机能有关而不是与时间有关，我们所说的事件并不仅仅是指某一时间片断内持续的事件，事件事实上也是一种变化，亦即一种由开头和结尾的变化过程。”[①]而不是一种周而复始的交替就能成为节奏。在这个过程中，艺术家独特的处理方式，本身就是一种节奏，上面提到停连、重音，语势上的变化，就是艺术家个人节奏的体现。

音节圆展，增加了语音本身的乐音感；语势连绵、跌宕起伏又将各个音节串成了悦耳动听的旋律。虽然艺术是要讲究形式美的，但有声语言创作并不主张为了“创作”而“创作”，孙悦斌的旋律并非是他故意卖弄的结果，正像他所说：“我主张的是按照语言本身的旋律进行创作，而不是特意给语言本身的旋律之外再人为地加上一个旋律。”我们否定那种一心只为了自我炫技，而全然不顾其他的创作。我们所倡导的形式必须是“有意味的形式”，而不是肆无忌惮地、毫无根据地进行声音形式的炫耀。“一个号啕大哭的儿童所释放出来的情感要比一个音乐家释放出来的个人情感多得多，然而当人们步入音乐厅的时候，绝没有想要去听一种类似于孩子的号啕的声音。假如有人把这样一个号啕的孩子领进音乐厅，观众就会离场，因为人们不需要自我表现。”[②]正如法国著名雕塑家罗丹讲过：“没有一件艺术作品，单靠线条或色调的匀称，仅仅为了视觉满足的作品，能够打动人的。”[③]因此，单单有了形式是不够的，还要有作品的核，也就是情感。

每一个有声语言创作主体、每一句广告语、每一件商品都有一种个性化韵律的表达，这要根据广告创意、脚本内容、品牌定位、广告主的意愿而定。

---

①苏珊·朗格：《艺术问题》，滕守尧 译，南京出版社，2006，第 62 页。

②苏珊·朗格：《艺术问题》，滕守尧 译，南京出版社，2006，第 28 页。

③罗丹口述、葛赛尔记：《罗丹艺术论》（第 1 版），沈琪 译，人民美术出版社，1978，第 51 页。

第三节 韵律之魂

韵律之魂：情感和生命的律动

“30年代鲁迅先生在上海中华艺术大学讲演时，曾经将两幅画来对比。其中一幅是法国19世纪画家米勒的代表作《拾穗者》，另一幅则是上海英美烟草公司的商业广告画月份牌《时装美女》。虽然这幅时装美女画画得很细，在色彩和线条上颇费了些功夫，但这幅画只是一个广告，简直不能标作艺术品。而米勒的《拾穗者》整个色调是柔和的，构图是平稳的，没有任何刺激视觉的色彩和动态，图中三个弯腰拾穗的农妇正在紧张地劳动，整个画面朴实、自然，但鲁迅先生认为这幅画很美。”①优秀的艺术作品必须具有深刻的思想内涵和完美的艺术形式，正是这二者的有机统一，才使得艺术具有令人惊叹的感人魅力。否则即使是再美丽的广告女郎也依然吸引不了消费者的眼球。因此，广告配音需要挖掘广告的内涵主旨，需要体现出情感与生命的律动。

有声语言的韵律正是人们为了准确地传达词句的内容，表现说话人的思想情感，以求达到互相了解的必要手段。韵律的产生，是情感运动的结果，《文心雕龙》中讲到“夫情动而言形”②。只有当你想要表达内心的情感时，才会进行外部语言的自然流露。在广告配音这门有声语言艺术当中，创作者不能只停留在依靠停连、重音、语气、节奏、语势等外部技巧来创作，更要将这些形式上的技巧，找到内心情感的依据，这样才能有的放矢，才是有源之水，有本之木。而有声语言外部表现出的形式应是克莱夫·贝尔口中的“有意味的形式”。“‘有意味的形式’中所说的那种意味，也是被奥克斯托·苏特那所说的艺术之本质的‘真实性’——与事实性或现实性无关的一种‘艺术之真’。而我却喜欢把它称为‘生命的意味’。为什么还要在‘意味’前面加上‘生命’二字呢？这是因为，任何一件成功的

---

①彭吉象：《艺术学概论》，北京大学出版社，2005，第16页。
②刘勰：《文心雕龙》，中国社会科学出版社，2005，第182页。

艺术品也都像一个高级的生命体一样，具有生命特有的情感、情绪、感受、意识，等等。那为什么我们又要称为‘意味’呢？这主要是因为意味是通过像生命体一样的形式‘传达’出来的。生命的意味是运用艺术将情感生活客观化的结果，只有通过这种客观化（外化），人们才能对这种情感生活予以理解或把握。”①

“广告经典，不是见利忘义的吹嘘，也不是哗众取宠的炫耀，它所流露的人生况味，它所闪耀的人文精神，正把‘金玉其表’和‘童叟无欺’一起赋予了商品，使人们感到了一种不可替代的生命关怀。”②作为一个浸透着生命关怀情感的广告配音形象，情感并不是属于配音员个人的，而是属于广告创意本身的情感。韵律的美绝不是故作玄虚的卖弄技艺，而是在内心有对广告作品的理解，有对预定消费者情感的分析。而正是有了这种情感，配音员的有声语言艺术创作才会依广告创意的不同、广告类型的不同、广告目标消费者的不同而产生相应的情感，体现在外部声音形式上才是多样的。工业产品需要的是品质的保证，声音则是洪钟大吕、刚劲有力的，节奏的起伏也如排山倒海般的；生活用品需要的是呵护和关爱，声音则是婉转柔美，节奏也是明快舒缓的……

韵律美不是简单的法则，不能将其简单化、公式化。有些模仿某一种声音形式的配音员，尽管在形式上尽量拷贝节奏和韵律，确实有了几分形似，但细细品味，却毫无内容可言，也仅仅停留在表面，而缺乏对广告创意的理解和内心情感的支撑。正如西汉刘安在《淮南子》中说道：“画西施之面，美而不可说；规孟贲之目，大而不可畏，君形者亡焉。”③意思就是讲，如果画家只着重人物的外貌而不着重人物的神，这样的艺术形象是不成功的，创作者的艺术之路也必然会逐渐走入穷途末路。配音艺术表达也是如此，如果配音员仅依靠嗓音好，仅仅靠炫耀外部技巧来创作，没有内心情感的律动，体现在外部语言上的形也必然是平淡无味的。声音只是壳，而内心才是核。

①苏珊·朗格：《艺术问题》，滕守尧 译，南京出版社，2006，第 74 页。
②曾志华：《广告配音教程》，北京大学出版社，2007，第 2 页。
③北京大学哲学系美学教研室：《中国美学史资料选编》（上），中华书局，1980，第 101 页。

第十章｜广告配音的和谐美

广告艺术在其发展过程的初始阶段，无论内容，还是形势都是古朴而简单的。而随着市场竞争的日益激烈，商家们开始更加注重广告的宣传形式和传播效果，不再肆意使用炮弹式的、毫无美感可言的信息轰炸，开始有意识地运用艺术化手段来美化广告，吸引广告受众的视听，于是便出现了广告艺术化的倾向，增添了审美价值。而从广告受众审美接受心理和审美形象塑造的角度考虑，广告这种现代艺术形式和艺术化的有声语言表达相结合，恰好在以视听性为特征的广播、电视，以及网络媒介中找到了肥沃的土壤。传统广告的图画与文字的可视性与声音艺术的可听性巧妙地结合，塑造出生动的广告艺术形象。商品形象被赋予了视听感，除了画面，还有声音。如果选取的配音员的声音与表达合适，便可以增强广告的传播效果，反之，则会使广告的影响力大打折扣。那么，该如何选择广告配音员的声音，才能达到对潜在客户润物细无声的传播效果呢？答案是：和谐。

第一节 和谐即美

“和谐即美”是欧洲古典美学的原则之一，因为对称给人以舒适与和谐的感觉。大多数物体都具有对称的形式，而这样的对称又可以有立体的和平面的。早在古希腊，毕达哥拉斯学派就从数学研究中发现了立体结构与平面结构的和谐之美，即一切立体图形最美的是球形，一切平面图形中最美的是圆形。毕达哥拉斯学派认为，音乐的基本原则在数量关系，音乐节奏的和谐是由高低、长短、轻重各种不同的音调，按照一定数量的比例构成的。毕达哥拉斯学派还把这一发现推广到绘画、建筑、雕刻等艺术，认为它们的美都在于“各部分之间的对称”和“适当的比例”。至于比例怎样才是适当、才是美，毕达哥拉斯学派做了进一步探索，发现了被后人称为“神赐比例”的“黄金分割率”。如距今2400年前的古希腊帕提农神庙，造型端庄、比例匀称，被视为古希腊神庙的典范，就是因为它的高、宽和柱间距等都符合“黄金分割”理论。这一学说在古典时代得到普遍接受。“和谐”就是在各部分的安排中见出秩序和规律。

广义看来，“和谐即美”就是大自然的一种和谐状态。美可以是对称的，也可以是不对称的。只要它展现出的状态是和谐的、自然的，那么，它就可称作美。而在整体结构组合的狭义上来看“和谐即美”，和谐就是对称，美就是对称。据说罗丹在完成巴尔扎克雕像后，向三个学生征求意见，没想到三个学生都对巴尔扎克的那双手赞不绝口。罗丹听完后，出乎学生们的意料之外，抡起斧子砍掉了这双手，并且告诉学生们，“这手太突出了，他们已经有了自己的生命，他们已不属于这个雕像的整体了”。这个例子说明，一件艺术品是要体现一个整体的艺术形象，而不是作为这个艺术形象的某一个部分。作为一种现代综合艺术的广告也是如此，作为广告中诸要素中的一个，配音也要有一种选择。而这种选择的标准就应该是“和谐”。同时，配音表达自身也要体现出一种声音形式的和谐美。

首先，广告配音声音的选择要与广告创意、制作风格、目标定位等彼此相和谐。有这样一则电视广告，内容是男人回到家看到桌上有张字条，上面写着：老公，天气冷了，加件衣服，注意身体（采用一个温柔的女声配音）。看过字条后，男人感动至极，拿起笔来也写了张字条，此时男声配音开始读出字条内容“老婆，你皮肤瘙痒……”这是什么广告？！广告宣传的商品在结尾出现了“××牌湿毒清胶囊”。创意可以理解，是夫妻之间彼此的关心与牵挂，但是当听到“你皮肤瘙痒”时，立即会做出表情包的反应 What（什么）？！完全把广告开始营造的温情的意境打破了，感觉很别扭。而且，夫妻二人在家里还要用字条来彼此传话吗？似乎这个“境”营造得就不够和谐。还有一条广告是这样的：一辆豪华的奔驰轿车在一栋三层别墅门前停住，随之，下来一位穿晚礼服的女人和一个打着领结、穿背带裤制服的小学生。孩子边往别墅里跑，边叫喊着“饿”，女人说“我去给你做小康鸡蛋面去”。这样的广告和谐吗？晚礼服、领结、奔驰车、别墅、鸡蛋面……如果把每一个因素拆开看可能都是美的、都是温馨的，但是配合到一起就与这种平民化、低消费的商品不太和谐了。试问产品的目标消费群体是住别墅的人，还是生活在居民群里的人？只是为了提升产品的档次，而忽略了整体和谐，势必会影响广告传播效果。再举一例，《六神洗发露》洗发水的一则广告，聘请了当下流行的男团，出现了两处不和谐：一处，是主角声音暗哑，并没有给人“清爽”的听觉之感；另一处，是两位“小鲜肉”在说落版广告语的时候，语速、节奏等声音形式没有达到“和声”的团队效果，同样不够和谐。

其实，在广告配音这种语言艺术中处处体现着“和谐即美”的原则，而作为广告配音创作重要的一环，声音的选择标准上要体现出这种和谐。

第二节 选择和谐声音

为了更好地、全面地理解声音与其他要素的和谐组合，接下来，以声画兼备的电视广告配音声音选择为例展开论述。一则好的广告先从创意开始，那么我们首先从广告创意与声音选择的和谐谈起。

一、声音与创意的和谐

哈药六厂曾经有一条广告的内容是：一位年轻的母亲在给自己儿子洗完脚后，又去给自己的母亲洗脚，而后面这一幕，恰恰让她的儿子从门缝里看到了。看上去才四五岁大的儿子就去端上一盆水，跌跌撞撞地朝年轻母亲走来。广告配音是“我也可以给妈妈洗脚了”。广告非常感人，这是广告公司为哈药六厂出的“点子”。因为药品使人能够想到的是治病救人，人生的主题就是生老病死、爱恨情仇，将治病救人和母爱联系到一起是非常融洽的。广告策划人建议哈药六厂在轰炸式的商业广告中，每隔一段时间做上这样一则公益广告，极大地提升企业形象。事实证明，效果非常好。因为首先公益广告主题深刻、鲜明，又有贴近生活的情节，在观众为广告感动的同时，也记住了哈药六厂。而打动受众的一瞬间，恰恰是小男孩纯真的声音。实际上，为演员小男孩配音的是一位女性配音员。在广告的结尾处并没有使用药品广告惯用的厚重的男声，就是出于对创意的考虑。如果这个声音从妈妈的口里出来，或是老母亲苍老的声音，再或是一个厚重的男声，那效果绝没有一个天真质朴的小男孩的声音来得感人、来得真切。因此声音的正确的选择可以非常完美地体现出创意点。

创意就是为了广告产品的销售定位、品牌服务的。因此，选择一个合适的音色，一种恰切的声音外部表现形式，关系到观众和消费者对广告内容和产品的理解。在人们习惯了某一种声音对应着某一种广告内容和品牌时，就养成了一种消费习惯。

二、声音与商品的和谐

每一位从事广告配音创作的配音员都具有不同的音色，有的如夜莺般的清脆，有的具有洪钟般的金属质感，有的高雅华贵，也有的带一点嘶哑。那么，作为广告制作者如何在林林总总的声音中挑选出符合其要求的呢？在经过市场这个无形的选择之后，一些声音天天不绝于耳，而有的声音只能渐渐消失。当然，这也与声音和时代相和谐有关。但有一条规律是可以肯定的，就是每一种商品或是品牌也在选择适合自己的某种声音形式。例如汽车、酒类、烟类有关的广告为什么几乎被男性声音所垄断？首先，一个浑厚、带有金属般质感的声音具有一种“男性”的魅力，也是现今人们常挂在嘴边上的“磁性”。而汽车、烟酒在传统意识下，又多半是男人的主要消费品。这样一来，人们在认可了这种沉稳、厚重、带有磁性的声音成为一辆车、一种酒，甚至一类成功男人的标志之后，声音与品牌或是广告内容的结合也就是顺理成章的事。这当然是遵守和谐法则的例子，若是不遵守而打破这种和谐，那必然会闹出很多笑话。

广告标题的声音选择是一则广告成败的关键。“标题是广告主体和目标的凝结和灵魂，标题在一则广告中发挥着非常巨大的作用。广告大师大卫·奥格威认为，好的标题，能创造一条广告 80% 的利润。”[①]因此，配好一则广告的标题（电视广告中常为落版处广告语）就要谨慎行事。大部分广告的标题都喜欢用浑厚的男声，只有一些涉及女性用品的广告采用女声。在奥格威的经验中“不要男人写妇女们购买的产品的广告”，但是在广告配音领域却不是永恒适用的。除了一些女性贴身用品外，男女声音的和谐与互补更能为广告添色。如一些洗发水和护肤液的广告，男声刚劲有力，女声柔美亲切，各有长处。如男声的“一品黄山”大有“一览众山小”的风范；而旅游卫视形象落版广告柔美的女声“让我们一起走吧”，声音清远悠长，也极具鼓动性。关键还是配音员的声音与广告内容的和谐组合，才能创造出 1+1 大于 2 的效果。

三、代言人与广告的和谐

（一）代言人形象与广告和谐

明星代言广告已经是见惯不怪的事了。早在 20 世纪 90 年代初，我国的电视观众在收看电视节目时还处在高度注意的状态下，彼时，人们是多么相信电视中所说的一切，包括广告。要是哪一条商品广告再由某某明星所代言，这种产品必然会立刻流行起来，甚至代言人口中的广告语都会成为当时的流行语。如《编辑部的故事》播出火热的时候，扮演东宝的葛优拍摄了一则广告，其中的广告语“干吗呢？（旁白）——想葛玲了（东宝台词）”还成了年轻人生活中问答之间的玩笑话。再如，曾经香港明星叶

①张秀贤、冯章：《广告语创作赏析》，经济管理出版社，2006，第 3 页。

倩文代言的一则洗发水的广告，让全中国的人都意识到还有一种物质叫作头皮屑，而且有头屑是一件多么不雅的事，竟然改变了人们用肥皂洗头的生活习惯。可见，明星代言人与广告的完美结合后产生的威力有多大。

曾经的一段时期内，在经济利益的驱使下，商品厂家、广告公司和有些明星本身都降低了自己的道德底线。只要是有钱挣，商品厂家是谁最红找谁，不管该明星是不是与自己的商品和谐；而明星，只要有钱拿，管你是否合法、管你有没有生产许可证，照单全收。但是，这种情况随着 2015 年新修订的《中华人民共和国广告法》而发生了改变，代言人被纳入了处罚范围之内。先来看一下新广告法是如何定义代言人的："广告主以外的，在广告中以自己的名义或者形象对商品、服务作推荐、证明的自然人、法人或者其他组织。"通常，我们会认为广告代言人是明星的专属而与己无关，但是，从新法的定义来看，生活中的每一个人都可以成为广告代言人。除了广告主外，只要以自己的名义或形象为产品做推介的人或者组织都被认定为代言人，可不仅仅指明星。那么，是否有一天，广告配音员的声音会作为一种声音形象、声音标识成为声音的代言人呢？这值得注意与思考。

论及代言人与商品的和谐，还有另一种表现。先举一种现象，为什么不找体态丰腴的演员做减肥广告？为什么不找身材矮小的明星做增高广告？为什么不找皮肤黝黑的人做增白乳广告？……这说明一个问题：广告代言人的外形、气质与产品必须和谐。

例如，演员黄渤为"途虎养车"代言。途虎养车的企业代表曾表示，黄渤和途虎养车联系在一起，正是二者身上共同具备的三点明显特质：专业、亲和、靠谱。工作专业、待人亲和、做事认真是演艺圈对黄渤的印象，而途虎养车秉持的品牌理念是"正品专业，亲和靠谱"。

易烊千玺为"华为 nova"系列代言。千玺年轻且具有超高的偶像流量与影响力，容易使该款产品获得年轻消费群体的认可，符合产品青春、活力、创新的定位。同时，"千玺"也代表了"千禧一代"的潮流态度。他有着同龄人的单纯和善良，但同时又具备着超越年龄的执着与担当，年纪虽小但却参加过许多公益活动，担任了丹麦旅游形象大使，而他也是华为首次启用的中国籍全球代言人。这次新发布的“华为 nova7”的标语是“你在，焦点在”，不仅表现的是手机拍照功能的提升，也能体现产品与易烊千玺一样，作为新一代的明星（产品），具备把所有人的目光都聚集在他与它（华为 nova7）身上的能力。

喜剧演员贾玲成了今麦郎“一桶半”方便面的形象代言人，传播今麦郎“一桶半”量大、开心等理念。贾玲的形象就是风趣、丰腴且亲民，贴近产品的定位。她的一句“选对了，好开心”深入人心，使人能够体会到选对一碗实惠的方便面带来的幸福体验。

气质儒雅、情商高、有才华、厨艺高——黄磊身上有很多标签，除了演员的身份外，“黄小厨”的别号也很响亮。作为居家好男人的形象代表，“火星人集成灶”邀请黄磊作为其代言人。“炒 100 个辣椒都不怕”的广告语，让人不自觉地产生一种信任感。与此同时，他还成为立白去渍霸、伊利奶粉、蒙牛未来星儿童牛奶、凯越旅行车、全球最大的羊奶粉佳贝艾特等广告的代言人。

关晓彤留给观众的印象不仅是“国民闺女”，还有其苗条高挑的身材。一款自制蔬菜三明治就上了热搜的关晓彤，作为“好麦多麦片”代言人可谓再合适不过了。“麦片非油炸，代餐更饱腹。”满足了许多消费者既要吃还想瘦的消费想象。前文中也列举了其代言的一款饮料产品，广告语是“饮料我喝山楂树下，山楂树下，鲜果榨，多吃一点，也不怕。”这些产品的生产商都是看中了关晓彤外在体态的特征。

现如今，又出现了新鲜的事物，AI 虚拟仿真代言人或虚拟偶像代言人，其规律是一样的，都要符合广告的定位。如果采用了这种虚拟代言人，多半是将消费群体定位在了年轻人或者喜爱动漫的人身上。

（二）代言人声音与广告和谐

有时，出于种种原因，有些明星为广告代言时只露脸不出声，那么就要聘请配音员为明星配音。这样一来，选择一个合适的声音又是至关重要的。

配音员的声音既要和广告内容相匹配，又要和明星的气质一致。要是破坏这种和谐，就像是一场“双簧”表演中的“包袱儿”，声画两张皮，滑稽而可笑。例如，明星张柏芝以“玉女”形象刚进入娱乐圈的时候，她所代言的广告几乎都是配音，原因就是她略带沙哑而成熟的声音不适合其所代言的青春女生商品。“四小花旦”之一的周迅曾经为“玉兰油”代言的广告，也是选用了一个温柔、甜美的女声，而没有使用她本人的声音。她的音色中有刚直、沙哑的成分，可能与产品的定位有所出入。正如她主演的电影《撒娇女人最好命》中，她扮演了一位性格耿直的职场女性，并且鄙视撒娇装嗲“怎么可以吃兔兔”的女生。而一则“××牌胃康灵”的广告，代言人是常在电视剧扮演政府官员的老年演员。广告的形式很模式化，就是该演员向别人介绍药的疗效好，结尾还有一句鼓动性的标语，但是他的声音已经“老”了，声带松弛了，而且还沙哑。这就和药品广告很不和谐，因为药品是让人减少痛苦，重返健康状态的，可是这种声音让人感觉代言人本身就身体不好，说什么都是苍白无力的。相反，演员李丁曾为盖中盖配音时也是原声，但他的精神头足，让人感觉药效确实好。在笔者的观察中，一般有关药品的广告中一旦涉及老年的演员时，都采用很浑厚、结实的中年男性的声音，只是语气上像老年人即可。而随着时代的变迁，老年人也不再是传统意识上的装扮，例如凯丽所代言的“足力健”广告，她的形象依旧是亲切、漂亮而富有活力的。

还有一种广告代言人就是卡通人物。如高露洁牙膏的一则广告，就选用了一个卡通式的声音形式为主人公“海狸先生”配音。语言形式夸张、怪异，但却深得人心。再比如，步步高复读机曾经有一则广告是这样的：画面是漆黑的夜晚，音响制造一种紧张的气氛，一声猫叫，接着是那只猫捉到一只小老鼠，正在千钧一发之际，忽然传来狂吠的狗叫声，猫松开老鼠跑掉了，小老鼠得以脱身。广告结束时出现人声配音“学会一门外语，步步高学习机”。很幽默，很内涵，富有创意，让人印象极为深刻。可能有人会说结尾改为字幕也可以，但是这里的人声是经过配音员声音造型所创造的，它是一种模仿小老鼠放松、洋洋自得的语气，其中蕴藏的情绪远远大于文字带给人的冲击。

四、声音选择与地域文化的和谐

艺术作为处在文化大系统中的一个子系统，当然要受到文化的影响。当代美学家卡岗认为："艺术是它所属的文化的反应和代表。"生活在不同地域的人有着不同的文化艺术心理结构，就比如同是园林，苏州园林与法国园林和阿拉伯园林就风格迥异；同是绘画，中国画和油画也是各不相同。广告配音声音形式的选择与言语表达也有其地域文化的差异，因此，配音员需要考虑广告配音与地域文化之间的和谐。

由于我国民族多、地域广，文化习惯各不相同，也就导致了各地人有各地人的艺术接受心理。体现在广告配音创作中，最为明显的还是语言、声音的音色和音量的控制上。葛优在北京卫视为"三元奶"广告配的音就是"首都的奶"。他是土生土长的北京人，因此这句话在"葛大爷"口中用一种北京话的强调说出来再合适不过了。再比如，电视上播放的化肥、种子、农业机械等产品多是由东北人或东北明星使用东北口音和方言来推介的。因为东北一直是我国的农业基地，当然这类产品的消费大户也在东北。广告多是由身材魁梧的农民打扮的演员来扮演，声音和语言形式都是宽音大嗓，声音洪亮，带有方言色彩的"贼""钢钢地"等广告语也是充斥其中。例如范伟的银幕形象都是东北人，他本人也确实是土生土长的东北人，因此他代言的广告在设计广告语的时候也采用了他荧幕中的"药匣子"形象，"感叹号，知（直）道不？治感冒，杠杠地（东北话中是一个程度极强的副词，常形容事物好的一方面）！"对比起来，像茶叶、素食、粽子等具有南方特征的广告就要采用柔和的声音，最好还要伴有一点杭浦话的味道。要是再往南就要用上广东普通话、粤语和港台腔了。如梁朝伟为"新天葡萄酒"做的广告，广告就采用了梁朝伟自己的声音配音。因为红酒一般跟"洋气"沾边，而港腔又是国人认可的最"洋"的说话方式。我们做个假设，当梁朝伟和张曼玉约会时，打开红酒的一刹那，梁朝伟用范伟式的东北话说一句："这酒，贼好喝！那滋味儿，杠杠地！"那估计这款红酒估计会滞销，但如果这句东北话是范伟为东北小烧酒配音的话，也许又会热销。总之，这就是一种声音的选择。

正因为这样，各地的广告商会针对投放市场的广度来制作不同的广告。这也就是为什么"华龙面"做一个普通的广告，还要做一个东北的广告。为什么"汰渍洗衣粉"在广东有粤语配音版本，而在其他地区都是普通话配音。这都是与各地的地域文化有关，与观众的接受心理也有关。为了能与观众，也就是潜在的消费者之间架起桥梁，语言无疑是最好的工具。

考虑好地域文化，不仅使广告更容易让受众接受，又可以使其感受到一种语言的贴近性，受到一种声音的鼓动。选择一个好的声音可以使广告增色，当然如果选择一个不恰当的声音，不仅破坏画面的和谐、内容的和谐、广告整体的和谐，更遗憾的是毁掉了一个产品和品牌。

记住，选择好一个声音比选择一个好声音更重要！

第十一章｜广告配音的意境美

曾经的一段时期，广播、电视中播出的广告，忽略了配音表达的意境美，甚至有的广告中的声音仅是一种赤裸的、直白的“叫卖”，更有一些表达如同布告栏上的通知似的。不可否认，这样的广告本身就缺少艺术性，广告语的创作也缺乏创意与美感，也就造成了配音表达的粗糙，但这绝不是配音质量不高的理由。若只是简单、明了、直接、粗暴地把信息灌输给受众，而不去考虑语言表达所营造出的商品意境，不仅在传播的效果上会打折，同样也会影响该产品的格调与品位。相反，在某些富有创意的广告中，配音不再是浅白无意义的叫喊，而是配音员通过声音塑造出了一种产品的消费意境，并以此来突出广告的整体氛围，构筑情景，营造美感。也有人认为广告的意境来自创意、画面和音响，而对广告配音在营造意境方面所起到的作用不以为然。其实，这样的观点是错误的，在表演界，有老艺人讲，没有烂脚本、只有烂演技；在播音界，也有前辈说，没有不好的稿件，只有播不好的音。作为有声语言表达的一环，声音的创作主体应该克服或利用客观因素，在主观上下更多的功夫。也许有时候没办法化腐朽为神奇，但至少可以不沦为艺术次品。广告配音需要营造意境，还有着更重要的意义：要在符合广告整体创意的前提下，通过有声语言表达来唤起受众的“注意”，将广告创意的诉求点传递给受众。通过声音塑造出的审美意象来与消费者沟通，拉近彼此之间的距离，增加消费者对商品的亲切感、信任感，从而采取购买行为。

第一节 何为意境

意境，是我国文学家、艺术家在文艺创作中锤炼出来的审美范畴，并对诗歌、书法、绘画、音乐等艺术形式产生过积极的影响。在近代，王国维将“意境”推向高潮，他认为“意境”是一切之本，同时把文艺作品是否能够产生“意境”作为评判其优劣的标准。王国维在《人间词话》中说：“词，以境界为最上，有境界，则自成高格，自有名句。”那些优秀的诗词曲赋无一不是以其优美的意境赢得读者的喜爱，意境不仅是用来品评艺术作品优劣高下的标准，也是艺术家们创作追求的终极目标。

宗白华在《中国艺术意境之诞生》中谈到“什么是意境”时说道：“人与世界接触，因关系的层次不同，可有五种境界：为满足生理的物质需要，而有功利境界；因人群共存互爱的关系，而有伦理境界；因人群组合互制的关系，而有政治境界；因穷研物理，追求智慧，而有学术境界；因欲返璞归真，冥合天人，而有宗教境界。”

在每一种境界中，又存在一个“主”的概念：功利境界主于“利”，伦理境界主于“爱”，政治境界主于“权”，学术境界主于“真”，宗教境界主于“神”。而“艺术境界”呢？它介乎于“学术境界”与“宗教境界”二者的中间，以宇宙人生的具体为对象，赏玩它的规律、节奏、和谐，借以窥见自我的最深心灵的反映；化实景而为虚境，创形象以为象征，使人类最高的心灵具体化、肉身化，这就是“艺术境界”。如果非要为这一境界选择一个“主”，那么，艺术境界，就应该主于“美”。

第二节 意境生发

所谓广告配音的意境，就是由渗透着配音员某种生活情感的有声语言所构成的广告作品中声音语言的意蕴和境象。换句话说，就是配音员在配音创作中，带着特有的思想感情、生活经历，以及对产品使用的感受，把自己独特的思想情绪有机地融合到广告配音作品中，使有限的广告语产生无限想象与联想，景中含情、情中寓景，达到情景交融、境生象外的艺术境界。但需要注意的是，这种“造境”要建立在真实的基础上，情与景不允许虚构，而是客观的，否则就是无病呻吟，那就是仅为了吸引眼球而表现意境了。

“境”的营造，可以使声音和画面表达出更丰富、更深刻的“意”，特别是利用声音表达带给观众的对产品功能的想象。例如：

《青岛啤酒》（深夜食堂篇）

男声 1：认识一个朋友只要三秒，不醉不归却要够年头。

男声 2：热点会很快冷下去，但有温度的东西经得起时间的考验。

男声 3：可以很快喜欢上一个人，但是恋爱要慢慢谈。

女声 1：世间所有美好的事都值得花时间慢慢来。

男声 4：当时代走得越快，做作品就要越慢。

男声 5：写一行字很快，自成一家风格需要十年。

（东方明珠夜景，灯光字幕：好事不怕晚）

旁白（男声）：好事，不怕晚。

落版（男声）：精心慢酿，传世麦香。

经典 1903。

这则广告的背景音乐与画面质感都和电视剧《深夜食堂》的主题曲与画面色调十分相似，广告在音乐与画面上首先营造了一种意境，使看过这部电视剧的人会产生联想，广告画面上的人都是有故事要诉说的。即使对没有看过这部电视剧的人来说，也会被这种氛围所感染，安静下来，听广告中的人物诉说与商品之间的故事。正如一句流行语，“我有酒，你有故事吗？”此番意境，个中滋味，会涌向消费者的心头。

之所以要利用广告配音来营造画外之境、弦外之音，原因有四：

一是广告的播出时间有限。广告长度一般都是以5秒、10秒、15秒、30秒、45秒、60秒、90秒为基本单位，常见的广告是5秒、10秒、15秒、30秒。要在这样有限的时间内表达出更为丰富的信息，配音员可以利用有声语言来营造广告的意境，用语言的一种直接提醒与暗示，使受众展开丰富的联想。

二是受众注意力缺失所致。广告中的配音，尤其是有特点的音色或者语言表达方式可以唤起人们的注意。

三是画面的表现形式有限。当画面与音响、音乐的形式已经无计可施或者缺位的时候，有效的语言表达可以起到增强效果、有效补位等作用。

四是便于形成消费联想，利于促成消费者行动。人类交往中，常常会对一个人的声音产生一种识别感和肖像感。通过对配音员声音的选择，能让受众在声音所营造的广告形象的感召中，唤起功利性的欲望，在配音营造的意境中体验商品使用感受、暗示消费快感。

一、取境与造境

（一）取境

“所谓取境就是通过驰骋想象和联想，采撷不同的艺术形象，从而缔造出优美的诗境。如皎然的《诗式》所说：‘取境之时，须至难至险，始见奇句。成篇之后，观其气貌，有似等闲不思而得，此高手也。有时意静神王，佳句纵横，若不可遏，宛如神助。不然。盖由先积精思，因神王而得。’”[①]可见“取境”并非不思而得，而必须要经过一番艰苦的构思，特别要从生活中吸取养料，并进行高度的概括和精心提炼。可以通过最为单纯的情感、简洁的场景、恰切的语言表达，表现出丰富深厚的生活内容和思想感情。以广告配音作品《一品黄山》为例，如下表所示：

①陈雪军：《超越与回归—意境的当代阐释》，《山西大学师范学院学报》，2002年2月。

分镜头	音乐	配音	产生效果
远近高低的松树（实景）			用“松树”画面取境。
烟雾缭绕的云海（水墨画）			用“云海”画面取境。
层峦叠嶂的群山（水墨画）			用“群山”画面取境。
苍松翠柏的峰顶（实景）	哼唱		用“哼唱”的声音取境。
群山环绕　（实景）			准备配音表达的开始……
峭壁上的松树（水墨画）		感受	闭上眼，深呼吸。
暮霭中的云海群山（实景）		黄山	从心底发出的感慨。
落日中的黄山美景（实景）		天下无山	感觉很静，但却有气势。

配音员的声音表达取自一种对山的感悟，发出“天下无山”的抒怀，在表达登高的情感时没有选择振臂一呼，而是用深沉、厚重、宽泛的声音营造了一种意境。仿佛这位人生的攀登者正在画面中的某一座山峰的顶端，闭着双眼，深深地呼吸着清新的空气，不忍心去惊动林间的生灵，不忍心去打破烟雨朦胧如水墨画般的诗情画意，整个人都静下来，深深地融入大自然中，但是在心底却有着一种“天下无山”的感慨，这种感慨不需要别人知道，也不用别人的认可，只有自己处于巅峰时才能体会，也只有自己才会知道。这种表达之所以极为确切，正是因为声音选择的切入点非常准确，在这里配音员用了一种通感和移情的方式，体会人情绪安静下来，大脑处于一种思考当中。那种呼吸声与配音是深呼吸的声音遥相辉映，“声音”将一个男士，甚至是一个站在山顶之上的成功男士缓解压力的状态、思考的状态，通过有声语言表达跃然于画面之上。虽然画面都是山水，烟雾缭绕似乎也营造了一种意境，这个人始终不见，可通过配音员的声音，产生了一种不见其人，但闻其声的效果，使受众试图想在画面中找到这个心静如水的人。

（二）造境

取境之后，便是造境。

“造境则是指艺术家调动虚构想象等艺术手法创造出来的意境。如李白《梦游天姥吟留别》所描写的虎啸、龙鸣、列仙起舞的神仙境界。同时造境又必须‘幻中有实’，立足于生活，才能造成优美的意境，给人以审美感受。”①所谓广告配音中的造境，就是用有声语言，结合画面和创意所营造的氛围，去制造意境。“感受黄山，天下无山”这8个字曾分别给了15位受访者进行有声语言创作，任其发挥。其中有11位选择了直白的、浑厚的声音形式。直白的表现形式在这则富有诗意的广告片中是缺乏想象力和意境感的。《一品黄山》的声音没有选择洪亮的、上扬的声音外部形式，而是选择一种语调相对较低、语速较慢、语势下滑的内爆方式，是一种说给自己听的感觉，声音形式是悠扬而缥缈的，与画面上黄山的层峦叠嶂、云雾缭绕融为一体，非但没有破坏广告画面本身的意境，同时，利用一种心灵独白与冥想的声音形式，把“天下无山”的镇定、飘逸和王者之范表现得一览无遗，真正达到了天人合一，人在景中，情在人中，情在景中，情、景、人三者的交融。其实，回忆一下自己的登山经历，或者感受一下自己人生奋斗的历程，就会明白这种感受。独自一人登上峰顶，闭上眼睛，深吸一口气，充分发挥联想和想象来感受“一览众山小”。

二、境生象外

刘禹锡对意境曾提出过“境生于象外”的见解。后来，司空图又进一步发挥，说“戴容州云：‘诗家之景，如蓝田日暖，良玉生烟，可望而不可置于眉睫之前也。’象外之象，景外之景，岂容易可谭哉？”“境生于象外”就是要有“象外之象，景外之景”，所以，意境的创造，就必须在对具体物象进行生动表达的同时，超越具体物象自身，开掘出一个诱人的联想与想象，暗示出更具有深广意味的审美想象空间。

（一）境生于画面之外

“电视广告可以运用画面将我们引向感情，又从感情引向思想。画面不仅能够传达信息，同时也寄托了创作者的审美理想，不仅具有视觉感知

①陈雪军：《超越与回归——意境的当代阐释》，《山西大学师范学院学报》，2002年2月。

价值，而且还具有美学价值。”①而创作者的美学价值和创作思想，仅仅依靠以秒计算的有限的画面，是很难完全地将意图表述出来的。因此，有意境、有思想、有诉求的广告就要学会不仅利用画面来充分表现引申的寓意和营造的意境，还要使用有效的配音来揭示寓意，有时候广告配音可能就是那点睛的一笔。

以广告配音作品《别克 G18 商务车》为例，如下表所示：

画面	配音
一辆别克商务车停在画面的左边，一群小鹿从画面的右边飞奔进入屏幕，直接跳入商务车敞开的座舱里。一只、两只、三只……当第七只跳入车舱时，还有小鹿不停地进入画面……	
黑场字幕：有空间，就有可能	有空间，就有可能
别克商务车	别克 G18 公务商务旅行车
别克汽车的标志	来自上海通用汽车

这则广告只运用了一个固定的画面，但却为观众营造了一个极富想象的视觉情境，它会迫使你去思考画面的含义。此时，在消费者心中可能已经有了答案——车载量大，但或许还在期待着什么……略有所思之间，一个配音员的声音“有空间，就有可能”一语道破天机。给人一种“言有尽而意无穷”的感觉。从另一方面讲，这样一句对画面的解释，不仅点题还使人明确了想象的方向——车内空间还可以更大。

画面能把电视所具有的形象化优势充分发挥出来，使人有种亲眼所见的感觉。但只强调画面的作用，忽视有声语言的重要性难免会有失偏颇。如果我们关上电视机的声音，就会看不懂大多数的电视节目：新闻、专题、电视剧，等等，当然也包括某些暗含寓意的电视广告。只有当声音走进画面，声画结合，扬长避短，才能更好地实现电视广告有形有色、有神有情、有根有据的形象化传播。如果说画面是红花的话，那么，广告配音就是扶

①李燕临、王蕊：《电视广告教程》，国防工业出版社，2004，第 33 页。

衬的绿叶。

例如：广告配音作品《别克汽车之水滴篇》，如下表所示：

画面	配音
前实景是一滴水珠落在叶子上，后虚景一辆汽车驶过	
一滴水珠从一片叶子上滑落	
一辆红色汽车在林间的小路上以“S”形行驶，画面上满是水珠滴落	
行驶的汽车向右一拐，躲过了一个正在下落的露珠	
一滴水珠落在了地上，水花四溅	
汽车继续以“S”形前进，再次躲过两滴水珠	
一颗硕大的水珠从天而降，将可能与前面行驶而来的汽车相撞，但却被汽车巧妙地绕开了	不容许有任何水分
那颗硕大的水珠从行驶的汽车旁边落下	当代精神
森林中，行驶的汽车疾驰前进，留下一个移动的背影	当代车
黑场，别克的标志	别克，来自上海通用汽车

画面上一辆红色崭新的别克汽车以“S”形急速前行，造成这样行进方式的原因是，它要避开从树上落下的大大小小的水滴。在线性传播的电视媒体上，画面稍纵即逝，我们很容易就会错过其创意点。当受众正在为画面上的水滴疑惑不解的时候，出现了一个自信、自豪的声音“不容许有任何水分”道破了一切。这则广告引申于画面之外的是：该车的品质不掺杂任何的水分。该广告与前面列举的《别克 G18 商务车》有异曲同工之处，在创意点未道破之前，除了音乐外，没有任何泄露天机之处。当受众开始对画面上的安静疑惑、思索时，便是利用广告配音来揭示主题的时刻，如果配音员的有声语言表达恰切的话，那么在受众心理产生的印象就会极为深刻，起到事半功倍的效果。

在广告配音中“象外”产生的“境”还有一种 “暗示”的功能。从心理学的角度来讲，人类的逻辑知觉能力或形式知觉能力比我们通常相信的要强得多，而我们的知识面又比我们交谈时所及的知识宽广得多。通过暗示，广告可以把意义延伸至更深处，使人们听过“这一句”配音之后，或者能够领悟到广告内容的玄机，或者产生更广泛地联想。声音形式便构成了一种供我们的想象力直接把握的新概念，当想到配音员的声音或者这一句广告词的时候，就可以与一种商品、一种生活品质联系在一起。

例如，广告配音作品《奥迪 A6》，如下表所示：

画面	配音
灰暗的隧道中，一辆奥迪车打开明亮的大灯，急速行驶着	喧嚣中
如水墨画般的山水美景	你需要片刻宁静
奥迪汽车缓缓地行驶在雪山之下的公路上	
酒杯中，一块冰块儿沉入杯底	沉淀思绪
一位男士拿起酒杯	
群山之间的公路如蛇形蜿蜒曲折，该景色瞬间又变成了汽车座椅上 DVD 播放器中的美景	以全新视野
座椅背后的桌板自动滑落	换个角度
一位男士在小桌板上打开电脑，开始工作	而后运筹帷幄
那位男士将头转向窗外，露出了自信的笑容	决胜千里
那位男士站在山顶，俯瞰群山，旁边停靠着奥迪汽车	豪华行政版奥迪 A6
一汽大众，奥迪汽车的标志	

这则广告展现了一位成功男士志得意满的形象，这一成功男士审美形象的确立，是与画外的“独白”联系在一起的。通过配音员的旁白配音，受众将同这位男士一起坐上奥迪 A6，“运筹帷幄”“决胜千里”。这种审美体验与假设自己也一样会成功的实用体验一起表现出来，使受众产生一种定向联想，并由此激发其基于“羡慕”“模仿”的购买欲望，一同感受“成功”的幻象。

（二）境生于广告语之外

广告配音是以广告语为创作依据的，而文字语言当中包含的“话里有话”恰恰是通过配音传达出了“弦外之音”。例如“不只是吸引”等广告中的声音提示创造出一种“你懂得”的效果，使人不得不去思考这句话是什么意思？产品还有什么其他功效吗？此时，声音是一种消费暗示，例如“成功人士的选择”等广告语的表达就给人一种心理引导，似乎成功人士都应该拥有，似乎也会想象只有成功的人才配拥有等。由于考虑到其他消费者感受，不便明说，那就采用有声语言表达的技巧来加以表现，虽然文字中去掉了“只有”与“才会”等词语，但通过配音时语气的表达依然可以达到广告想要的效果。

配音往往可以用听觉来补充视觉不易表达的内容，进一步强化信息传播效果，并深化广告的主题。当配音员面对广告语的时候，常常会产生两种态度。一种态度是：完全依赖文本，唯文本是从，亦步亦趋地表达，不敢越雷池半步；另一种态度是：以文本为基础，在深入开掘的同时，对广告语进行理性的思考，认真辨析，考察广告创意，探寻消费者定位，感受艺术分寸，进行恰切的表达，做到对文字本身的超越。我们主张后者。

有学者称 21 世纪是读图时代，而“读图”使人关闭了想象力的大门。有声语言便是打开想象力大门的钥匙，它集语意与语音于一身，借助抑扬顿挫、高低起伏、轻重缓急的表现形式，能将意义表达得恰如其分、恰到好处。文字语言的意蕴和有声语言的表现相结合，两者相得益彰。有声语言的创造性表达会给文字语言以推波助澜之力，给语言的传播增加力量。“有声语言在广告听觉形象形式美构成中的美学效应主要表现在广告作品中是以有声语言来叙事的，通过调动听众的想象力，给人一种‘身临其境、如见其人’的感觉，之所以会产生这样的效果，主要是‘联觉’作用所致。比如在声音刺激的作用下，人们在脑海中会产生相应的视觉形象，这是最常见的一种联觉，即视听联觉。如果充分发挥有声语言的表达技巧，就会使受众从听觉的感受中获得视觉感受、嗅觉感受、触觉感受、味觉感受等，使单一的声音衍生出立体化的视觉形象，从而使有声语言产生极富感染力和表现力的审美效应。”①

首先，配音可以改变文字语言——广告语的意思和方向。例如《马自达6》的广告语：

魅·力，创新科技。

当我们见到“魅力”一词时，常常会认为是一个词。但是，广告语中“魅”和“力”二字之间放入了一个分隔号，一定有其寓意蕴藏其中：说明该款汽车不仅魅力十足，而且动力强劲。因为马自达6一方面是当时国内首款“轿跑”（跑车型轿车），所以外形上来说足够“魅”；另一方面，跑车“力”的暗示也就不言而喻了。配音员在为其配音时，此处停顿了一下，变成“魅——力”。这样的表达就出现了两层意思，更产生了不同一般的听觉形象，使人记忆深刻。

还有一则广告的广告语同《马自达6》的“魅·力，创新科技”极为相似。它的文本是“实·尚一派，炫丽轿车”，但是，由于创作主体的不同，处理方式也产生了变化。配音员，在“实”和“尚”中间没有选择停顿，将“实·尚”直接配音成“实尚”。从语音的角度很容易发现，“实·尚”与“时尚”一词发音相同，可能配音员受到习惯的影响，将“实尚”处理为一个词，或者就是有意读成与“时尚”音同，毕竟这款车的目标定位就是看重外表炫丽的、注重时尚感的年轻人，若真是如此，为什么广告语的文字表述不直接写成“时尚一派，炫丽轿车”呢？如果在将文字转化为有声语言之前，多问几个为什么，也许答案会跃然纸上。从字面上是完全可以看出广告语暗藏玄机的，并非仅仅表达这款车是一款“时尚”车。还有一层意思：它不仅“时尚”，而且还“实用”。因为，熟悉车的人都知道，长城汽车在国内汽车市场的定位一直是贴近普通消费者的国民产品，而这款炫丽轿车在外形上酷似宝马公司的“mini”和铃木公司的“雨燕”，从造型上可以获知它是面向追求时髦的年轻人的，所以它的广告诉求点之一便是“尚”，即“时尚”。另外，这款汽车只有1.3排量和1.5排量，所有不同配置的

①王纯菲、宋玉书：《广告美学——广告与审美的理性把握》，中南大学出版社，2005年，第118页。

价格也只是在 5.39 万元到 6.89 万元，最关键的是厂家打出了“实用主义”“轻松省”的广告语宣传口号，这最能打动消费者的价格“实”部分，配音员在配音中却并没有体现出来。

其次，配音可以调节广告语的感情色彩。例如，广告《别克汽车之蜂鸟版》的广告语是：

动。

（画面闪黑）

不动。

（画面：汽车正面）

驰骋千里。

如果从广告语来看，有可能会按照分镜头或标点符号习惯地在“动”和“不动”之间进行停顿。但是，该广告的配音员孙悦斌先生却打破文本的限定，而将“动”与“不动”组合看作成一个词，中间没有做任何停顿。据孙悦斌讲，他与广告片导演讨论广告创意之后，决定将其设计成一个词。理由是：既然欲表现这款车的速度感，何不将书面的“动”“不动”加入生活的语气，用一种老百姓常用的口语“动不动”（频繁或轻松的意思）来表达该汽车卓越的速度感与轻松感——不费吹灰之力，动不动就可以驰骋千里。

从上面的例子可以看出，配音员在面对广告语时，不应浮光掠影、浅尝辄止，而应力求竭尽所能恰切地表达；不应只凭感觉望文生义，应该深刻领会创意者的意图，与导演进行沟通，不能被动受命于人，要发挥创作的主动性，将广告语所蕴含的深刻含义挖掘出来。

三、情景交融

意境是“情”与“景”的结晶。在广告配音中，“情”就是配音员以心灵映射具象，代产品而立言，它所表现的是主观的生命的情调。而“景”则是一种“意象”，它可以用声音来营造，也可以用画面来渲染。

马致远有一首词：

《天净沙秋思》

枯藤老树昏鸦，

小桥流水人家，

古道西风瘦马。

夕阳西下，

断肠人在天涯！

前四句皆为对“景”的描写，这些景的意象其实是“哀愁”“孤寂”，在这种“景”的氛围烘托下，词人发出了“断肠人在天涯”的慨叹，这便是“情”的抒发，甚至“景”已经铺垫得让“情”不得不迸发。试想，如果将这首词拍成一部广告片，那将是多么富有“意境”的作品，而其配音的表达，也会在这种情景交融之中，自然地流淌而出，一诉衷肠。

现代汉语的某些词在古时都是要分开理解的，例如“命”和“运”，“运”和“动”等。意境一词也是如此，“意”与“境”，是创作的主观与客观两方面因素构成的。有声语言表达的创作主体的内心感受与思想感情，以及他对生活的认识和理解，要通过声音的客观外在形式来进行表现，造成一种“情景交融”的艺术境界。“景”需要经过感情的熔铸，才被注入生命；“情”，需在景中得以幻化成形。正如，朱光潜先生所说：“情景相生，而且，契合无间，情强称景，景也，恰能传神。”

情景交融体现出来的情与景合、心与物合、神与形合是广告配音所需要的。在利用有声语言去营造意境的过程中，可以使目标消费者“身临其境”地感受到真情实感的关怀，与配音员的情感产生一种共鸣，从而达到一种“润物细无声”的影响效果，使人不自觉地就会把广告内容深深地刻在心里。

配音员应该学会运用类比联想、再造想象等手段，使自己完全沉浸在广告所描写的情境当中，以此调动内心的情绪，将情感落实到有声语言的表达之中，达到情与景的融合，语言的外部表现形式应与广告营造的情境相和谐。

例如：广告配音作品《别克汽车之蜂鸟篇》，如下表所示：

画面	配音
▲小鸟在驾驶室里挥动着翅膀与行驶的汽车一同前进	风动
▲一辆红色的别克汽车疾驰在郊外的公路上	移动
▲车内：那只小鸟还在挥动翅膀飞翔着，与汽车保持相对静止，仿佛它还置身于大自然中	
▲红色别克汽车正面疾驰而来	似动非动
▲汽车急速转过一个弯道	……
▲黑场字幕："动"	
▲车内：小鸟仍然挥动着翅膀，飞翔着。忽然，车顶天窗自动打开，小鸟的注意力被正在打开的天窗所吸引	皆系心之动
▲黑场字幕："不动"	
▲正面疾驰的汽车前脸，突出的别克汽车标志	动
不动	
驰骋千里	
▲黑场画面：别克汽车标志	别克
来自上海通用汽车	

通过画面可以感受到广告所营造的意境是：驾驶这款车，不仅可以感受到坐在驾驶室中的安静感和汽车的速度感，驾驶者还仿佛置身于大自然中。如果仅是看画面，意境的表现尚未淋漓尽致。当加入了配音之后，整个意境就明了地显现在屏幕之上。如第 1 个至第 7 个画面中，小鸟在驾驶室挥动着翅膀，此时配音员用了一种极其微弱的虚声，耳语到"风动，移动，似动非动的……皆系心之动"，省略掉的地方是根本没有办法听清楚说的是什么。如果按照一般语言表达的标准来说，连最基本的"清晰"都没有保证，可是这样的表达在"此情此景"当中显得非常合适，虚虚实实、忽明忽暗的声音表现形式与该广告创造的意境相辅相成，体现出的是汽车发动机的安静、良好的封闭性和驰骋的速度感。而后的第 9 个至第 10 个画

面中，一个年轻但不失磁性的实声说出“动不动，驰骋千里”。之所以改变了结尾处的声音形式，一来画面是一辆汽车在急速前进，在车的外部就可以打破这种安静了，要体现出一种速度与马达的力量，产生“动”与“静”的对比，这不也正是广告语“动”“不动”的创意所在嘛；二来也到了广告落版的时刻，声音形式的变化符合了广告内容本身所营造的情境的改变。

王国维主张“一切景语皆情语”，我们并不是简单地把“意境”这个概念从美学中生硬地移植到广告配音中来，而是在这种有声语言艺术的创作中，确实存在着“意境”。此意境通过情景交融、主客体统一，达到时空上的无限回旋和回归式的现实超越，从而产生空间美、动态美、传神美，给人以最大的真实感和自然感。

意境，只是“此时”为目标消费者营造了一个“境”，更应该在欣赏之后，还能够蕴含着令广告的接受者咀嚼不尽的韵味，让受众从广告所提供的声音意象中去领略其深度与广度。这种深层意蕴并不是直接体现在表层的意象本身或者产品上，而是存在于意象与意向之间构成的艺术空间之中。可以借助于比喻、象征和暗示，委婉道出，使人心领神会，百思而得之。

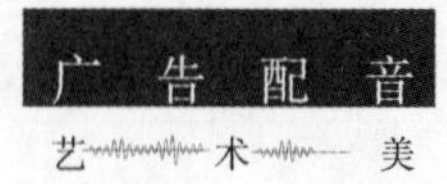

第十二章 | 广告配音的风格美

什么是风格?

风格是艺术作品在整体上呈现出的不同于一般的艺术特色，是艺术家通过其创作的艺术作品所表现出来的相对稳定的、内在的、反映时代或艺术家个人思想、审美等的艺术特性。

风格可以是因人（创作主体）而异的，正所谓“风格即人”，风格也可以是多种多样的。刘勰曾在《文心雕龙》中提出“人性气有殊，缘性气之殊而所为之文异状”，并将文艺作品分为典雅、远奥、精约、显附、繁缛、壮丽、新奇、轻靡8种。司空图在《二十四诗品》中列有雄浑、冲淡、纤秾、沉着、高古、典雅、洗练、劲健、绮丽、自然、含蓄、豪放、精神、疏野、清奇、委曲、实境、悲慨、形容、超诣、飘逸、旷达、流动24品。

而对于有声语言表达艺术来说，这种风格美可以被描述为“发声主体在有声语言艺术创作过程中的用声个性和特色所呈现的美感特征。由于发声主体的主观与客观条件的差异，他们在创作中会呈现出不同的用声方式和状态，产生不同的声音美感效果。一种发声风格支持一种表达风格，成就一个有声语言艺术家”。①

---

①杨小锋：《语言艺术发声研究》，科学出版社，2013，第160页。

在广告配音领域，配音的创作风格，大体上可以分为阳刚的壮美、阴柔的秀美与刚柔并济之美。

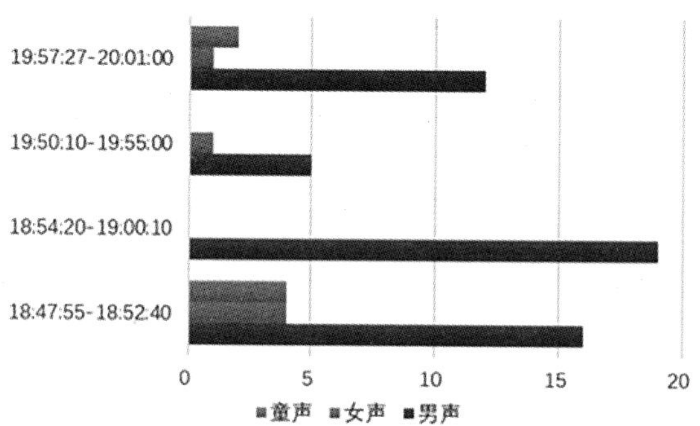

第一节 阳刚的壮美

在广告配音领域，似乎存在一种男性声音的垄断。笔者选择了中央电视台 1 套节目 2020 年 5 月 23 日约 18:48 至 20:01 的时段，看看在广告配音中男性声音所占的比例，如图所示：

之所以选择中央电视台 1 套节目此时段的广告，是因为《新闻联播》前后的广告时段标价最高，也是广告商们的必争之地，相对其他时段而言具有一定的代表性。从图中我们可以清晰地看到，男声占据了绝对比重，占被调查的 59 条广告的 88%，甚至在某个时段中的广告全为男声配音，含女声的广告和含童声的广告各占 10%。

十年前，笔者做过同样的一次调查，取样是央视 1 套 2009 年 1 月 23 日 18：59 至 19：55 时段的广告，其结果如下图所示：

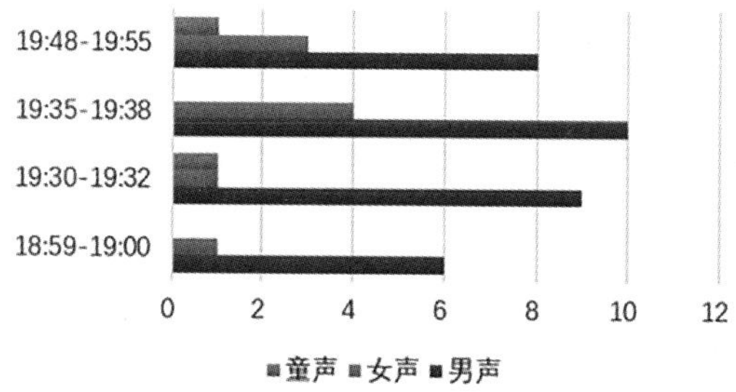

两次调查所得结果几乎没有太大变化，男声配音的比例仍然是占了绝

对的优势。为什么会出现这样的现象呢？这与受众对男性声音审美认识有关。其实，不仅是在中国，在国外亦是如此。美国配音员克拉克曾在其书中写道："1980 年，当我以'石器时代'开启配音事业时，90% 的工作给了男性，10% 给了女性。在接下来的三十多年里，女性占据了 30% 到 40% 的市场份额，工作分配变得更加平衡了。随着越来越多的女性成为大公司的首席执行官和政府高级官员，配音工作的市场份额也反映出了这种男女比例的变化。获得这项工作的性别选择不仅是一个好声音或配音小样的结果，也是我们所处时代的直接结果。"①但似乎，目前在中国的广告配音市场中，在声音性别的选择上仍然偏向男性。的确，在人们眼中，男性声音形象的主要特征是宽厚稳健、果决坚定、深沉醇和，富有磁性，具有一定的气势和力量感，这种感受能与安全、成功、可靠等特征联系在一起。有学者做过相关心理学的研究，总结出这样的声音更具有令人信服的感觉，更便于信息的有效传递。

为了使人信服，男性的声音应该是阳刚的，但这种阳刚决不能浅显地被认为是粗脖大嗓、干声大喊，而应该是富有阳刚之美的。那么，何谓"阳刚"之美呢？在中国古典美学中，阳刚之美也可表述为壮美、崇高、雄伟、雄浑等。姚鼐在《复鲁絜非书》中对阳刚之美曾有过这样的表述："'其得于阳与刚之美者，则其文如霆，如电，如长风之出谷，如崇山峻崖，如决大川，如奔骐骥；其光也，如杲日，如火，如金镠铁；其于人也，如凭高视远，如君而朝万众，如鼓万勇士而战之。'在姚鼐眼中的'阳刚之美'就像万钧雷霆，像掣电流虹，具有强烈的震撼力。像长风出谷，摧枯拉朽，荡涤一切阴霾秽气，令人感奋激发，具有巨大的冲击力和鼓舞力。它像崇山峻岭一样峭拔雄伟，像大江长河一样浩浩荡荡、气吞万里，像骏马勇士一样纵横驰骋，一往无前。如杲日当空，居高临下，势不可当。"②

---

① CLARK, ELAINE A .There's money where your mouth is: an insider's complete guide for making money and building a career in voice-overs[M].New York: Allworth Press, 2011:4.

②龙建国：《评姚鼐的"阳刚阴柔说"》，《江西教育学院学报》，2000 年 4 月。

配音时，对于“阳刚”常常会陷入两个误区。一是“情足声欠”，二是“声足情欠”，此两种情况的产生均是配音员内心情感与声音外部表现形式不够和谐所造成的。配音员内心的情感足，但声音表现形式上的欠缺必然会影响其对广告作品的有声语言创作，毕竟广告配音最终是要将内心的情感形之于外的。另外，配音员的声音外部表现形式已经做到了形似，但是却因为缺乏内心的情感做支撑而变得干瘪无味，成了街边小贩机械式地吆喝，几近声嘶力竭，无疑给听者的只是一种噪声，令人反感。将“阳刚”运用得恰到好处，要把握住有声语言表达的阳刚与广告作品内容的和谐统一。

例如：在《长城润滑油》这部广告配音作品中，如下表所示：

画面	配音
蓝天中，白云在积聚	
城市中的摩天大楼高耸入云	
一辆 F1 赛车正面缓缓驶来	
中国石化加油站	
一辆汽车缓缓驶过	有一种无声的
印有“长城润滑油”的巨大旗帜迎风飘扬	力量
高速行驶的磁悬浮列车	让动力
从空中俯冲的镜头，透过云朵落入高楼林立的城市	更加激昂
F1 赛车疾驰而过	
发动机在飞速运转	
印有“长城润滑油”的巨大旗帜迎风飘扬	
F1 赛车和一辆跑车急速前进	
风云急速变幻的天空	
一辆汽车急速转弯，驶过有水的路面，水花四溅	
火箭升空	
天使挥动着翅膀	
跨海大桥	长城润滑油

续表

画面	配音
印有“长城润滑油”的巨大旗帜迎风飘扬	先进科技，引领
黑场字幕：中国石化	中国动力

广告语是“有一种无声的力量，让动力更加激昂”，在表达上势必要选择一种强控制的处理方式，显现出一种阳刚之气。配音员浑厚而富有磁性的音质，是其富有阳刚之气的物理条件。但是，仅靠声音好是远远不够的，一切处理都要从作品本身出发，不要选择用尽浑身力气，如泰山压顶般地进行表达，而是在处理时，收中有放，放中有一种保留，这样的处理恰恰是一种“无声的力量”的完美体现。

再如：广告配音作品《三一重工》，如下表所示：

画面	配音
宇宙间，机器的齿轮在转动，形成三一重工的标志	科技是品质的源泉
三一重工的标志在各个行星间穿梭	
无数的行星在银河系中移动着	责任是品质的保证
三一重工的标志像原子弹爆炸一样，形成一个爆炸的星云，中间是一个金色的三一重工的标志	
画面：三一重工的标志	品质改变世界，三一重工

广告本身要传递的信息是该商品的品质，这一类的配音作品往往容易陷入一种自夸式的大力丸式的叫卖中，声音形式表现为“声大气粗”，这时的“阳刚”如果运用不好，则会给人一种如同嚼蜡的滋味。在《三一重工》这部作品中配音员选择了深沉、内爆的表达方式，娓娓道来而不失力量。在时光穿梭之中，诉说该商品的品质优良，不仅没有改变广告本身要传达的意念，还营造出了一种厚重的历史感。

诸如《长城润滑油》《三一重工》等一类作品都是富有阳刚之美的代表作，声音形式表现为刚劲有力、慷慨激昂、气势奔放。在艺术效果上，一般表现为振聋发聩、催人奋进，具有不可抵御的逻辑力量和情感力量，绝非是力量的直白宣泄，恰恰相反，而是气势的积蓄。这得益于配音员将男人的阳刚之气与作品内容和谐统一起来。如果仅有一个浑厚嗓音，而丝毫不顾及广告内容，就会适得其反。在前面的章节中曾经提过一则《金嗓子》广告，需要配音的广告词就三个字“金——嗓——子”，配音员的声音形式表现得足够浑厚了，但是却给人一种压迫喉结、声音靠后的含混之感，让人丝毫感觉不到产品会给嗓子带来舒适感，反而是觉得嗓子中有种异物感，这样的配音还如何为保护嗓子的含片做宣传呢？这就是客户或导演没有选择好声音或者忽略了配音的作用使然，同时也是配音员没有将语言的外部形式与广告内容相结合加以自主创作的结果。

第二节 阴柔的秀美

声音充满阳刚之气，力度和气势感较强，这是由男性的特点所决定的。如果能够运用得当，自然与广告内容相辅相成，但有些时候，由于广告创意的不同，预期受众的不同，广告配音也可以采用阴柔的表达。此处的“阴柔”是一种美感的表述，并非是男声的表达女气化，女声的表现病态化。阳刚与阴柔，实则似豪放与婉约而已。

何谓“阴柔”呢？怎样表现又是美的呢？同样在姚鼐的《复鲁絜非书》中，对于阴柔之美有过这样的描述：“‘其得于阴与柔之美者，则其文如升初日，如清风，如云，如霞，如烟，如幽林曲涧，如沦，如漾，如珠玉之辉，如鸿鹄之鸣而入寥廓；其于人也，漻乎其如叹，邈乎其如有思，暖乎其如喜，愀乎其如悲。’而具‘阴柔之美’犹如旭日东升、清新妩媚，给人以心旷神怡之感。它像幽林一样宁静深邃，像曲涧一样沦漪微漾，曲折悠长。它如思如慕，如泣如诉。由此可见，阴柔包括了含蓄、婉约、修洁、飘逸、沉郁、平淡、和雅、高远等风格。”[①]体现在广告配音表达中的“阴柔”，是饱含着活跃的生命律动，更充满着有声语言的情感诉求。

①龙建国：《评姚鼐的“阳刚阴柔说”》，《江西教育学院学报》，2000年4月。

如果从商品类型上来看，体现“阴柔”风格的广告配音作品多集中在与人们日常生活息息相关的商品上；从广告创意上来看，多体现在采用“商业广告的核＋公益广告的壳”一类的广告配音中；从心理策略上来看，常常是通过阴柔风格的配音来“以情动人”。这3种类型的共同特征是表面“关心”“建议”，实则还是在“推销”。如今的受众对于广告常常具有一种免疫力，甚至存在一种排斥的心理。人们不再相信广告直白的自卖自夸，消费者更相信的是一种口口相传，相信的是一种口碑。因此，配音员的有声语言表达就要随着广告内容的变化而进行调整。这种阴柔的表达，实则是一种人与人心灵的交流，诚挚的关怀。“在广告观众完全自由掌握遥控器的情况下，政治家空洞的说教和老学究无趣的劝导，是没有发挥机会的。我们只有用心灵与之平等交流，贴近受众的喜怒哀乐，并用真情去感染他们，才可能有较强的征服力。”①

女人本身就是一种阴柔之美的体现，所以，女声在表现这一种配音风格美的时候具有一种先天的优势。但广告配音市场仍然偏向于男声的选择，在遇到这一类需要阴柔之美配音风格的广告时，男声同样可以淋漓尽致地加以展现。只是，切记不可故作女气、矫揉造作。在男人富有阳刚之气的声音基础之上，应找到一种语气上的柔和、音量及音高上的适中，多一点气息的伴随等吐字发声的状态，关键是要从内而外地传递出一种温暖。例如：曾经的一则男声配音的《诺基亚》广告，如下表所示：

画面	背景音乐	配音
深夜，一家旅馆的门面	悠扬的萨克斯乐（伴随广告始终）	
熟睡的值班员，凌乱的办公桌		
被摘下的电话听筒	嘟嘟的占线声	
正在工作的传真机不断地传出文件	落纸的声音	

①寇非：《广告·中国（1979—2003）》，中国工商出版社，2003，第233页。

续表

画面	背景音乐	配音
通向楼上的楼梯，一名工人正在修理电路		
工人肩部以上近景：电路冒出火花，整个走廊黑暗一片	电火花的声音	
一位女士在喝咖啡，屋内的灯忽然熄灭了		
字幕：您需要时时刻刻保持联系		我们知道，您需要时时刻刻保持联系
一位男士正用手机继续在黑暗中办公		所以
诺基亚手机		我们的移动电话
办公的男士		具有
具有传真和电子邮件功能		传真和电子邮件功能
手机特写：将手机折叠关闭		
那位男士在蜡烛的柔光中，怡然自得地拿着手机在打电话		科技
科技，以人为本		以人为本
打电话中的男士脸部特写，同时诺基亚的标识出现		诺基亚

由于诺基亚的核心理念是“科技，以人为本”，因此，这段广告配音着实诠释出“人”的味道，并不是仅通过在“人”字上做重音处理那么简单，而是用了一种心与心的交流。整个广告片在前 9 个镜头里，没有出现配音员的声音，这恰恰是在给观众以审美期待，好像是在预示着有什么事情发生。在第 10 个镜头出现时，配音员的声音响起，非常轻柔但并不突兀，顺应着镜头和背景音乐流淌出来，给人的听觉感受是“（嘘，别担心）我们知道，您需要时时刻刻保持联系”。随后，在这种关怀的语气下，便开始推销产品的独特功能，这种手机可以使你“时时刻刻”保持联系。整个表述婉转流畅，和风细雨，不是卑躬屈膝地鼓动你买，而是有自信地矜持、不张扬地娓娓道来。

再如一段男声配音的广告《滴露消毒药水》。如下表所示：

画面	配音
家长会的现场	
小明上台领取“全勤奖”	
两个妈妈在台下交谈：“现在孩子多容易生病呀！”“他是怎么办到的？”	
字幕：常用滴露的家庭较少被病菌侵害	常用滴露的家庭较少被病菌侵害
滴露消毒药水的特写	安心百分百
滴露标志。字幕：防菌专家，健康全家	滴露，防菌专家，健康全家

与前面富有阳刚之气的配音作品比较，在这则广告中，配音员的发音位置明显靠前，表达变得非常亲切，声音形式却和前面的洪钟大吕般的厚重不同，表现出细腻、婉转、温柔，而且从声音里透着一种“微笑”的表情，体现出一种温暖与关怀。

还有一类特殊的广告配音作品，广告语具有散文性或者故事性。如电视剧《似水年华》的预告片也是“阴柔”风格的体现，如下表所示：

画面	配音
江南水乡的小桥流水	不同寻常的一次相遇
小桥、青石台阶	绽放半个世纪里最美的恋情
字幕：似水年华	
黄磊	一个远离尘嚣的男人，执着守望在宁静小镇
黄磊奔跑于窄窄的巷子中间	只为等待再次心动的邂逅
刘若英	一个才华横溢的台湾女子，被他深深吸引
黄磊和刘若英门前邂逅	从此把彼岸当作心灵的故乡
染布坊	一个邻家女孩儿
李心洁	悄然体验初恋的欢乐与忧伤
几位主演的特写镜头	黄磊、刘若英、李心洁、朱旭精彩联袂
苏慧伦、黄舒骏的特写镜头	苏慧伦、黄舒骏亲情加盟

续表

画面	配音
小桥流水	演绎 20 集
字幕：似水年华	电视连续剧《似水年华》
字幕：《黄金强档》中央电视台电视剧频道 7 月播出	中央电视台电视剧频道
黄金强档，7 月播出。	

该电视剧预告的广告语具有一种故事性的白描，遣词造句带着韵律感。由于广告类型不同，配音员在演绎这段广告片时，运用了虚实相结合的声音形式，如同把嘴贴在了您的耳边，向您娓娓道来一段凄美而浪漫的爱情故事。配合着水墨画般、富于诗意的画面，以口腔共鸣为主，像是讲故事一样，随着乌镇的溪水把情感注入观众的耳朵。年轻而不幼稚，深沉却不失流畅，很好地诠释了剧情。

阴柔之美，常常会在广告配音中出现。一般表现为从容不迫、委婉柔和、隐秀蕴藉、言尽意余。在艺术效果上，耳语式的叮咛和叙述先将艺术欣赏者引入作品特定的艺术境界和情理氛围之中，通过潜移默化的作用，让其产生审美认同感，以获得移情的效果。

第三节 刚柔并济之美

中国古典美学中的阳刚之美与阴柔之美，虽为风格美之两极，但这两者非但不相互对立，反倒辩证统一。尽管“阳刚阴柔”的思想只是产生于古人对自然和社会的直观认知，他们还不能深入地阐述这一对美学范畴的意义和价值，但古人已经认识到了这两种不同形态美的存在，而且还发现二者之间的辩证关系。“如姚鼐在《复鲁絜非书》指出：‘鼐闻天地之道，阴阳刚柔而已。文者，天地之精英，而阴阳刚柔之发也。’这是姚鼐‘阳刚阴柔说’的出发点，即认为阳刚阴柔是文之本，文之所发，文章与天地万物一样，是阳刚阴柔调剂的结果。而二者相克相济、相反相成，相得益彰，以构成艺术之美。”①

例如，广告配音作品《张裕解百纳干红》，如下表所示：

广告词	表达方式
品酒	刚：厚重，强调酒
犹如艺术品鉴赏	柔：以虚声结尾，婉转悠长
依赖的是独特眼光	刚：加重强调，体现男人的自信
更多的是生活品位	柔：自我陶醉式的，以虚声为主
始终追求最好的	柔：自我满足式的，以虚声为主
遇上张裕解百纳干红是我最美丽的邂逅	柔：自我回味式的，以虚声为主
它的浓郁醇厚跨越百年时空，酝酿世纪感动	刚：情绪激昂
我的生活，我的态度，我的选择	柔：随后进入自我的陶醉
张裕解百纳干红葡萄酒	刚：标板恢宏大气

在这则《张裕解百纳干红》的作品中，配音员孙悦斌的语气是深沉的，仿佛他就是画面上的品酒人，正处在一种自我陶醉的状态中，其声音外部表现形式有了细腻、柔美之处，但却不失阳刚和自信。之所以选择这样的声音表现形式，并非是他随意的行为，而是进行了反复思索之后的一种艺术体验。《张裕解百纳干红》这部广告片的创作者最初是听了《国窖1573》的配音之后慕名而来。据孙悦斌回忆，客户曾经要求他采用《国窖1573》的配音方式，但是在创作时，孙悦斌将两种酒进行了思考、对比。这一白、一红，一中、一外，如何用外在声音的变化体现内涵的不同。孙悦斌找到了两种酒的特征，一种是历史的陈酿，另一种是生活的品位。他认定红酒体现得是一种生活的品位，要与《国窖 1573》的表达方式区分开。在表达上不能过于张扬和直白，而更多的是一种含蓄，这样的内心情感使孙悦斌的表达非常细腻，而并不媚气、女气，他把细腻工巧、婉转曲折的柔美融入阳刚之气的壮美中，对比后，更显二者的丰富性，表达也随之生

①龙建国：《评姚鼐的“阳刚阴柔说”》，《江西教育学院学报》（社会科学），2000 年 4 月。

动起来。

孙悦斌在谈他对《张裕解百纳干红》的创作感受时说道：“如果一个作品一味全是‘刚’，或者一味全是‘柔’，那就错了。一定是柔中带刚，刚中透着柔。就即使是出于对导演要求的考虑，一味地‘刚’，那也只是它的壳，但阐述的语言一定是细腻的。就拿《国窖 1573》来说吧，声音是浑厚、低沉，带有金属的质感，是刚的，但是感情是细腻的，是历史的陈酿。”[①]

如果说“豪迈”“高亢”“洪亮”，富有金属质感的声音是一种提醒式的灌输，那“婉约”“柔美”的提醒更像是一种“润物细无声”嵌入式的输入，好比环绕式立体声能够余音绕梁，又好比涓涓细流在听者的耳朵里缓缓地流淌。不论孙悦斌富于豪放与阳刚的洪钟般的声音形式，还是婉约与阴柔的余音绕梁的声音形式，其实并非是互相排斥与对立的，而是相辅相成的，你中有我，我中有你，二者对比推进，使表达更加丰富多彩。

①摘自作者对孙悦斌先生采访实录。时间：2008 年 12 月 15 日；地点：北京世纪名座文化发展有限公司。

附录 1：关于广告配音“真善美”的提醒

广告配音具有一种功利的天性，会使配音员不由自主地在利益面前不遗余力地为客户摇旗呐喊。在此需要提醒的是：要用声音的表达去建议消费者采取购买行动，去分享商品真实可信的信息，而绝不是强迫、灌输、施压，甚至渲染、夸张、欺骗。配音员必须真诚地用有声语言与受众交流，对广告文案中可能出现的“问题”勇于提出自己的质疑，并在“及于受众”之前做好最后的“把关人”。

自从广告进入了“创意”时期，广告人就开始利用各种夸张、诱惑、变形来吸引受众的注意力，出现了诱导消费的行为——这不能用广告需要创意来为虚假开脱。做人、经商当以诚信为本，而“诚信”二字皆与“口”有关。这说明，诚信当从言语的真实性出发。作为承载商品信息的广告配音应该讲求真实，这是它的生命基石。也就是说，只有“真”与“善”的广告配音才是“美”的。

“真”，是一则广告作为信息传播的基础与命脉，是广告配音这种有声语言艺术的最低审美标准。任何一家企业在树立一个品牌时，都付出了时间与心血，但若是在广告有声化一环夸大、虚假地表述，那么一切的品牌积累都将毁于一旦。然而，在广播电视的屏幕上，艺术的夸张是一种通病，甚至更加赤裸裸地夸大、虚假宣传。尽管极具诱惑的广告配音会给消费者留下深刻的印象，但是，当消费者意识到自己对广告的这份信任受到愚弄的时候，不仅会对产品乃至企业失去信心，同样也会质疑播出这些广告的媒体，甚至，广告的相关人还可能触犯法律法规。《中华人民共和国广告法》第三条明确规定：广告应当真实、合法，符合社会主义精神文明建设的要求，第四条规定：广告不得含有虚假的内容，不得欺骗和误导消费。广告的真实性涉及消费者的切身利益，影响市场秩序甚至关系到社会的稳定健康，所以，真实性是最不容忽视的。

“善”，是配音员创作的内涵与原则，是一种艺术追求的价值理念。广告向消费者传递产品的真实效果是一种“善”，同行之间公平竞争、互相督促，也是一种“善”。向善的广告，是最受观众欢迎的。一方面，是要以消费者为中心，换位思考，不要做成强加式广告，配音时不要灌输、强推，无意义的洗脑广告、低级低俗广告、过度植入广告对于消费者来说，是浪费时间，容易引发抵触心理；另一方面，所有广告要符合核心价值观，良好的广告甚至能够起到文化引领的作用，充满着人文关怀。

“美”是配音员在创作时的标准与追求，是一则广告的艺术效果。美是人人都需要的东西，广告配音也不例外。能吸引受众注意的广告的声音，才能更加强有力地推动产品销售。将商业价值与艺术价值合璧，才能在激烈的竞争中，创造出别具一格的作品。

只有让声音所包裹的商品信息更加具有“真”“善”“美”，才能使商品的信息及自身的职业生涯充满生命力。配音员需要摒弃“一锤子买卖”的思想，摆脱金钱与利益的诱惑，使自身在话筒前能够放轻松、问心无愧地让声音的才华闪现，而不是成为金钱驱使下的“声奴”。

配音员在进行广告配音创作时，常会陷入失去真善美的误区。原因是：

其一，配音员工作在幕后，是以声音形象示人，这与以视觉形象面对大众不同，会在心理上存在一种“事不关己，高高挂起”的心态，配完结钱走人，至于将来声音出现在哪里，广告配音怎么使用都不去过问。

其二，配音员常常听命于市场和客户，有种“拿人钱财，替人消灾”

的心态，给钱即配，而且还要竭尽全力地做好吹捧者。

其三，只关注了艺术表现形式的夸张，缺少对广告内容真实美的认知。

其四，法律意识淡薄。

以视觉形象为主的产品代言人已经被纳入了《新广告法》的管控之中，那么配音员的声音形象是否有一天也会被纳入监管范围之内呢？这并非杞人忧天、空穴来风，且在技术层面上也并非难事。在此，来了解一下声纹鉴定。

“所谓声纹，是用电声学仪器显示的携带言语信息的声波频谱。现代科学研究表明，声纹不仅具有特定性，而且有相对稳定性的特点。成年以后，人的声音可保持长期相对稳定不变。实验证明，无论讲话者是故意模仿他人声音和语气，还是耳语轻声讲话，即使模仿得惟妙惟肖，其声纹却始终不同。基于声纹的这两个特征，警方侦查人员就可将获取的嫌疑人的声纹，通过声纹鉴定技术进行检验对比，从而迅速认定罪犯，为侦查破案提供可靠的证据。”[①]配音员虽然可以通过声音化装来改变自己外部的声音形式，但是人的发声具有特定性和稳定性。从理论上讲，它同指纹一样具有身份识别的功能。虽然由于技术和经验的限制，暂时不能与指纹具有同等的精确程度，但它已经被越来越多的国家认可为法庭科学的一项新技术。因此，无论配音员如何变换自己的声音、为音色造型，都摆脱不了声纹。

既然技术鉴定不是障碍，那么关于法律的限定呢？是不是仅仅依靠声音、幕后工作，甚至使用化名就可以逍遥法外呢？答案自然是否定的。作为一名配音员，应用声音给人们带去愉悦的享受，而不能可以被金钱所任意驱使。如若被利益蒙住双眼，利用“配音”做违法之事，便会自取灭亡。作为一名配音员，特别是最为接近“利益”的广告配音员来说，法律意识值得拥有。

《中华人民共和国广告法》第九条明确规定了广告中不得有下列情形：

（一）使用或者变相使用中华人民共和国的国旗、国歌、国徽，军旗、

---

①百度百科：声纹 [EB/OL].https://baike.baidu.com/item/%E5%A3%B0%E7%BA%B9/1209792?fr=Aladdin.

军歌、军徽；

（二）使用或者变相使用国家机关、国家机关工作人员的名义或者形象；

（三）使用“国家级”“最高级”“最佳”等用语；

（四）损害国家的尊严或者利益，泄露国家秘密；

（五）妨碍社会安定，损害社会公共利益；

（六）危害人身、财产安全，泄露个人隐私；

（七）妨碍社会公共秩序或者违背社会良好风尚；

（八）含有淫秽、色情、赌博、迷信、恐怖、暴力的内容；

（九）含有民族、种族、宗教、性别歧视的内容；

（十）妨碍环境、自然资源或者文化遗产保护；

（十一）法律、行政法规规定禁止的其他情形。

当配音员遇到广告中存在以上问题时，应当警觉，特别是其中的第三项提出了关于配音的创作依据——广告用语中某些极端用语的禁令，但这其中的一个“等”字没有做明确的解释，具有很大的司法解释空间，如若违反，后果严重。新法第五十七条规定：若有发布有新法第九条规定的禁止情形的广告的，由工商行政管理部门责令停止发布广告，对广告主处二十万元以上一百万元以下的罚款。情节严重的，并可以吊销营业执照，由广告审查机关撤销广告审查批准文件，一年内不受理其广告审查申请；对广告经营者、广告发布者，由工商行政管理部门没收广告费用，处二十万元以上一百万元以下的罚款，情节严重的，并可以吊销营业执照、吊销广告发布登记证件。

广告配音允许艺术表达的夸张，但是这种艺术夸张必须建立在真实的基础之上、法律所允许的范围之内，或者说这种艺术的处理不能给消费者产生误导。这既是准确传播信息的法则，也是维护社会市场经济秩序、道德及法律的规范要求。而广告配音员有责任、也有能力在广告配音的艺术性与真实性之间找到平衡点。如果仅仅是为了做成一单“生意”，不顾广告禁忌照本宣科，为雇主的某些错误做法站脚助威，这无疑会成为一个欺骗消费者的“帮凶”。维护好广告的“真”“善”“美”，是配音员的一种责任担当。

优秀的广告配音艺术作品也应当是将功利性与艺术性有效结合的艺术创造，而非仅为经济效益摇旗呐喊、站脚助威。作为艺术创作主体的广告配音员应成为时代风气的先觉者、先行者、先倡者，应通过有风格、有温度的声音表达，来彰显时代的进步。广告配音绝不是见利忘义的肆意吹嘘，也不是哗众取宠的极尽炫耀，它诉说的是每个平凡人的生活况味，它应该是一种商品背后人文精神的体现，把“金玉其表”“童叟无欺”通过言语的表达赋予商品，使人们通过声音来感受到一种对生命的关照，使广告的商业属性与艺术属性融为一体，二者兼得。

让人类的有声语言艺术为广告插上美的翅膀！

附录 2：关于广告配音“事业”的提醒

广告配音行业是“铁打的营盘，流水的兵”。为了能够在大浪淘沙的配音市场中脱颖而出，扩大业务量，并且保持艺术青春，本书还要对配音员做关于事业的如下提醒：

（一）工作聚会时的提醒

每一个行业都有一个社交圈，配音员、配音导演、视频导演、广告公司、广告主之间除了工作外，也会成为现实生活中的朋友。

工作聚会必不可少，当为了一项配音工作大家聚到一起的时候，能够与其他优秀的配音员切磋、合作、交流是一种享受，更是一种提升自我能力和检验自身创作水平的契机。这种因工作而结缘的相聚更是一个绝佳的展现机会，可以与作为声音雇主的制片主任（或制片人）、导演打成一片。当这些聚会发生时，参与其中的配音员们应该记住以下社交的黄金法则：

1. 切记千万不可自我吹嘘。谦虚不仅是中华民族的传统美德，也是全世界人类的共识。

2. 切记不要空谈自己的简历，更不要“提人”“提历史”，例如和某大导演合作过，为某大品牌配音过等。能够选择你的声音，就已经认可了过去的你。不过，过去已经成了过去，关键要看你此时的表现。记住，你现在是在为“这一个”作品、导演、广告公司服务。

3. 除非导演、广告公司和制片主任主动提出下一个工作的邀约，否则不要贸然对此次的配音工作评头论足，同时要求下一次的工作。他们是雇主，也是人，而绝对不是被你缠住或逼入绝境的猎物。

4. 你应该明白，人们喜欢与他们信任的朋友和同事一起工作，并且愿意和他们在生活中成为朋友。这种“信任”来自你的专业和人品。

5. 你应该记住那些人类的好品质以及作为配音员的优秀品质，这绝对是将一个人与另一个人联系起来并且能够创造一种持久的关系的关键所在。

6. 在非工作的间隙，你应该记住，此刻你还是在工作当中，聊家常？似乎还不是时候。

7. 在微信朋友圈、微博、抖音等社交网络和个人工作网站上，你不应写下关于试音和配音工作的内容，除非该工作已经公开，或者获准出版和播放。

8. 同行并非都是冤家。你应该把一些配音的工作转介给你的配音员同行，他们也会在适合的时候回报你的善举。

9. 工作中，如果有角色之间的对手戏，不要过于主观地评价对方的表现，别忘了，有导演在把控。

10. 在工作时间，你应该给人留下阳光、积极并且通情达理的印象。

（二）关于专业性的提醒

无论在家录音，还是去专业的录音棚工作，都要显得更加“专业”。这样，不仅会使你的工作伙伴感觉舒适、踏实、敬佩，更会为你迎来下一个工作机会。

1. 如果在室外录音室录音，提前20-30分钟到达即可。调整一下呼吸、状态。早1个小时就显得太早，甚至给本来就拥挤的录音棚添乱，但准时进棚又晚了。

2. 在进录音棚前的2小时内（甚至前一天晚上）避免吃咸、甜、辣的食物，甚至有一些润喉糖也会使口腔发黏，要知道那些含片是为嗓子不舒服的人准备的，而不是为配音员在话筒前发声而准备的。

3. 至少在录音前 1 个小时，喝一杯水，因为水转化为可以滋润声带的体液需要 1 小时。录音过程中，可以啜饮，以最大限度地减少口腔噪音，缓解喉咙发炎。

4. 水杯可以放在录音间外，不要放在调音台或者数控台上，虽然那里看似平整而宽敞，但是，水火不容，而且一个数控调音台，价格不菲。

5. 穿着安静的衣服进棚配音。注意衣服的质地与配饰，不要发出额外的杂声而影响配音的进程。

6. 录音棚不是“春晚”现场，你不需要戴会发出声响的首饰及物品。

7. 穿着使自己觉得舒适而无拘束的衣服。配音员在话筒前，只有先让自己的身体放松了，心才能放松，身心放松了，声音才能放松，在话筒前才能够游刃有余。

8. 在棚内狭小的工作空间内，最好不要喷香水，特别是有搭档进行对白配音时，这也许会使人过敏，甚至分心。棚内通风差，也会使下一个进入棚内的人反感别人的“体味”。

9. 工作开始前的空余时间，预热声音和身体，让精神上和身体上做好准备。整理脚本，做好初对，而不是与人寒暄，做自我介绍或是聊家常。

10. 在自己的录音室配音，如果有客户或其他配音员到现场，请提前测试设备，同时，留出必要的时间进行故障排除或商讨工作。

11. 在录音开始前，得到所欲知道的关于配音问题的答案，例如：广告的目标受众群体、广告的创意等，然后，确定一种声音变现形式、风格、态度和节奏。

12. 认真准备脚本，做好最后一关的把关人，留心那些触碰法律的词汇。

13. 如果可能，要求观看视频或听背景音乐，这会对把握配音的节奏等整体感觉有很大的帮助。遗憾的是，有时候录音棚不会提供或没有，但你应该提出相应的要求。

14. 一定要自信地完成工作，哪怕这种“自信”有时候是自我暗示出来的。

15. 永远不要过于自责或说对不起。当你因为口误等犯了一个错误的时候，记住，这个时候可不是说抱歉的时候，要保持住配音状态，然后再重复一遍脚本上这句话。

16. 要有能力提供给客户更多的表达形式，要知道，你做的有些工作是向客户提供许多选择供其点头，有些工作是为了获得一个好的配音效果。

17. 对于客户的受命，如果给定了方向，无论是口头的还是书面的，破译他们想要你做什么，并想出如何去做。这比心里默默地对其的要求发牢骚更有用。

18. 录制完成后，你有时候需要自行编辑该文件，或者由录音师编辑，认真回听，一定要对自己出品的声音负责。

19. 回听时，尽量使用高质量的耳机，这能够让你听到更为细小的瑕疵。

20. 音频文件导出时，请按照客户规定的格式（mp3.、wav. 等）提供。

21. 如果是自己编辑音频文件，完成后，需要将其命名，一定要注意客户对文件名称的要求规范。

22. 发送文件的渠道最好利于客户接收下载，力求简单便捷，但最好是有长期或永久保存功能的。

23. 对于第一次合作的雇主（配音导演、制片主任、广告主、广告公司）来说，给雇用你的人发一条感谢的短信是件好事。不需要很长，但切忌空谈感谢和虚情假意。只需要回忆工作中一个有趣的时刻，这一次的工作你又学到并解锁了什么新技能等。发自内心地说，不要滔滔不绝地说不真诚的赞美。有人一定是有感恩之心的，但也有人只是想要额外的工作，这没什么可害羞的，但是不要赤裸裸地，否则会显得太过功利。

24. 对于提供大量工作和报酬的稳定客户，你可以送一份礼物。最好是能够常伴其左右的、那个人最喜欢的东西，它会让你印象深刻。这份礼物会比一个水果篮传达的感激之情更加强烈。

25. 不要以"专业"背景自居，专业学习不代表有能力胜任。如果是有了一定能力和经验的配音员，更不能以"专业"自傲。也许这一秒你还拥有这份工作，可能下一秒你就会失业。记住，永远踏实工作，不骄不躁。

（三）自我提升的提醒

为了配音艺术，你做好了为之付出10000个小时的准备吗？做好了以此为毕生追求的事业的准备了吗？如果做好了，那么每一年都应该给自己设定一个目标清单，哪怕只有三件事。以下有一些建议，根据你目前的状况选择最适合自己的，或增或减：

1. 购买一只专业话筒，或者一只更好的、心仪已久的话筒。

2. 购置一套适合在家录音的设备，找到一个合适的角落将其布置好。

3. 购置一套便携移动的录音装备。

4. 扩展一个的新客户（录音棚、广告公司、配音导演或者一个品牌）的名单。

5. 寻找一个业务来源（一个配音平台、付费网站或者类似经纪人的中介人），向更多的录音棚和平台推销自己的声音。

6. 尝试去定义和磨炼个人的配音风格。

7. 如果是自己的录音工作室，新年伊始，重新布置一下配音的空间，哪怕多放一盆绿植，让它看起来更舒适。

8. 读一本关于广告配音或者影视配音的指导教材，不论你已经多么有经验了。

9. 上一堂免费或者付费的配音课，看看别人（或者比自己更优秀的配音员）此刻正在想什么，或者是如何定义广告配音的。

10. 上一堂免费或者付费表演训练课。最好能在戏剧或影视剧中扮演角色，有台词，有形体动作。

11. 上一堂免费或者付费的发声训练课。

12. 定期练习吐字、发声与语言表达。

13. 学习技术，成为一名配音员中的最好的录音师或者工程师。

14. 获得一个知名录音棚的配音机会，或者承接4A广告公司广告配音的业务，特别是国内外知名品牌的广告的配音工作。

15. 记得留资料，在电脑中，添加文件夹来记录你的试音小样和配音作品。因为用自己曾经成功播出的作品来做名片是最有说服力的，会增加获得工作机会的概率。

16. 比去年多获得一些配音工作。

17. 创建新风格的声音小样，或更新现有风格的声音小样，然后，不要把小样“藏”在电脑的文件夹里，应该将其发给你长期合作的录音棚或者导演。

18. 增加获得试音机会的途径，使自己对工作的嗅觉反应更加敏锐。

19. 开发一个更好的传输音频文件的系统。

20. 制作一个便于展示自己声音天赋的平台，传统媒体或者新媒体。

21. 尝试制作一个“声音+”的产品，以便获得更多的工作机会和收入。

22. 尝试结识更多的志同道合的配音演员，交流经验，拓展能力。

23. 为今年的配音收入定下一个目标。

24. 为将来定下一个艺术水准的目标。

25. 为自己确定一个接受工作的标准，来衡量商业与艺术的平衡。

只是将这些目标写在本子上还不够，还需要努力工作和奉献精神。尽管“配音”这个词听起来像是在玩，但客户在聘用配音人才时一定会认真对待。他们已经把他们的钱投资在你身上，肯定期望有一个支持和帮助他们建立业务的A+绩效。

决定如何提高自己，并朝着目标前进。

（四）“永葆青春”的提醒

1. 注意广告中配音表达的流行趋势。看电视、上网、听收音机。通常听到的声音都有哪些？最初，可以好好模仿它们，可以让你迅速进入市场。同时，持续关注流行，也可以在这个行业里与时俱进，总有获得新工作的机会。

2. 不要让其他配音演员影响你的自信或配音，相信你的工作能力。

3. 从你的错误和成功中学习。个人的成长来自经验，强硬苛刻的客户让我们表现更加出色，甚至解锁新技能。

4. 从个人层面了解你的代理人和客户，而不仅仅只是那只付你钞票的手。朋友，需要以诚相待，工作上的伙伴也是如此。

5. 将自己从任何生活或客户紧张中解脱出来，集中精力做最好的配音工作。

6. 在专业录音棚工作，学会“观察房间”的气氛。

7. 作为“配”音员，学会过多地运用自己的声音天赋而不是大脑，思考太多反而会使自己工作受阻。

8. 遇到试音失败，不要气馁，成功需要时间、敬业、营销和才能。设定目标并朝着目标努力。不能你一个人包揽市场上所有的配音工作。

9. 为困难时期做好准备。也许有一个月，你会成为最赚钱的人，然而下个月却颗粒无收。学会应对配音工作的繁忙和枯燥的时期，如果处理得好，你会是一个自由的工作狂。

10. 当你在表演时，保持你的个性，感受内心的力量，相信你的直觉和创造力，让你内心中的那个孩子出来表演。

11. 努力练习，让自己达到无意识地胜任，对配音游刃有余。

12. 每次会面、试音或工作前做好前期准备，不要对自己服务的品牌一无所知。

笔者钦佩那些对事业孜孜以求的人，但请记住，朋友们、同学们，你的工作可不仅仅是埋头苦“配”，而应该是大胆尝试去其他配音演员从未去过的地方。借用一句广告语，广告配音从来都要“白里透红，与众不同”。

专业、实践、敬业、自信是你成功的关键。最后一句话，配音是用声音使自己和他人快乐的一项艺术创作，而广告配音，可以让你艺术与利益双丰收。

参考文献

专著：

[1] 刘勰 . 文心雕龙 [M]. 北京 : 中国社会科学出版社 ,2005.

[2] 苏珊 · 朗格 . 艺术问题 [M]. 滕守尧译 . 南京 : 南京出版社 ,2006.

[3] 张颂 . 朗读美学 [M]. 北京 : 北京广播学院出版社 ,1999.

[4] 宗白华 . 美学与意境 [M]. 南京 : 江苏文艺出版社 ,2008.

[5] 苗棣 . 电视艺术哲学（上编）[M]. 北京 : 北京广播学院出版社 ,1997.

[6] 曾志华 . 广告配音教程 [M]. 北京：北京大学出版社 ,2007.

[7] 王明军 , 阎亮 . 影视配音艺术（第 2 版）[M]. 北京 : 中国传媒大学出版社 ,2007.

[8] 张颂 . 播音创作基础 [M]. 北京：中国传媒大学出版社 ,2018.

[9] 彭吉象 . 艺术学概论 [M]. 北京 : 北京大学出版社 ,2005.

[10] 陈培爱 . 中外广告史教程 [M]. 北京：中央广播电视大学出版社，2007.

[11] 王纯菲 , 宋玉书 . 广告美学——广告与审美的理性把握 [M]. 长沙 : 中南大学出版社 ,2005.

[12] 蔡小于 . 广告心理学 [M]. 北京 : 中国经济出版社 ,1995.

[13] 哈罗德 · 伊尼斯 . 帝国与传播 [M]. 何道宽译 . 北京 : 中国人民大学出版社 ,2004.

[14] 陈刚 . 当代中国广告史 :1979—1991[M]. 北京 : 北京大学出版社 ,2010.

[15] 张群 . 广告理论与实务 [M]. 北京 : 科学出版社 ,2006.

[16] 李燕临 , 王蕊 . 电视广告教程 [M]. 北京 : 国防工业出版社 ,2004.

[17] 寇非 . 广告 · 中国 (1979—2003)[M]. 北京 : 中国工商出版社 ,2003.

[18] 奥斯汀，艾吉森 . 还有人看广告吗？ [M]. 郑梭南译 . 北京 : 高等教育出版社 ,2005.

[19] 大卫 · 奥格威 , 奥格威谈广告 [M]. 曾晶译 . 北京：机械工业出版社，

2003.

[20] 张金海 .20 世纪广告传播理论研究 [M]. 武汉：武汉大学出版社，2002.

[21] 刘悦坦 . 世界广告史 [M]. 武汉：华中科技大学出版社，2013.

[22] 罗曼 . 麦迪逊大道之王：大卫·奥格威传 [M]. 张小琴译 . 北京：中信出版社，2010.

[23] 孙顺华 . 中国广告史 [M]. 济南：山东大学出版社，2007.

[24] 许正林，张惠辛 . 中国广告研究 30 年文选 (1978-2008)[C]. 上海：上海交通大学出版社,2009.

[25] 林鸿 . 普通话语音与发声 [M]. 杭州：浙江大学出版社,2018.

[26] 付程 . 实用播音教程 (第 2 册)[M]. 北京：中国传媒大学出版社,2005.

[27] 罗常培，王均 . 普通语音学纲要 (修订本)[M]. 北京：商务印书馆,2002.

[28] 姚喜双 . 播音风格探 [M]. 北京：中国文联出版公司,1992.

[29] 罗子明 . 消费者心理学 (第 2 版) [M]. 北京：清华大学出版社,2002.

[30] 张开 . 媒介素养概论 [M]. 北京：中国传媒大学出版社,2006.

[31] 刘勇，汪海霞 . 当代媒介素养教程 [M]. 合肥：合肥工业大学出版社,2007.

[32] 罗丹口述，葛赛尔记 . 罗丹艺术论 (第 1 版) [M]. 沈琪译 . 北京：人民美术出版社,1978.

[33] 北京大学哲学系美学教研室 . 中国美学史资料选编 (上)[M]. 北京：中华书局,1980.

[34] 本雅明 . 机械复制时代的艺术作品 [M]. 王才勇译 . 杭州：浙江摄影出版社,1993.

[35] 陈莉莉 . 现代广告的美学问题分析 . 桂林：广西师范大学出版社，2008.

[36] 罗景昕 . 冯雪锐配音艺术口述历史研究 . 北京：九州出版社，

2019.

[37] 时蓉华 . 社会心理学辞典 . 成都 : 四川人民出版社，1988.

[38] 张秀贤 , 冯章 . 广告语创作赏析 . 北京：经济管理出版社，2006.

[39] 杨小锋 . 语言艺术发声研究 . 北京：科学出版社，2013.

[40]SAMPSON H. A history of advertising from the earliest times: illustrated by anecdotes, curious specimens and biographical notes[M]. London:Chatto and Windus, 1874.

[41]CLARK, ELAINE A. There's money where your mouth is: an insider's complete guide for making money and building a career in voice-overs[M]. New York: Allworth Press, 2011.

期刊:

[1] 李正宇 . 叫卖市声之祖——敦煌遗书中的店铺叫卖口号 [J]. 寻根 ,1997(4).

[2] 丁俊杰 . 过度营销 [J]. 大市场（广告导报）,2004(9).

[3] 王德胜 . 世俗生活的审美图景——对 90 年代中国审美风尚变革的基本认识 [J]. 思想战线 ,1998(10).

[4] 陈雪军 . 超越与回归——意境的当代阐释 [J]. 山西大学师范学院学报 ,2002(2).

[5] 龙建国 . 评姚鼐的“阳刚阴柔说”[J]. 江西教育学院学报 ,2000(4).

[6] 薛永武，綦晓东 . 论 21 世纪电视公益广告艺术的审美性——以 CCTV 电视公益广告为例 [J]. 人文天下 ,2016(18).

学位论文:

[1] 王东林 .1979—2013: 电视广告审美意识嬗变 [D]. 黑龙江 : 黑龙江大学 ,2014.

[2] 陈莉莉 . 现代广告的美学问题分析 [D]. 南宁 : 广西师范大学 ,2008.

网络:

[1] 黄爱武 . 新华社和中央广播电视总台国际台专访丁俊杰院长、黄升

民馆长[EB/OL].http://www.sohu.com/a/233686323_100102940,2018-06-01.

[2]中国网信网.第44次《中国互联网络发展状况统计报告》[EB/OL].http://www.cnnic.net.cn/hlwfzyj/hlwxzbg/hlwtjbg/201908/t20190830_70800.htm,2019-08-30.

[3]世界录音技术发展史.[EB/OL].http://www.360doc.com/content/16/1013/13/9165926_598107889.shtml,2016-10-13.

[4]是谁发明了世界上第一个麦克风.[EB/OL]. https://www.sohu.com/a/370983981_483111,2020-02-06.

[5]中国知网百科：商业广告[EB/OL].https://xuewen.cnki.net/R2007080370001575.html.

[6]中国知网百科：公益广告[EB/OL].https://xuewen.cnki.net/R2012111080001758.html.

[7]黄泰元：促销活动的“创意五因子”[EB/OL]. http://www.chinavalue.net/Management/Blog/2007-5-31/1656021.aspx,2007-05-31.

[8]百度百科：声纹[EB/OL].https://baike.baidu.com/item/%E5%A3%B0%E7%BA%B9/1209792?fr=Aladdin.

其他：

[1]《广告留影》专题片，上海电视台广告部原负责人汪志诚同期声。

[2]孙悦斌采访实录。时间：2008年12月15日；地点：北京世纪名座文化发展有限公司。

后记

Postscript

庚子年春，抗击“新冠”时，终结此书，也希望病毒能早日停止传播。然而，广告似乎却是一种无法消失的“病毒”，时时充斥在人们的生活中，其实，它也可以是一种艺术的存在。

转眼，从开始撰写到成稿，已二载有余。其间，我赴港对现象级广告配音大师——冯雪锐先生进行了个案分析，成书《冯雪锐配音艺术口述历史研究》；尝试了对好莱坞配音艺术的初探，成书《中美配音艺术比较研究》；同时，完成了与配音艺术相关的千余课时的教学任务。相信，这些积累会让此书变得更为实用与厚重。

这是我从主播台走上三尺讲台后申报的首项课题。在此，特别感谢高国庆研究员的鼓励和指导，使我踏出了科研第一步。

饮水思源，我与广告配音艺术相识、相知，还要从一个人、一门课、一篇论文说起。

15年前，中国传媒大学曾志华教授主讲的《广告播音》是我的必修课之一。至今，我仍未忘记她在课堂上优雅地讲解“宝璐薄荷糖，一个圈儿的薄荷糖”的情景，留此案例在本书中是为致敬。2007年，我选择了曾老师作为研究生导师，并开始了对广告配音艺术的学术性研究……如蝴蝶效应一般，我现在撰写这本小书，讲授这门艺术语言课程，都与她的谆谆教诲密不可分。在此，感谢曾师的授业、传道与解惑。

再说，京城三环边、北影洗印厂院内的“名座”曾集结着一批全国最牛的配音演员、声音表演艺术家。很荣幸，我曾是在那里“观察”“思考”“偷艺”的一只“小虫”，来“名座”的初衷是为撰写毕业论文。在曾师的建议下，我选择的个案研究对象是著名配音表演艺术家孙悦斌先生。最终在答辩时，我凭借《孙悦斌电视广告配音艺术特色探析》一文获得优秀，也成为广告配音史上研究“孙悦斌”的第一人。正是在对孙老师作品研究的过程中，我寻找到了广告配音的审美情趣，并一发不可收。在此，感谢孙悦斌先生“巨人的肩膀”，感谢其一直以来对我研究工作的支持。特别是此次为本书拨冗作序，再次表示诚挚的谢意。

能够走进“名座”，少不了李易先生的“首肯”。记得第一次来“名座”时，当得知我曾经做过两年新闻播音员之后，他对我说：“如果你播新闻播得好，就干不好这个（配音）。”这句话，似乎点燃了我的小宇宙，或者说是勾起了我去探究另一种语言表达艺术的兴致。随后，我找来李易先生几乎所有的作品，反复练、反复听、反复配……先给寝室的同学听，再去壮着胆子给时任“名座”制片主任的王昕老师听，她对我说：“你这么年轻，即使能模仿出李老师的声音，也根本没有他的‘内功’，只是表面而已。有位新人叫徐东宇，也常模仿‘老李’‘老孙’，但却拥有了自己的表达特点，你不妨听听他的作品。”于是，我又开始分析研究东宇的配音。那时，我就好像身陷侠客谷，拼命地研习各家各派的武功。除了“老孙”“老李”，姚宏、苏扬、刚强、齐克剑、徐涛、李立宏、李野默、王凯、周扬……现在想来，也正是李老师的那句话，开启了我对“播音”与“配音”二者不同之处的思考，并将其应用于现在播音主持与影视配音的对比教学之中。可惜，他，走得太早了……感谢并深切缅怀李易先生。

刚刚提到的王昕老师，曾是“名座”的制片主任，她待人宽容、友好和善、美丽端庄，身上永远笼罩着一副“神仙姐姐”的仙气，似乎具备了所有中华女性的优点。文中关于“声音小样”的部分是在己亥中秋日，她放弃休息的时间为我细心讲解的。撰写本书的过程中，每当遇到不解之处，我都会与其通个电话，探讨一番。我所配的第一条广告片也是她为我创造的机会。

感谢昕姐！

刘培松老师，录音技术与设备的行家里手，曾为“名座”等多家公司搭建录音棚，与诸多知名歌手、演员、配音员均有合作。他为本书“在家录音”一节提供了智力支持，完全是在他的细心讲授之下，我才完成了此节的撰写。特别是他对录音的一些独到见解，使我茅塞顿开。感谢培松兄！

整理思绪，从回忆中走出。再次感谢浙江传媒学院戏剧影视研究院刘水云教授、刘琴老师、曹南山老师；感谢浙江传媒学院播音主持艺术学院院长杜晓红、副院长刘力军，以及张伟、陈晓兵等几位教授在配音教学上和本书出版对我的指导与帮助；感谢我的学生杨雨瑶为本书制作了可爱的插图；感谢我的学生付华、高广泰、陈玺月、姚艾辰、许斌、姚硕、于佳汐、刘时嘉、黄一澄与我一同收集、整理300余篇广告作品。

最后，希望这本书能够为广告配音艺术的爱好者、学习者、从业者、研究者提供丰富的参考资料，也期待同行同业的配音演员、学者们批评指正。

作者

2020年3月11日于三亚后海

图书在版编目（CIP）数据

广告配音艺、术、美 / 罗景昕著. -- 北京 : 中国广播影视出版社，2021.2
ISBN 978-7-5043-8557-4

Ⅰ. ①广… Ⅱ. ①罗… Ⅲ. ①广告一配音 Ⅳ. ①G222.2

中国版本图书馆 CIP 数据核字（2020）第 256697 号

广告配音艺、术、美
罗景昕　著

责任编辑　王　萱　宋蕾佳
责任校对　张　哲
装帧设计　智达设计

出版发行　中国广播影视出版社
电　　话　010－86093580　010－86093583
社　　址　北京市西城区真武庙二条9号
邮　　编　100045
网　　址　www.crtp.com.cn
微　　博　http: // weibo.com / crtp
电子信箱　crtp8@sina.com

经　　销　全国各地新华书店
印　　刷　涿州市京南印刷厂

开　　本　710毫米 × 1000 毫米　1/16
字　　数　275（千）字
印　　张　20.75
版　　次　2021年2月第1版　2021年2月第1次印刷

书　　号　ISBN 978－7－5043－8557－4
定　　价　58.00 元
